■ 本书为"全国教育科学规划教育部青年课题+师范类专业认证
有效性元评价研究+EIA220530"成果

师范类专业认证
有效性研究

赵强　著

华中科技大学出版社
http://press.hust.edu.cn
中国·武汉

内 容 简 介

我国现阶段推行的师范类专业认证是中国教师教育质量保障体系的重要组成部分,其运行的有效性对我国教师培养质量具有重要影响。本书梳理了师范类专业认证的历史发展与制度设计,阐释了师范类专业认证有效性的内涵与建构逻辑,统计与分析了调查问卷所呈现的师范类专业认证有效性总体状况,二次挖掘与论证了师范类专业认证有效性价值,反思了影响师范类专业认证有效性发挥的问题,提出了师范类专业认证有效性提升策略。

本书可作为师范院校管理者、师范类专业认证机构人员、教师教育研究者,以及教育学相关专业师生的参考资料。

图书在版编目(CIP)数据

师范类专业认证有效性研究 / 赵强著. -- 武汉:华中科技大学出版社,2024.11. -- ISBN 978-7-5772
-1438-2

Ⅰ. G65

中国国家版本馆 CIP 数据核字第 20240FV928 号

师范类专业认证有效性研究

赵强 著

Shifanlei Zhuanye Renzheng Youxiaoxing Yanjiu

策划编辑:汪 粲

责任编辑:张 玲

封面设计:廖亚萍

责任校对:阮 敏

责任监印:曾 婷

出版发行:华中科技大学出版社(中国·武汉)　　电话:(027)81321913
　　　　　武汉市东湖新技术开发区华工科技园　　邮编:430223

录　排:华中科技大学惠友文印中心

印　刷:武汉市洪林印务有限公司

开　本:787mm×1092mm　1/16

印　张:14.75

字　数:364千字

版　次:2024年11月第1版第1次印刷

定　价:68.00元

序

　　时光荏苒，岁月如梭，本人指导的赵强博士已顺利完成学业并通过论文答辩。还记得在毕业时，他说要将师范类专业认证当作自己一生的事业追求，要在师范类专业认证研究的道路上继续奋力前行，坚持把对师范类专业认证有效性研究的成果整理成书稿出版，希望能对师范类专业认证有效性研究有所贡献。今夏酷暑，他将修改完善后的书稿发给我，邀我作序。作为导师，我由衷地感到欣慰，特作此序，以示祝贺。

　　之前，我对师范类专业认证的关注不多。2019年，在讨论博士生的论文选题时，赵强说准备做关于师范类专业认证这方面的博士论文。我一边听他讲，一边思考"师范类专业认证"的研究该从何角度着笔。虽然我知道当时师范类专业认证是一个"较火"的选题，但这个选题究竟能做到"多高""多长"，我有些把握不准。出于这些担心，我没有当场同意他做这个题目，而是建议他再思考一段时间，寻找一个合适的切入口。2020年春，赵强在申报全国教育科学规划课题的时候，又与我谈了要做这个选题。看他很有信心和决心，我同意了他选择的这个题目，并且以我认为比较合适的"有效性"视角给他提出了一些参考意见。后来，经过师生多次的交流研讨和赵强的执着与思考，"师范类专业认证有效性研究"这个题目被确定下来。他以此为题，在2021年成功申报了全国教育科学规划课题，也为这一研究能够保质保量地做下去奠定了基础。

　　现在回过头来看，当时赵强选择"师范类专业认证有效性研究"作为博士论文题目，似乎有点太"超前"了。之所以这样说，是因为在确定这一题目的时候，师范类专业认证正式拉开序幕仅两年多，对一个还处于入轨期的认证方向而言，研究其有效性是否有些操之过急了？就像其在书中所说，"在师范类专业认证如火如荼开展之时，恰恰要冷静审视认证的有效性，理性看待专业认证的应有作用"和"师范教育发展过程中产生的积弊不能指望仅仅用一次专业认证就'包治百病'，也不能指望师范类专业认证像一味'特效药'那样，一经实施就'药到病除'"。尤其是在"十年树木，百年树人"的教育领域，过于机械与功利地去考量教育活动，会不会造成短视的异化问题？值得欣慰的是，这一类似的问题，在后期逐步得到了学界的认可。在今年的教育部人文社科研究一般项目中仍有类似选题立项，可见这类选题顺应了时代发展的潮流和满足了现实的需要，有其可取之处，并且对师范类专业认证有效性进行理论上的探讨，本就具有某些超前性和超现实性，这一研究对关于如何增强专业认证有效性而言，无疑具有较好的借鉴意义和预警作用，对于不断完善师范类专业认证工作，提高师范类专业认证的科学性具有重要意义。

　　随着师范类专业认证的逐步深入和全面展开，诸如元评价这类深层次理论问题成为制约师范类专业认证进一步完善的重要因素，因而有必要加以重视。评价在整个教育过程中具有不可替代的导向作用。有效性是元评价中的一种，是对评价的再评价，它对评价这一"指挥棒"能够指向正确的方向具有至关重要的作用。该书以有效性为切入口，抓住了师范类专业认证研究的关键节点。如何提高师范类专业认证的有效性？这是师范教育理论工作者和认证工作者共同面临且亟须解答的现实问题。在新的历史条件下,如果我国师范类专业认证不能产生实效,那么它的价值、功能、地位就没有着落,它的发展和延续也就成为一句空话。

该书对我国师范类专业认证开始实施以来的一系列问题进行了从宏观到微观、从历史到现实、从理论到实践的深入探讨,体现了作者求真、求新的追求。作者紧贴现实,视角多元,思考细致,这些都得益于作者长期的知识积累与理论探索,以及较为丰富的实践经历。作者具有认证管理者(教育管理部门)、实施者(认证机构)、评价者(专家组)、被评价者(高校管理部门与专任教师)、研究者(教育领域博士生)等多重身份,使他能够对相关问题进行较为全面、客观的观察与思考。

因为他做过认证的管理者,参加了一些制定认证政策的相关会议,了解到了更多认证制度设计的前瞻和布局;因为他做过认证的实施者,在多次的认证实施过程中,他"从多看一",反复观察了在认证过程中专家和高校都产生了哪些变化;因为他做过认证的评价者,对于认证实施过程中的深层次问题有着切身体会;因为他做过认证的被评价者,对于认证的正确理念背后所要付出的心血有着更加深刻的认识,更能知道哪些工作是事倍功半的,哪些工作是事半功倍的,哪些看似简单的认证标准却需要一位教师几个月的辛苦付出;因为他是认证的研究者,所以他在参加的近百次认证中几乎都能从研究高度和标准上坚持不懈地进行观察、记录、思考、总结,注重积累大量素材并以研究的视角去粗取精,晓之以理,动之以情。可能是基于这些身份,也源于他作为认证工作者的情怀和担当,不知不觉,他已经将师范类专业认证当作了自己真正的事业。这也让我想起了汤因比曾经说过,"教育事业需要一份虔诚和情怀"。

虽然作者对"师范类专业认证有效性研究"已经有了一些初步的成果,但在作者博士毕业时我曾与他聊过,"如果教育是永恒的,那么师范教育是永恒的吗?明天或后天的我们还需要师范类专业认证吗?"因为我想让他看到的是,在不同历史阶段、不同政策环境中,师范类专业认证的使命和价值有所不同。现在想来,从他2022年毕业到现在,短短两年时间,师范类专业认证乃至师范类专业发展格局已经有了较大变化,面对这些新形势、新情况,师范类专业认证必须在内容、方法、形式、手段、机制等方面进行优化创新,特别是面对人口下行等严峻形势,专业认证和师范类专业都要注重增强时代感、加强针对性、提升前瞻性、提高实效性,这可能会成为今后一段时间师范类专业认证优化的重点。基于以上原因,我们对师范类专业认证的定位和作用的更新、更深的思考之路还很漫长,从这一意义上来讲,师范类专业认证也是一个"常论常新"的话题,值得赵强博士在已有的研究基础上继续钻研下去。正因如此,对师范类专业认证中出现的问题或者说即将出现的问题,从更抽象、更深远的层面提前开展研究,将越来越迫切且意义重大。

黄金无足色,白璧有微瑕。由于每位研究者的理论知识与实践水平都需要进一步学习、提高,该书也有某些值得商榷之处,还请各位读者明鉴,提出宝贵意见,以便赵强博士在以后的修订再版过程中进一步补充完善,也期待以后学界有更多、更好的这类研究成果与读者见面。

柯佑祥

2024 年 8 月于华中科技大学

前言

　　我国现阶段推行的师范类专业认证是我国教师教育质量保障体系的重要组成部分,其运行的有效性对我国教师培养质量有着重要影响。在党和国家全面振兴教师教育的关键时期,对刚度过入轨期的师范类专业认证进行有效性研究,不但能够推进师范类专业认证的专业化进程,也能以此为着力点更好地促进教师教育振兴。

　　本书主要梳理了师范类专业认证的历史发展与制度设计,阐释了师范类专业认证有效性的内涵与建构逻辑,统计与分析了问卷调查所呈现的师范类专业认证有效性总体状况,二次挖掘与论证了师范类专业认证有效性价值,反思了影响师范类专业认证有效性发挥的问题,提出了师范类专业认证有效性提升策略。因此,本书在研究我国师范类专业认证有效性的过程中,主要从以下几个方面进行探讨。

　　第一,阐释师范类专业认证有效性的内涵与建构逻辑。师范类专业认证有效性是对认证产生理想效果程度的评价。受弗兰克·费希尔的"实证辩论"评价范式启发,本书尝试在对第一顺序有效性评价(事实验证)的基础上着重对第二顺序有效性评价(价值论证)进行理念建构与实践突破,力求改变以往单向度的事实有效性评价,超越单纯的实证主义技术理性而进行事实基础上的综合价值评价研究。本书认为,对师范类专业认证有效性进行的评价是一项包含"事实、价值"多个层次,包含"体系、过程、结果"多个维度,包含"效度、效力、效能"多个准则的综合化系统评价。为了能够系统地分析师范类专业认证有效性,本书通过文献法和德尔菲法,围绕"层次—维度—准则"的逻辑顺序,尝试构建了一套认证有效性分析框架,并在此框架下建立了一套符合师范类专业认证特点的有效性判定标准。这一判定标准包含"体系有效性、过程有效性、结果有效性"3项一级指标,下设"目标效度、准则效度……长效效能"等11项二级指标,以及"目的适切性、诉求满足性……衔接推动性"等37项三级指标。

　　第二,统计与分析问卷调查所呈现的师范类专业认证有效性总体状况。在认证有效性研究中,实践调查与理论框架研究同样重要。通过实践调查和量化分析,可以对认证有效性进行较为直观的呈现和检验。本书按照分析框架设计了师范类专业认证有效性调查问卷,并运用企业认证有效性分析领域普遍采用的模糊综合评价法对回收的482份有效问卷数据进行了详细分析。分析结果显示,我国现阶段师范类专业认证有效性的模糊综合评价分值为"3.96",结果偏向于"较好"等级。该结果表明,利益相关者对我国现阶段师范类专业认证的有效性总体持较为肯定的态度。

　　第三,在问卷调查的基础上,采取深度访谈法对认证有效性从价值层面进行二次挖掘,揭示数字背后的故事。访谈发现,虽然各主体对于认证有效性价值判断的关注点不同,但总体上呈现"肯定性答复"多于"问题性反馈"的现象。认证的"有效性"也正是体现在这些公认度较高的认证价值中。本书按照"实证辩论"评价模式,从"情景确认"与"社会论证"两个层面对有效性价值展开深入分析。从情景确认层面来看,师范类专业认证的有效性价值体现在：认证目标设计吹响了教师教育振兴号角，认证理念设计引领了师范教育体系重塑方向，认证标准设计构建了师范教育改革方法，认证结构设计协调了师范教育与外部的逻辑关系；专家以指导与审查传递认证价值，高校以自评自建践行认证价值，认证组织机构以管控与监督坚守认证价值；专业在认证标准达成中提升质量，专业在认证结果使用中实现发展，专业在认证整改推动中长效改进。从更加宏观的社会论证层面来看，师范类专业认证的有效性价值体现在：专业认证既是我国实现教育治理能力与治理体系现代化的重要方式，也是服务国家实现"教育强国"战略的重要保障，还是社会实现"办好人民满意的教育"作出的战略选择。

第四，结合问卷数据和访谈，反思影响师范类专业认证有效性发挥的问题。按照师范类专业认证有效性分析框架的脉络，从"目标效度、准则效度……长效效能"等11项二级指标维度对影响认证有效性发挥的问题展开剖析，认为认证规划不足与进度不均、认证标准针对性不足与可操作性不强、认证组织场域依从与认证工具可用性有限、认证体系设计存在线性同构思维与单向度推动弊端、专家认证不足与认证过度并存、认证评建陷于高校中层代理困境、认证过程促进性与过程充分性评价的两极分化、认证过程中多元主体监管职能自我缺失与联动不足、认证结论无差别化并存在达标"洼地"、认证结果的钝化反馈与使用、认证持续改进规范流程不明与质量文化缺失等11类问题深刻影响着师范类专业认证有效性的发挥。

第五，基于实证问题，提出师范类专业认证有效性提升策略。反馈改进和风险防控是现阶段我国进行师范类专业认证有效性研究的核心价值。专业认证有效性提升的根本在于"与时俱进地改善体系"和"促进主体的适应性使用"。在全面分析现阶段我国师范类专业认证"有效"价值与"无效"问题的基础上，从体系设计、过程实施、结果运用3个方面提出了加强认证规划与统筹、增强标准针对性与可操作性、完善认证组织体系与加强工具开发、实现认证体系多元兼容与多向度推动、完善专家遴选和培训与管理制度、突破认证评建高校中层代理困境、增强审查过程充分性、强化多元主体的监管与联动、保证结论可靠性和真实性、优化结论反馈与结果使用、落实持续改进与培养质量文化等11项对策，以期为提升师范类专业认证有效性提供一些可行建议，最终促进我国新时代教师队伍建设和教师教育振兴。

本书出版的目的在于，通过构建科学合理的师范类专业认证有效性分析框架，对现阶段认证的有效价值与影响有效性发挥的问题进行科学分析，通过反馈与改进，促进师范类专业认证制度不断完善，使我国师范类专业认证更加专业化，促进师范类专业认证发挥出更好的效果。本书在撰写的过程中，得到了认证机构领导、专家、高校师生的指导和帮助，他们为本书提供了丰富、真实的数据和案例。由于作者研究能力、学术水平及时间所限，书中难免有疏漏和不足之处，恳请广大读者批评、指正。

作者

2024 年 8 月

目录

第一章 导 论

概念是人类思维的建筑材料。——亚里士多德

第一节 师范类专业认证有效性研究缘起

我国现阶段推行的师范类专业认证制度是极具中国特色的教师教育质量保障体系的重要组成部分。师范类专业认证制度的构建与推行是一项复杂的系统工程,具有深刻的历史缘起和现实背景,只有进行全面梳理,从中提出具有现实意义的研究问题,才能厘清研究思路,开展有效的研究。在党和国家全面加强新时代教师队伍建设和振兴教师教育的关键时期,对刚度过入轨期的师范类专业认证进行有效性研究,不但能够推进我国师范类专业认证制度专业化进程,而且能以此为着力点,更好地促进新时代教师队伍建设和教师教育振兴。

一、研究背景

善之本在教,教之本在师。党的十八大以来,以习近平同志为核心的党中央高度重视教师队伍建设工作。习近平总书记指出,教师是立教之本、兴教之源。培养未来的教师主要靠师范教育。师范类专业是教师培养的基本单元,师范教育是教育事业的工作母机,培养高质量的师范生是办好人民满意教育的基石。现阶段,国家对于师范教育的要求和期待越来越高,把师范教育放在中华民族伟大复兴基础工程的战略位置来思考、统筹、部署,使师范教育发展迎来了新的机遇。这不但反映出师范教育的战略重要性,也暗含着改革师范教育积弊的急迫性,亦是我国推行师范类专业认证制度和进行专业认证有效性研究的背景。

(一)开放化背景下的教师教育质量滑坡

在 20 世纪 90 年代前,我国的教师培养制度基本上采取的是专门的师范院校定向培养基础教育教师的单一化培养模式。1999 年,国务院提出鼓励师范院校之外的非师范综合性院校参与中小学教师的培养工作,使我国从传统的师范教育走向开放的教师教育。但在综合性院校开办教师教育的实际过程中,综合性院校的学术化倾向及其师范生培养经验和条件的不足,致使传统师范教育中重视技能培养的特色和师范生的培养质量在一定程度上受到削弱[①]。2000 年,教育部颁布《〈教师资格条例〉实施办法》,规定无论个体是否接受过师范教育培养,只要通过了教师资格考试,就可以获得入职教师的资格。我国教师资格制度的施行,进一步打破了教师培养中师范院校的"垄断"。教师教育开放化实现了由院校培养单位

---

① 张怡红,刘国艳.专业认证视阈下的高校师范专业建设[J].高教探索,2018(08):25-29.

的开放到个体职业准入机制的开放。但"只考不育"的教师资格制度也在一定程度上造成了基础教育教师质量的滑坡,甚至出现了"教师不会教"的现象①。如何保障开放化背景下的教师教育质量,日益成为人们关心的话题。

(二)综合化背景下的师范教育特色危机

在综合性院校加入教师培养的同时,不少师范院校也提出了"综合化"的转型发展道路。综合化转型使师范专业在师范院校内部的地位大幅下降,甚至日趋边缘化,致使本属于师范院校的"师范性"定位偏移,师范特色日益模糊,可以说师范教育面临着严重的特色危机。我国教师资格制度的施行,使师范专业的就业市场"雪上加霜",为师范院校和师范专业带来了前所未有的竞争压力。曾有调查显示,在某一时期内师范院校的师范生招生数量仅占学校招生总数的20%~30%,除少量公费师范生外,每年师范专业毕业生从事教师职业的人数比例不足10%。随着师范教育特色的弱化和竞争优势的下降,师范专业对于考生的吸引力大幅度下降,且极大影响了师范教育的社会声誉和入口质量,形成了恶性循环②。因此,教育部于2017年提出了"中国现有的181所师范院校不得脱帽,且要聚焦教师培养主业"的要求③,并且2020年出台的《深化新时代教育评价改革总体方案》中强调把办好师范教育作为师范院校的第一职责,将培养合格教师作为师范院校的主要考核指标④。

(三)质量导向下的师范教育发展内涵转型

强国必先强教育,教育质量有赖于教师质量。近年来,师范教育质量受到前所未有的重视。例如,2012年8月印发的《国务院关于加强教师队伍建设的意见》中对如何加强教师教育薄弱环节建设,提升师范教育质量提出了要求。2014年教师节,习近平总书记在北京师范大学的讲话中提出,要加强教师教育体系建设,加大对师范院校的支持力度。2017年1月,《国家教育事业发展"十三五"规划》中提到要办好一批高质量的师范院校和师范专业。2018年1月,《中共中央 国务院关于全面深化新时代教师队伍建设改革的意见》提出要大力振兴教师教育,建立中国特色师范教育体系⑤。2018年3月,教育部等五部门印发《教师教育振兴行动计划(2018—2022年)》,提出要办好一批师范类专业,全面振兴教师教育⑥。2020年8月,李克强总理在国务院常务会议中提出要推进师范生教师资格认定改革,允许教育类硕士及以上学历毕业生、公费师范生免试认定教师资格。通过梳理国家政策文件可以发现,国家对师范教育的重视程度越来越高,同时对师范教育质量的要求也越来越高。提高师范教育质量,培养满足党和国家需要的优秀教师已经成为现阶段师范教育发展的内涵要求。

---

① 路书红,黎芳媛.专业认证视角下的师范专业发展探析[J].教育发展研究,2017(22):65-69.
② 李宁,杨颖秀.基于历史制度理论的我国高校师范专业认证制度研究[J].现代教育管理,2019(04):96-100.
③ 路书红,黎芳媛.专业认证视角下的师范专业发展探析[J].教育发展研究,2017(22):65-69.
④ 戚万学.新时代师范大学的发展向度[J].教育研究,2021(02):13-17.
⑤ 孟繁华.新时代师范大学改革发展之道[J].教育研究,2021(02):17-21.
⑥ 王波.专业认证背景下师范生教学研究能力培养的价值意蕴、问题与路径选择[J].黑龙江高教研究,2021(07):81-85.

(四)专业认证成为师范教育领域质量保障的重要措施

随着高等教育规模的扩张,其带来的教育质量下降问题逐渐凸显,世界各国纷纷建立了以评估认证为主要方式的高等教育外部质量保障体系。美国的专业认证制度经过百余年发展。英国在 1997 年就成立了英国高等教育质量保证机构(QAA),对大学自身质量保证体系的运行情况实施监控与评估。我国自改革开放以来,在学习借鉴国外教育评价理论并结合中国实践的基础上,逐步形成了具有中国特色的高等教育质量保障体系,其中最为引人注目的就是本科教学评估和专业认证。自 1985 年以来,我国本科教学评估经历优秀评估、合格评估、随机评估、水平评估、审核评估等多种形式,有效保障了本科院校层面的教学质量[①]。在专业认证方面,20 世纪 90 年代,住建部启动了土木工程专业和建筑学专业的评估,开始了工程教育专业认证工作。2006 年,教育部牵头开展了涵盖机械、材料、计算机、环境、安全等 15 个专业的工程教育专业认证工作。2008 年,医学教育也开启了专业认证工作。在师范教育领域,2014 年,我国开始在江苏、广西等地试点开展师范类专业认证工作。2017 年,教育部印发《普通高等学校师范类专业认证实施办法(暂行)》(以下简称《实施办法》),正式拉开了我国高校师范类专业认证的序幕[②],配套发布的《普通高等学校师范类专业认证工作指南(试行)》(以下简称《工作指南》)中提出,以建立师范类专业认证制度作为保障师范教育质量和振兴教师教育的突破口和着力点,夯实新时代高素质教师培养基石[③]。师范类专业认证在扭转师范教育质量下滑中发挥着重要作用,已经成为我国师范教育领域质量保障的重要措施。

二、问题的提出

"问题是一切科学研究和讨论的开始"[④]。研究背景、理论需要、个人兴趣等都不能简单、直接地成为研究问题。只有从研究背景、理论需要、个人兴趣、现实中凝练出具有研究意义和可行性的研究问题,才能形成真正的研究原点。师范类专业认证制度在我国初步实施,其中不可避免地存在许多问题。本人通过对研究背景的详细梳理和追问,并结合个人实践经历,"师范类专业认证有效性"这样一个具有较好研究价值且切实可行的研究问题显现出来。

师范类专业认证的"有效性如何"是本研究(本书)的核心问题。师范类专业认证既是保障师范教育质量的着力点,也是推动师范教育改革的突破口。认证有效性的发挥深刻影响着现阶段师范教育改革的步伐和质量保障的成效,"有效性如何"成为国内认证研究的前沿问题。关于这一问题,国内已经出现了《高校师范专业认证省思》《师范类专业认证的线性思

---

① 赵强.试析新一轮高校本科教学评估的转变[J].太原城市职业技术学院学报,2015(03):76.

② 中华人民共和国教育部.教育部关于印发《普通高等学校师范类专业认证实施办法(暂行)》的通知[EB/OL].(2017-10-26)[2021-12-01].http://www.moe.gov.cn/srcsite/A10/s7011/201711/t20171106_318535.html.

③ 教育部教师工作司,教育部高等教育教学评估中心.普通高等学校师范类专业认证工作指南[S].2018:6.

④ 卡尔·波普尔.科学知识进化论[M].纪树立,译.北京:三联书店,1987:5.

维及实践超越》《我国高校师范类专业认证的实践反思》等文章,针对认证的作用,从不同方面进行了反思,师范类专业认证的"有效性不足""功能钝化"等观点已经开始出现。一篇《师范专业认证缘何"太匆匆"》的媒体报道认为,要想发挥师范类专业认证的有效作用,就不能步伐太急,需要慢些推进。可以看出,师范类专业认证"有效性如何"问题已经受到学术界以及社会各界的普遍关注,成为学者评价认证作用的重要手段。"有效性"可以成为评定师范类专业认证究竟有多大用处的切入点,为本研究提供一个可行的分析视角。现阶段迫切需要对师范类专业认证有效性进行全面系统的研究,使真实的认证有效性清晰且全面地展示在社会公众面前。

"如何评价有效性"是解开"有效性如何"问题的关键。从 1904 年美国医学教育和医院委员会(Council of Medical Education and Hospitals)成立并推行认证开始,专业认证已经有百年的历史,专业认证制度在国外已经被证明是有效的高等教育质量保障手段。我国工程教育专业认证和医学教育认证经过不懈努力,已经获得《华盛顿协议》(Washington Accord)组织和世界医学教育联合会(WFME)的国际认可。可以说,专业认证作为我国"五位一体"新型评估制度中的重要一环,正在推动我国高等教育质量的提升和国际影响力的扩大。但专业认证制度在国外和其他专业领域取得的成绩,并不一定理所应当地就成为师范类专业认证在师范教育领域有效发挥作用的理由。每个国家的现实情况不同,每类专业所处的历史背景和发展特点也有所不同,例如,我国师范教育领域所面临的师范教育特色危机与工程教育领域呈现出的蓬勃发展背景就有很大不同。因此,评价师范类专业认证是否有效的标准应与评价其他专业认证是否有效的标准有所不同。

对于"如何评价有效性"的问题,可以从以下两个方面来分解。一方面,要分析结果层面的专业认证实施结果是否有效,例如,师范类专业认证开展至今,师范教育发生了哪些改变?师范类专业认证在多大程度上实现了既定的有效目标?师范类专业发展不平衡、不充分,质量提升动力和能力不足,师范教育特色弱化等问题是否得到了有效解决?解决程度如何?另一方面,要考虑认证制度设计层面和认证过程层面的有效性正在深刻地影响着认证作用的发挥,例如,认证标准设置是否科学?实施过程是否规范?广大师生是否深入地参与到认证过程中?这些都是在评定认证有效性时必不可少的研究内容。

"有效性如何"并不是研究问题的终点,促进"有效性提升"才是研究问题的终极目标。如何通过研究提升师范类专业认证有效性是需要追问的重要事项。师范类专业认证制度在我国初步施行,必然存在许多不完善的地方,并阻碍其有效性的发挥。正如师范专业认证理念中所强调的"持续改进"要求一样,对师范类专业认证制度自身也要持续改进。只有师范类专业认证制度自身更加完善、更加专业化,认证才能更有效地发挥出应有作用。对认证自身进行评价与改进的项目被美国学者胡可(Cook)和格鲁德(Gruder)称为元评价,他们认为"元评价对修正评估结论、改进评估工作、提高评估质量、杜绝评估泛滥、实现科学决策等方面具有重要作用"[①]。在国外,元评价被认为是一种能够有效地促进评估、认证专业化的重要手段。

按照国内外学者对元评价的研究,元评价也可以有多种模式和方法。丹尼尔·L·斯塔弗尔比姆(Daniel L. Stufflebeam)将元评价分为对评价结果进行分析的终结性元评价和对

---

① 田腾飞,刘任露.元评估——教育评估专业化发展之必需[J].外国教育研究,2014(06):111-119.

评价全过程进行分析并用于改进的形成性元评价。在师范类专业认证制度初步实施的时间节点上就对其进行有效性研究,所要进行的是一种形成性元评价。通过有效性研究,将阻碍有效性发挥的问题进行诊断归因后反馈至正在进行的认证中,在"边做边改"和"边改边做"中提升认证有效性。因此,师范类专业认证有效性研究不但要解决让利益相关者准确了解和判定认证有效性的问题,也要解决如何通过形成性元评价提升认证有效性的问题。

 ## 第二节 研究目的与意义

一、研究目的

师范类专业认证有效性研究,可以对现阶段认证的有效价值与影响有效性发挥的问题进行科学分析,并通过反馈与改进促进师范类专业认证制度不断完善。师范类专业认证有效性研究是我国师范类专业认证更加专业化的必由之路,可以促进师范类专业认证发挥出更好的效果。沿着"历史梳理→理论构建→实证分析→反思提升"的分析思路,师范类专业认证有效性研究目的可以分解为以下四项。

(一)梳理历史与发展,掌握师范类专业认证研究的来龙去脉

师范类专业认证有效性在不同的时期、不同的情景下具有不同的内涵。厘清师范类专业认证制度历史、发展方向等来龙去脉是研究其有效性的必要前提。通过梳理师范类专业认证在不同阶段的主要目标和运行状况,从其动态的发展过程中找到认证有效性分析的合理切入点。通过对师范类专业认证体系构建与运行过程的总结,可以为全面了解和分析师范类专业认证有效性提供依据,这是历史研究的目的和价值所在。

(二)构建分析框架,对师范类专业认证有效性进行科学评价

有效性研究是师范类专业认证元评价的一个方面,相比全面而庞杂的认证元评价体系,有效性研究更加注重师范类专业认证在多大程度上实现了其功能,并解释预期功能如何实现或者未能实现的原因,当然也包括反思这些预期设计的合理性。对认证有效性进行研究很大程度上是为了解决"如何评价有效性"这一难题,使利益相关者能够认可研究结论中的"有效性如何"。以有效性为切入点,构建一套科学合理的认证有效性分析框架和判定标准,可以建立师范类专业认证制度自身的"评价表"和"指挥棒",可以解决有效性如何评价的关键问题,使师范类专业认证有效性评价有理可依、有章可循。

(三)进行实践调查,展现师范类专业认证有效性的真实情况

师范类专业认证是对师范类专业办学是否达到认证标准所进行的评价,而师范类专业认证有效性研究是对师范类专业认证本身实效进行的评价,两者都具有强烈的实践属性。随着师范类专业认证在全国如火如荼地实施,认证实践活动中或多或少地出现了一些问题,这迫切需要对师范类专业认证实效进行深入挖掘,用可靠的调查数据呈现师范类专业认证有效性的真实情况,通过问卷调查与实地访谈,获取师范类专业认证有效性的一手材料,科学展现师范类专业认证的工作实效和价值所在。基于实践调查得出的有效性结论,可以对认证推行以来所展现的作用进行合理评判,帮助利益相关者认识目前的认证有效性如何,以及为什么会出现这样的有效性。展现出师范类专业认证有效在何处、为何有效,以及无效在何处、为何无效。

(四)提出合理建议,提升师范类专业认证有效性

Stufflebeam 将元评价分为终结性元评价和形成性元评价①。在师范类专业认证刚刚铺开的阶段就对其进行有效性研究,目的不仅是要对师范类专业认证工作进行等级判定或合格评判,更是要运用有效性研究对师范类专业认证进行反馈指导,提升其有效性。同时,以有效性研究的内容,使利益相关者更加精准地认识和使用师范类专业认证,从而维护师范类专业认证的科学性、公信力和满意度,提高师范类专业认证的质量和水平。

二、研究意义

专业认证制度在国外有较长时间的发展,已经成为高等教育质量保障领域的重要手段。在我国,师范类专业认证制度刚刚建立,逐渐在师范教育质量保障中发挥出重要作用。本书以有效性为切入点,调查我国师范类专业认证制度运行的现状,追寻认证的价值及影响认证有效性发挥的问题,进而为提升我国师范类专业认证有效性提出相应的对策,在理论层面和实践层面都有重要的意义。

(一)理论意义

1. 有利于深化对师范类专业认证的理性认识

我国师范类专业认证刚刚兴起,对于师范类专业认证的相关研究视野分散,深入程度不够。尤其对师范类专业认证实践进行凝练并提升到理论层面的研究较少。本书通过有效性视角重新理解、解构、分析师范类专业认证,引用公共政策执行评估中的理论为师范类专业认证研究注入新的血液,构建了认证有效性分析框架,使师范类专业认证研究从表层的政策描述和经验介绍深入到对认证质量的分析与价值判断上来,有利于提高师范类专业认证的理论水平,深化对师范类专业认证的理性认识,开辟师范类专业认证研究新领域。

2. 有助于丰富教育元评价体系的理论研究

目前,对于教育评价的研究有很多,但是关于教育评价的元评价研究却较少,专门针对教育领域中专业认证的元评价研究更是缺乏。本书引入元评价理论,对师范类专业认证进行元评价视角的理论探索和实证研究,使师范类专业认证成为教育元评价研究的新领域。这将有利于扩大我国教育元评价的研究视野和解释范围,使教育元评价领域的研究不再局限于宏观的院校评估层面,而是深入到具体的专业认证层面。通过构建符合我国师范类专业认证特点的有效性分析框架和判定标准,并运用其进行有效性调查研究,教育元评价研究不再停留于国外理论介绍层面,而是进入实践论证层面,增强了教育元评价的理论穿透力。

---

① Stufflebeam D L. The Metaevaluation Imperative[J]. American Journal of Evaluation,2001(02):183.

(二)实践意义

1. 有利于促进师范教育外部质量保障体系形成闭环

高等教育质量保障体系可以分为高校内部质量保障体系和高校外部质量保障体系。目前,高等教育质量保障体系需要闭环的要求已经形成了普遍共识。高等教育质量保障体系的闭环如图 1-1 所示,包括高校内部质量保障体系的闭环、高校外部质量保障体系的闭环以及高校内外部之间的闭环三个部分。

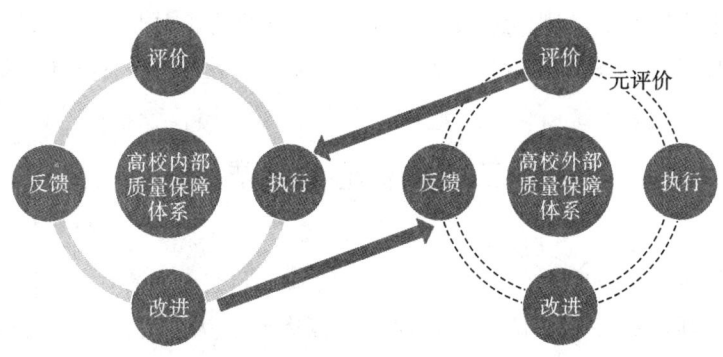

图 1-1 高等教育质量保障体系的闭环

高校内部保障体系闭环主要是学校以日常监测和教学督导等方式收集学校内部质量信息并反馈到校内教学各环节中进行改进而形成的闭环。高校内外部之间的闭环主要是外部评估认证机构将意见反馈给学校,学校按照反馈意见进行整改,将整改结果反馈给评估认证机构,形成内外部之间的闭环。这两个闭环目前都正在积极建设并逐渐完善中。但是高等教育质量保障体系还存在第三个闭环,也就是高校外部质量保障体系自身的闭环。高校外部质量保障体系闭环的方式在国外主要是以元评价的方式进行的,通过元评价分析、总结、反馈、改进评估认证工作而完成闭环。

师范类专业认证有效性研究是教育领域中元评价的一种类型,通过有效性研究可以在分析认证有效性现状的基础上,对影响认证有效性发挥的问题进行反馈、改进,使师范教育外部质量保障体系形成闭环,并完善师范类专业认证自身的内部质量保障体系。

2. 有利于保障认证质量,促进认证健康发展

师范类专业认证有效性研究的意义类似于审计之于财会活动的重要意义。通过有效性研究,可以分析师范类专业认证推行以来的实际效果,总结现阶段师范类专业认证的优势和缺陷,为利益相关者进行科学的决策提供有效手段和依据。有效性研究不但为促进认证机构和人员自我审查、自我反思、自我调控、自我改进认证工作提供了一条重要途径,同时也可以成为认证管理部门对认证活动进行合理监管的方式,成为管理部门是否继续支持开展认证工作的重要参考。有效性是决定师范类专业认证行业信誉、品牌效应和社会认可度的重要基础。通过有效性元评价研究可以促进师范类专业认证制度自我完善,保障师范类专业认证高质量运行和健康发展。

3.有利于提高认证工作实效,深化师范教育改革

有效性作为师范类专业认证工作的重点和难点,受到了广泛关注。认证有效性研究可以引导专业认证聚焦重点、攻克难点、改革痛点,是帮助认证发现问题、提升实效的有力抓手。进一步来讲,师范类专业认证是推动师范教育改革的突破口和着力点,这一切都要建立在师范类专业认证有效性运用的基础上。认证理念与标准的有效落实,可以促进师范类专业建立规范办学的观念和制度,为以后依规办学、科学办学、不再凭借经验办学、不再因人设课打下基础。通过建立有效的持续改进机制,可以使师范类专业的质量观念、质量文化、质量意识在认证中落到实处,使师范类专业人才培养质量提升不再是一句空话,而成为有章可依、有据可循的行动。这些都是通过认证有效性深化师范教育改革的具体表现。

第三节　核心概念界定

核心概念的界定是一项研究得以顺利开展的基础和起点。在本研究中,将"师范类专业""专业认证""师范类专业认证""有效性""师范类专业认证有效性"等核心概念进行了界定。

一、师范类专业

高等学校中的"专业"指的是一种学科门类,它是依据社会分工的不同而设置的教育基本组织形式。关于"师范教育"和"教师教育"定义的区别,本书认为,"师范教育"侧重教师入职前在高校专业中所接受的专门教育;"教师教育"则侧重教师入职前和入职后一体化的全过程教育。本书研究内容主要针对高等学校中入职前专门教育培养阶段,结合高校专业设置特点,在全书论述中着重使用"师范教育"表述,而不是"教师教育",这并不是对"教师教育"的忽视,而是对于高校中入职前专门教育培养阶段的强调和重视。

因此,本书中的"师范类专业"是指在高等学校中按照社会对教师职业入职前培养的需要而设置的一种学科门类,包括培养基础教育各学科教师的学科门类和培养研究教育学、教育心理学等基础性学科的学科门类。在我国普通高校的专业设置目录中,本科 92 个专业类别 584 个专业中有师范类专业 45 个左右,专科 19 个大类 700 多个专业中有师范类专业 18 个左右。但值得注意的是,目前并不是所有的师范类专业都纳入了现阶段的"师范类专业认证"范围。考虑到全国师范类专业办学和发展实际情况不同,目前纳入专业认证范围的师范类专业数量比本科、专科专业设置目录上的专业数量少。

二、专业认证

"认证(Accreditation)"源自拉丁语"Credito",含义为"赋予信任"。从行业视角出发,专业认证是一种由专业性(Professional)认证机构对高校专业办学是否符合行业人才培养要求所进行的外部评价,其最主要目的就是判断大学生在接受专业教育后是否具备了行业所需要的技能,是否胜任行业要求。

从认证对象的内涵上讲,专业认证中的"专业"更侧重于职业性的含义,并非单纯指高等教育中的所有专业。专业认证的"专业"范围一般是在社会职业中专业化程度较高并与社会大众的生命、健康、安全、财产等重大事项紧密相关的专业,如医药、卫生、工程、法律、师范领域等①。因此,专业认证的运行一般是依靠行业的力量来推动的,是高等教育培养机构为获得行业人才培养准入资格而进行的一种证明考核。因此,专业认证通常以行业市场中的岗位需求为参照,注重培养的学生能否满足行业岗位需求。

三、师范类专业认证

对于"师范类专业认证"这一概念,在我国师范类专业认证官方文件《工作指南》中有明确的定义,即"师范类专业认证是专门性教育评估认证机构依照认证标准对师范类专业人才培养质量状况实施的一种外部评价,旨在证明当前和可预见的一段时间内,专业能否达到既定的人才培养质量标准"②。

本研究对"师范类专业认证"这一核心概念的界定采取官方文件《工作指南》中的定义,但是在研究对象上有所侧重。因为我国师范类专业认证实行三级认证,第一级认证是对办学基本要求进行的检测,第二级认证是聚焦于合格标准进行的认证,第三级认证是为达到卓越标准而进行的认证③。本研究中的调查和分析主要以第二级和第三级认证为研究对象,尤其聚焦于对最具有代表性的第二级认证进行研究,以提高本研究的可行性和研究效率。

《工作指南》中提出,师范类专业认证的"目的是推动专业注重内涵建设,聚焦师范生能力培养,改革培养体制机制,建立基于产出的持续改进质量保障机制和质量文化,不断提高人才培养质量"④。这在其定义的基础上从目标指引和达成参考方面为研究我国师范类专业认证有效性提供了基础。

四、有效性

工具书、企业认证领域、公共政策评价领域、教育评价领域中对"有效性"的概念进行了界定,为本研究界定"有效性"这一核心概念提供了可借鉴的定义思路。虽然各领域对有效性概念有不同的定义,但这些定义中却含有一些共同要素。例如,《辞海》中将有效性定义为,"指当一个演绎论证的结论必然地跟随其前提而发生时,即称此一演绎论证为有效"⑤。企业认证领域有学者指出,"ISO 9000:2008 中对有效性的定义为,完成策划活动和达到预测

① 范爱华.专业认证与专业评估之辨析[J].黑龙江教育(高教研究与评估版),2007(11):91.
② 教育部教师工作司,教育部高等教育教学评估中心.普通高等学校师范类专业认证工作指南[S].2018:1.
③ 吴钰濛.高校师范类专业认证课程设置研究——以学前教育专业为例[D].重庆:西南大学,2021:56.
④ 教育部教师工作司,教育部高等教育教学评估中心.普通高等学校师范类专业认证工作指南[S].2018:1.
⑤ 辞海编辑委员会.辞海[M].上海:上海辞书出版社,1979:163.

结果的程度"①。公共政策领域有学者认为,"有效性就是政策行为和结果与政策目标的一致性"②。教育评价领域有学者认为,"有效性就是教育评价达到目标的能力及目标实现的情况"③。通过分析这些定义中的共同要素发现,"有效性"的概念与"前提""过程""结论"三个核心要素高度相关,与"程度"等判定准则高度相关。

因此,在本研究中将"有效性"定义为,活动产生理想效果的程度。在这一定义中,"产生"对应"过程"要素,"理想"对应"前提"要素,"效果"对应"结论"要素。有效性的三个核心要素可以进一步解释为目标的合理性、实现目标的能力以及目标实现的效果。

五、师范类专业认证有效性

师范类专业认证有效性是对师范类专业认证有效程度的衡量,是师范类专业认证这种外部评价活动产生理想效果的程度。沿着有效性核心要素的分析思路,师范类专业认证有效性也包括认证体系有效性、认证过程有效性和认证结果有效性三个核心要素。客观上来讲,任何种类的专业认证活动都会产生一定的有效性,只是程度不同,因此判定准则也是师范类专业认证有效性的重要组成部分。

师范类专业认证有效性中的认证体系有效性也可以称为设计有效性,是指认证设计的目标、标准、程序、方法的科学性、合理性等的有效程度,可以称之为认证设计效度。师范类专业认证有效性中的认证过程有效性是指在认证过程中利益相关主体通过规范、真实、充分的活动产生理想效果的能力,可以称之为认证执行效力。师范类专业认证有效性中的认证结果有效性是指认证所能产生的结果及结果应用对专业质量发展产生影响的功能,可以称之为认证成果效能。通过对师范类专业认证有效性核心要素进行操作性转化,师范类专业认证有效性可从认证设计效度、认证执行效力、认证成果效能三个方面进行分析。

在师范类专业认证有效性研究中,需要对以上三个要素分别从事实和价值层面予以充分考量,才能得出本研究想要的有效性。"不同主体由于需要不同,对教育活动就可能产生不同的价值判断"④,也就会产生不同的有效性观点。对有效性价值层面的考量,是师范类专业认证有效性研究的难点。本研究中所进行的价值考量需要收集和理解各利益相关者对于我国师范类专业认证所产生有效性价值的主张和争议,在此基础上进行论证与协商,得出师范类专业认证有效性价值共识,保证这一价值考量能够具有广泛的代表性和科学性。

因此,本研究将"师范类专业认证有效性"定义为,一种对师范类专业认证"体系、过程、结果"中的"效度、效力、效能"在"事实"与"价值"层面进行的综合性系统评价,以判断师范类专业认证这种外部评价活动产生理想效果的程度。这里所谓的综合性系统评价,既包括对认证体系设计中科学性与合理性的"效度"、认证过程中真实性与准确性的"效力"、认证结果中收益性与提升性的"效能"进行"事实"层面的实证分析,也包含对认证体系设计、认证过程、认证结果中符合利益相关者选择合理性和社会影响性等进行"价值"层面的考量。

———————————

①　王新平.企业质量管理体系认证有效性的实证[M].北京:知识产权出版社,2010:105-191.

②　彭国富,张玲芝.再就业税收政策有效性评价理论研究[J].统计研究,2007(4):58-62.

③　赵立莹.美国博士生教育质量评估体系发展研究[D].武汉:华中科技大学,2009:74-75.

④　严芳.教育元评估的理论与实践[M].上海:华东师范大学出版社,2013:11.

第四节 研究综述

一、关于师范类专业认证与教师教育认证的国内外研究

在国外,关于师范类专业认证的表示一般使用"Accreditation of Teacher Education"或"Accreditation of Teacher Education Program",即"教师教育认证"或"教师项目认证"。在我国开始师范类专业认证试点之前,我国学者对于专业认证的研究表述主要集中在"教师教育认证"上,在认证实施后,国内大部分学者对其表述改为"师范类专业认证"或"师范专业认证"。因此,用"教师教育认证""师范类专业认证""师范专业认证""Accreditation of Teacher Education"等作为关键词在中国知网、万方、Springer、EBSCO上进行搜索,得到了大量的相关文献,本书将文献按照认证机构研究、认证标准研究、认证实施、认证影响下的改革发展研究这4个方面进行了整理。

(一)关于认证机构的研究

专业认证作为一种高等教育质量保障活动,最早始于美国。国外早期关于认证机构的研究大多集中在对全美教师教育认证委员会(National Council for Accreditation of Teacher Education,NCATE)、教师教育认证委员会(Teacher Education Accreditation Council,TEAC)和美国教育者培养认证委员会(Council for the Accreditation of Educator Preparation,CAEP)的研究,也有关于英国、日本、澳大利亚、土耳其等国家教师教育认证机构的研究,但都是少数。关于 TEAC 的概况,可以直接参考其官方网站上对于机构、框架、程序的介绍[1]。学者 Wise A E(2005)对 NCATE 和 TEAC 两家认证机构在哲学理念、组织构架上的区别进行了分析,并强调了认证机构应具有专业性[2]。学者 Murray F B(2005)阐述了 TEAC 在专业认证上的特点,并且论述了构建一个统一的教师教育认证机构的必要性[3]。自 2013 年 CAEP 成立之后,国外学者的研究便转移到对 CAEP 的研究上来。Sywelem M M G(2014)介绍了 CAEP 的背景、标准、方法、流程、经费来源[4]。Schuster D(2014)研究了 CAEP 成立的背景、过程、机构运作,并重点对其中的课程标准与实习衔接问

---

① TEAC. Teacher Education Accreditation Council[EB/OL].(2018-06-22)[2021-11-21]. http://files. eric. ed. gov/fulltext/ED516753. pdf.

② Wise A E. Establishing Teaching as a Profession: The Essential Role of Professional Accreditation[J]. Journal of Teacher Education,2005(04):48-52.

③ Murray F B. On Building a Unified System of Accreditation in Teacher Education[J]. Journal of Teacher Education,2005(04):56-62.

④ Sywelem M M G. Accreditation Models in Teacher Education: The Cases of United Station, Australia and India[J]. International Journal of Education and Research,2014(04):1-12.

题进行了论述[1]。Goodson L(2018)对 CAEP 成立的历史进行了全面梳理,并对其认证标准与流程进行了详细分析[2]。

国内也有许多学者对认证机构进行了研究,多集中于对美国教师教育认证机构的研究。早期,王保华的《国际教师教育机构认证制度研究》,石芳华的《美国全国教师教育评估委员会(NCATE)简介》,姜蕾的《全美教师教育认证理事会(NCATE)之简介》,喻浩的《美国国家教师教育认证协会(NCATE)简介及其启示》等文章对 NCATE 的评估范围、NCATE 与州评估机构的关系、NCATE 的认证标准以及程序等进行了研究。

在近期研究中,比较有代表性的为洪菊云、朱乐红(2006)对 NCATE 中的组织合作关系进行的研究[3]。刘雪飞(2007)介绍了 NCATE 的认证范围和程序并提出了关于在我国建立教师教育认证制度的建议[4]。侯静(2008)对比分析了 NCATE 等多个美国民间组织认证的组织、标准、程序[5]。洪明(2008,2010)介绍了 TEAC 的认证标准与特点等[6],并对 NCATE 和 TEAC 的认证异同点进行了对比分析[7]。车芳(2012)对 NCATE 和 TEAC 从认证范围、程序、理念等不同方面进行了对比分析[8]。邓涛(2016)描述了 CAEP 等美国教师教育认证机构的重建历史,分析了美国教师教育认证改革的三个方面的动因[9]。白玫(2018)介绍了美国教师教育认证从 NCATE 发展到 CAEP 的改革过程[10]。此外,还有一批硕士、博士论文,如陆晓燕(2008)、胡卓敏(2010)、练姗姗(2016)、程文(2016)、幸秋伶(2019)都对 NCATE、TEAC、CAEP 这些认证机构的不同方面进行了较为系统的研究。

(二)关于认证标准的研究

关于认证标准的研究在国内外也是一个热点。国外方面,大部分学者在研究认证机构的时候也会对这一认证机构的标准进行阐述。尤其是自 CAEP 成立并推出了现行的认证标准以来,对于美国目前使用的这套教师教育认证标准,许多国外学者进行了专门的研究。

例如,Kraft N P(2001)对美国认证四个时期的价值功能和影响标准进行划分研究[11]。Hefner T 等(2014)以教师教育认证标准框架为重点,描述了一系列不同的形成性和总结性

① Schuster D. Creating More Seamless Connections Between University-Based Coursework and School-Based Mentoring[J]. Kappa Delta Pi Record,2014(04):15-22.

② Goodson L. Karen Symms Gallagher:CAEP Chair Shares Insight into Teacher Preparation,Accreditation[J]. Educational Considerations,2018(44):1-8.

③ 洪菊云,朱乐红.美国教育学院全国性认证(NCATE)对我国教师教育的启示[J].中国教育前沿,2006(09):22.

④ 刘雪飞.NCATE 与美国教师教育机构评估及其启示[J].教育探索,2007(05):121-122.

⑤ 侯静.美国高等教育认证体系中的民间组织研究[D].重庆:西南大学,2008:4.

⑥ 洪明.美国教师质量保障体系历史演进研究[D].福州:福建师范大学,2008:4-10.

⑦ 洪明.美国教师培养质量保障机制的改革与创新——TEAC 教师教育专业的认证标准和程序探析[J].中国高教研究,2010(01):37-40.

⑧ 车芳.NCATE 和 TEAC 的比较分析[J].改革与开放,2012(01):166-167.

⑨ 邓涛.美国教师教育认证改革:机构重建和标准再构[J].教师教育研究,2016(01):110-115.

⑩ 白玫.从 NCATE 到 CAEP:美国职前教师教育认证的价值反思[J].外国教育研究,2018(04):30-42.

⑪ Kraft N P. Standards in Teacher Education:A Critical Analysis of NCATE, INTASC,and NBPTS(A Conceptual Paper/Review of the Research)[J]. Academic Standards,2001(03):156.

标准,认为正是这些标准使美国教师教育认证的影响更加明显和可测量[①]。Cibulka J G (2014)从成本效益视角对 CAEP 认证的标准进行了分析,认为部分 CAEP 认证标准中存在成本过高的问题[②]。Schwarz G E(2015,2016)对 CAEP 认证标准与学生培养进行分析[③],并认为 CAEP 的认证理念与标准是建立在技术型课程理论基础上的,这种课程理论把课程减少到了狭隘、非人性化的技术层面,并引领了一种不现实的教学观。这对学生的培养质量带来了巨大的影响,值得警惕[④]。

在国内学者关于国外教育认证标准的研究中,洪成文(2004)对 NCATE 的认证标准进行了初步分析与总结[⑤]。周钧(2007)对 1954 年到 2007 年间 NCATE 的多个版本标准进行了对比分析[⑥]。于志涛、周国宝、牟晓青(2014)对 CAEP 的认证标准进行了研究与介绍[⑦]。张红洋、方强(2015)从条件、等级和机制三个方面分析了 CAEP 认证标准并提出了构建中国教师教育认证标准的建议[⑧]。赵英、黄娟(2017)对 CAEP 认证标准中的实践标准进行了深入研究[⑨]。

(三)关于认证实施的研究

专业的认证实施是认证制度构建过程中非常重要的一环。国外关于认证实施的研究集中在对 NCATE 和 TEAC 的认证实施过程上。

例如,Earle R(2000)对 NCATE 的认证实施过程与目标进行了阐述,其认为 NCATE 的认证实施过程经历了从目标本位到课程本位,再到绩效本位的认证理念变迁[⑩]。EL-Khawas E(2015)采取审计的方式对 TEAC 认证实施情况进行了分析[⑪]。Kirchner A、Norman A D(2014)对 NCATE 认证过程中如何通过电子系统实施认证进行了详细的分析

① Heafner T, Mclntyre E, Spooner M. The CAEP Standards and Research on Educator Preparation Programs:Linking Clinical Partnerships with Program Impact[J]. Peabody Journal of Education,2014 (04):516-532.

② Cibulka J G. Foreword:Systemic Strategies to Create Clinically Rich Teacher Preparation[J]. Peabody Journal of Education,2014(04):419-422.

③ Schwarz G E. CAEP Advanced Standards and the Future of Graduate Programs:The False Sense of Techne[J]. Teacher Education Quarterly,2015(03):105-117.

④ Schwarz G E. CAEP and the Decline of Curriculum and Teaching in an Age of "Techne":I Have Seen the Enemy and He Is Us[J]. Curriculum and Teaching Dialogue,2016(18):41-54.

⑤ 洪成文.美国教育学院认证标准及其特点研究[J].教师教育研究,2004(3):73-74.

⑥ 周钧.美国教师教育认证标准的发展历程及对我国的启示[J].比较教育研究,2007(2):86-90.

⑦ 于志涛,周宝国,牟晓青.美国师资培育最新改革解析[J].外国教育研究,2014(3):120-127.

⑧ 张红洋,方强.美国教师教育认证标准及其对我国教师教育的启示[J].当代教师教育,2015(4):55-59.

⑨ 赵英,黄娟.美国教师教育临床实践标准的基本框架及其启示——基于 CAEP 教师教育临床实践标准的案例研究[J].外国教育研究,2017(7):63-70.

⑩ Earle R. AECT and NCATE:A Partnership for Quality Teaching through Accreditation[J]TechTrends, 2000(03):53-57.

⑪ EL-Khawas E. Accreditation of Teacher Education in the US:An Audit Approach to Subject Assessment [EB/OL]. (2015-03-20)[2021-11-22]. http://www. unc. edu. ppaq/docs/TEAC/TEAC. html.

与介绍①,值得国内师范类专业认证系统平台学习与借鉴。Cramer E D(2014)论述分析了NCATE认证实施过程中如何利用认证结果指导与改进教学②,这是我国认证整改中应该吸取的优秀经验。

国内学者希望通过分析国外教师教育认证实施过程的研究能够建立更合理、更符合本国特色的专业认证制度。例如,董有志(2008)对印度的认证制度实施情况进行了评价。陈玲玲(2010)对加拿大的认证制度实施情况进行了案例分析。张倩(2012)对日本的认证制度建构情况进行了介绍。王阳阳(2017)对澳大利亚的教师教育认证制度实施情况进行了研究。欧吉祥(2022)对新西兰的认证制度改革情况进行了介绍与分析。这些研究扩展了我国师范类专业认证制度构建的借鉴范围。

在研究和学习国外认证制度的基础上,我国学者对国内教师教育认证制度的构建也进行了尝试,提出了中国教师教育专业认证的设想和方案。例如,邓涛(2015)基于国际经验以及其他领域认证的实践做法,建议在制定中国教师教育认证办法时应成立"教师教育专业认证委员会"作为全国性的教师教育认证主体,还应该确定包括认证申请、自我评价、实地考查、认证结论等步骤在内的认证程序,以及如何使用认证结论和认证的有效期限等诸多方面的制度规定,以促进我国教师教育认证制度的有效落地与实施③。

从教育部决定在江苏、河南、广西三省开展师范类专业认证试点工作以来,以实践为导向的师范类专业认证研究在国内开始出现。随着《实施办法》在 2017 年发布,我国教师教育认证采取"师范类专业认证"的命名方式,展现出了符合我国现阶段改革发展需求的本土化认证制度构建特点。学者们对于认证的研究用语也逐渐从学习国外的"教师教育项目认证"转变到中国的"师范类专业认证"研究体系中来。

王芸(2017)的硕士论文《我国师范类专业认证实践研究》是目前在知网上搜索到的第一篇使用"师范类专业认证"概念的学位研究论文,其分析了广西壮族自治区认证试点过程中出现的问题,并提出相应的改进策略④。张松祥(2017)的文章《我国师范专业认证需要关注的若干问题及其对策研究》是第一篇使用"师范专业认证"的核心期刊文章,该文章认为,我国师范专业认证试点工作小步缓行、久推难进的原因在于从学界到社会、从院校到政府等都对当下我国实施师范专业认证的重要性、必要性以及实际操作等方面存在迷思与疑虑,并基于以上分析,尝试从多个方面对认证改进提出了建议⑤。王定华(2019)分析了我国师范类专业认证开展的背景和意义,梳理了认证起步阶段的方略,归纳了师范类专业认证的主要特点,并对认证未来发展道路进行展望⑥。刘莉莉、陆超(2019)通过我国师范教育和教师教育发展历程,揭示了教师教育转型中的问题与师范类专业认证制度推行的历史必然性,分析了

① Kirchner A,Norman A D. Evaluation of Electronic Assessment Systems within the USA and Their Ability to Meet the National Council for Accreditation of Teacher Education(NCATE)Standard 2[J]. Education Assessment Evaluation & Accountability,2014(26):393-407.

② Cramer E D. Demystifying the Data-Based Decision-Making Process[J]. Action in Teacher Education,2014(36):389-400.

③ 邓涛.中国教师教育专业认证办法探析[J].高教发展与评估,2015(06):35-44.

④ 王芸.我国师范类专业认证实践研究[D].南宁:广西师范学院,2017:10-13.

⑤ 张松祥.我国师范专业认证需要关注的若干问题及其对策研究[J].教育发展研究,2017(Z2):38-44.

⑥ 王定华.我国高校师范类专业认证的缘起与方略[J].中国高等教育,2019(18):20-22.

我国师范类专业认证的现实逻辑,并为优化认证提出了相关建议[①]。

周晓静、何菁菁(2020)的文章《我国师范类专业认证:从理念到实践》是第一篇由教育部教育质量评估中心(教育部原高等教育教学评估中心,以下简称评估中心)人员发表的研究师范类专业认证的文章,表明了我国的认证机构正在通过研究促进其专业化程度提升。文章认为,师范类专业认证是直击我国现阶段教师教育时弊的关键一招,是促进我国教师教育革命的重要举措。文章对中国师范类专业认证如何从标准研制走向实践操作进行了详细分析,认为我国认证制度的推行应秉持质量旨向等三个旨向,需要处理好统一与个性等三对关系[②]。向福、王锋、项俊(2021)基于认证的底线思维和核心理念,针对认证专业重授课轻育人、重成绩轻过程、重评价轻改进等问题,引入期望达成系数构建一套多主体参与、教学、评价、改进有机融合,量化与质性有机统一,涵盖课程思政、第二课堂的课程目标达成度评价及持续改进策略体系[③]。

(四)关于认证影响下的改革发展研究

我国师范类专业认证制度正式实施后,对于师范教育的改革与发展,学者们又开始了重新的思考。许多学者对认证背景下的师范类专业的发展进行了探析,例如,路书红、黎芳媛(2017)认为我国师范类专业应以认证的理念与标准为指导,从培养目标等多方面反思专业建设中的问题并进行改进[④]。张怡红、刘国艳(2018)认为我国师范类专业应以认证为目标指向,秉持"以评促建"的思路,既要注重认证达标建设,也要强调专业的内涵建设和特色发展[⑤]。魏怡(2019)认为师范类专业应站在"学生中心"新理念下从多个侧面聚焦新师范建设,并对专业认证如何促进我国新师范专业建设阐述了诸多思考[⑥]。李森、刘梅珍、崔友兴(2019)认为师范类专业认证是顺应教师教育专业认证国际潮流的重要举措。现阶段我国师范类专业发展遭遇了专业价值迷失以及师范性弱化等现实困境。在师范类专业认证背景下,师范类专业应从课程模块化等四个方面促进师范类专业建设,以适应新形势下的师范教育改革要求,切实推进师范类专业发展[⑦]。常珊珊、曹阳(2020)分析了国际上教师教育标准化发展变化等认证推行背景。在借鉴国外"系统协调、证据表现、实践导向、伙伴建立"4大认证理念的基础上,探讨了我国师范类专业的发展机制[⑧]。

也有学者将师范类专业认证的研究上升到了推动教师教育改革的宏观层面。例如,胡万山(2018)在文章中认为师范类专业认证能够深入推进教师教育改革,高校师范类专业建设要着力于调整培养目标、改革课程教学、优化师资结构、完善保障体系,以深入推进师范教

① 刘莉莉,陆超.高校师范类专业认证的历史必然与制度优化[J].教师教育研究,2019(05):40-45.
② 周晓静,何菁菁.我国师范类专业认证:从理念到实践[J].江苏高教,2020(02):72-77.
③ 向福,王锋,项俊.师范类专业认证背景下课程目标达成度评价及持续改进策略[J].中国大学教学,2021(07):74-79.
④ 路书红,黎芳媛.专业认证视角下的师范专业发展探析[J].教育发展研究,2017(22):65-69.
⑤ 张怡红,刘国艳.专业认证视阈下的高校师范专业建设[J].高教探索,2018(08):25-29.
⑥ 魏怡.师范类专业认证视域下新师范建设七评[J].湖南社会科学,2019(05):141-145.
⑦ 李森,刘梅珍,崔友兴.专业认证背景下高校师范类专业建设理路[J].重庆高教研究,2019(06):12-24.
⑧ 常珊珊,曹阳.专业认证背景下我国师范类专业发展机制研究:国际经验与本土建构[J].高教探索,2020(02):41-47.

育改革①。马晓春、周海瑛(2021)认为师范专业认证标准为师范专业质量保障提供了新视角和新路径,遵循 OBE 产出导向教育理念,将认证标准内化为专业质量标准意识和自觉行动,可以有效推进教师教育改革②。王红、罗小丹(2022)认为师范类专业认证正在推动教师教育课程质量观从"知识本位"向"目的适切性"转变,是推进教师教育改革的重要组成部分③。

在关于师范类专业认证的研究中,有些学者更加聚焦师范教育改革和发展中的人才培养问题,例如,张鹏君(2019)提出实施国家统一的教师资格考试对师范生培养既产生了"鲶鱼效应",也带来培养目标的两难选择、社会培训机构的"热宠"与教师教育的"落寞"等附带效应。要超越师范生培养的危机,需通过吸收认证的优秀理念,设置扣纲与应时的课程内容,采取道、术融通的培养方法实现师范类专业人才培养质量的提升④。梁福成(2019)认为师范类专业认证是解决新时期的师范生培养面临新挑战、新问题的有效方式。师范类专业认证能够改善师范生的学习体验,促使高校回归生态育师的状态,认证能加快师范生培养质量保障体系建设并持续提高师范生的培养质量⑤。还有学者以专业认证为视角,对不同专业的人才培养提出了具体建议,例如,高洁(2019)在分析了师范类专业认证视域下高校音乐教育人才培养的改革思路,提出了新时代高校音乐教育人才培养的重要标准⑥。王卓、胡艳玲、王金娥(2019)以山东师范大学实践为例,对认证背景下英语专业人才培养的目标、规格、课程体系建构等进行了积极探索⑦。王娟(2020)对师范类专业认证标准下高校钢琴课程教学进行了研究⑧。刘春萍等(2020)按照师范专业认证标准,针对应用型本科院校化学专业的人才培养提出了基于以学生为中心和产出导向的有机化学"三段式"教学法⑨。王磊等(2020)对师范类专业认证背景下的数学专业教师教育课程进行了对比分析,通过对比分析 9 所具有代表性的本科高校数学专业的培养方案,为数学专业教师教育课程设置提供了可行性的建议⑩。董翠香等(2022)从师范类专业认证视角,探索性地提出了构建体育教育专业课程思政教学实践路径⑪。于开莲等(2022)依据师范类专业认证标准,基于循证理念,构建了涵盖保教知识与能力等 4 个一级维度以及态度行为等 12 个二级维度的学前教育专业教育实习

① 胡万山.师范类专业认证背景下教师教育改革的意义与路径[J].黑龙江高教研究,2018(07):25-28.

② 马晓春,周海瑛.认证标准视阈:师范专业质量保障体系建设新路向[J].现代教育管理,2021(01):76-84.

③ 王红,罗小丹."目的适切性":师范类专业认证何以促进教师教育课程质量观的转变[J].华南师范大学学报(社会科学版),2022(01):31-40.

④ 张鹏君.教师资格认证制度下师范生培养的困境与超越[J].当代教育科学,2019(09):67-72.

⑤ 梁福成.专业认证背景下师范生培养模式研究[J].天津师范大学学报(社会科学版),2019(04):64-68.

⑥ 高洁.师范专业认证视域下高校音乐教育人才培养思考[J].人民音乐,2019(07):54-56.

⑦ 王卓,胡艳玲,王金娥.师范类英语专业跨学科人才培养模式探索——以山东师范大学《英语专业培养方案》修订为例[J].外国语文,2019(04):123-128.

⑧ 王娟.师范类专业认证标准下高校钢琴课程教学——评《现代钢琴教学法》[J].中国教育学刊,2020(03):123.

⑨ 刘春萍,刘希光,刘刚,等.师范专业认证背景下有机化学"三段式"教学法的构建与实践[J].化学教育(中英文),2020(24):70-74.

⑩ 王磊,刘娟,崔倩,等.师范专业认证背景下数学与应用数学(师范)专业教师教育课程对比研究[J].湖南师范大学自然科学学报,2020(06):87-92.

⑪ 董翠香,韩改玲,朱春山,等.师范类专业认证背景下体育教育专业课程思政教学实践探索[J].天津体育学院学报,2022(01):32-37.

评价标准[1]。

有的学者将研究深入到了课程层面,例如,刘河燕(2019)对专业认证背景下的课程改革进行了研究,她认为师范类专业认证的实施必将加快教师教育课程改革的进程,为培养卓越师范生奠定基础,应根据师范类专业认证的理念与标准,借鉴发达国家教师教育的经验,对教师教育课程内容进行相应的改革[2]。田腾飞、刘任露(2022)认为在OBE认证理念下,师范类专业的课程建设要依据毕业要求重构课程体系,师范类专业要对照认证标准调整课程结构、导向、内容、实施以及评价方式[3]。

二、关于评价有效性的国内外研究

(一)元评价理论与实践的研究

认证有效性研究是元评价研究的一种形式。所谓"元"(meta)就是主体对自身的反思和超越。美国语言学家塔尔斯基为了消除说谎者悖论而引进了"元"的概念。"元评价"也称为"元评估",这一概念由美国评估专家 Scriven M 在 1969 年首次正式提出。国内外学者对此进行了深入的研究,例如,Scriven M(1969)认为元评价就是对评价的评价(the evaluation of evaluations),也被称为"第二级评价"(second-order evaluation),指对某一种评价的质量或结论进行评价的活动,目的是向原评价者提出其评价中的问题以及片面观点[4]。Cook T D 等(1978)提出,元评价是相对于原级评价(primary evaluation)的次级评价(secondary evaluation)[5]。Stufflebeam D L(2001)提出元评价是以一套合理的评价方案为依据,对某一评价活动过程进行描述与评判的活动,后来他又提出,元评价就是对原评价进行再评价,从而获得其效用性、可行性、适切性、正确性的过程,其目的是更好地了解原评价的优缺点、指导评价以及提高评价质量[6]。Bustelo M(2002)提出元评价不仅是评价活动质量控制的重要手段,而且需要对评价过程中的公共政策支持与干预情况(studying public policies and interventions)进行研究[7]。在元评价实践层面最有代表性、影响最大的是美国教育评估标准联合委员会(JCSEE)在《教育方案、计划、材料评价的专业标准》中提出的元评价方案及标准,目前为止,JCSEE的元评价标准已经更新了三个版本,其最新的元评价标准包括实用性

① 于开莲,宋鹏雁,张慧,等.循证师范专业认证视域下学前教育专业本科教育实习评价标准构建研究[J].教师教育研究,2022(01):40-48.

② 刘河燕.基于师范类专业认证的教师教育课程内容改革研究[J].现代大学教育,2019(04):24-29.

③ 田腾飞,刘任露.OBE认证理念下师范类专业的课程建设[J].华南师范大学学报(社会科学版),2022(01):41-52.

④ Scriven M. An Introduction to Meta-Evaluation[R]. Educational Products Report,1969:36-38.

⑤ Cook T D,Gruder C L. Metaevaluation Research[J]. Evaluation Review,1978(02):51.

⑥ Stufflebeam D L. The Metaevaluation Imperative[J]. American Journal of Evaluation,2001(02):183-209.

⑦ Bustelo M. Metaevaluation as a Tool for the Improvement and Development of the Evaluation Function in Public Administrations Presentation to the 2002 European Evaluation Society Conference[EB/OL].(2002-03-16)[2021-11-24]. https://www.evaluationcanada.ca/txt/newsletter200409.pdf.

标准(utility)、可行性标准(feasibility)、适当性标准(propriety)、准确性标准(accuracy)[1]。

我国学者对元评价的研究,前期以介绍美国的研究成果为主,将其翻译为"后设评价"(陈玉琨,1993)、"元评估"(徐枞巍,1997)、"元评价"(侯光文,1998)、"再评估"(许茂祖,2000)、"再评价"(王刚,2002)。总体来讲,目前国内外对于元评价的研究基本上没有超越Scriven对于元评价的定义。同时,我国学者吴刚(1996)、金娣(2002)、荀振芳(2006)、严芳(2013)、田腾飞(2014)、王向红(2017)等学者对元评价进行了初步本土化探索及实践研究,例如,荀振芳(2006)对大学教学评价的价值进行了反思,认为对于大学教学评价所体现出的教育价值进行的反思和研究就是元评价视角的追问与实践[2]。

严芳(2013)的《教育元评估的理论与实践》一书中对元评估进行了系统的研究和实践,并认为教育评估与教育元评估的区别如图1-2所示[3]。其尝试建立了一套教育元评估标准,并以民办职业培训机构诚信等级评定为案例,对这套元评估标准进行了实测,推进了我国教育元评估意识的形成和元评估制度的构建。

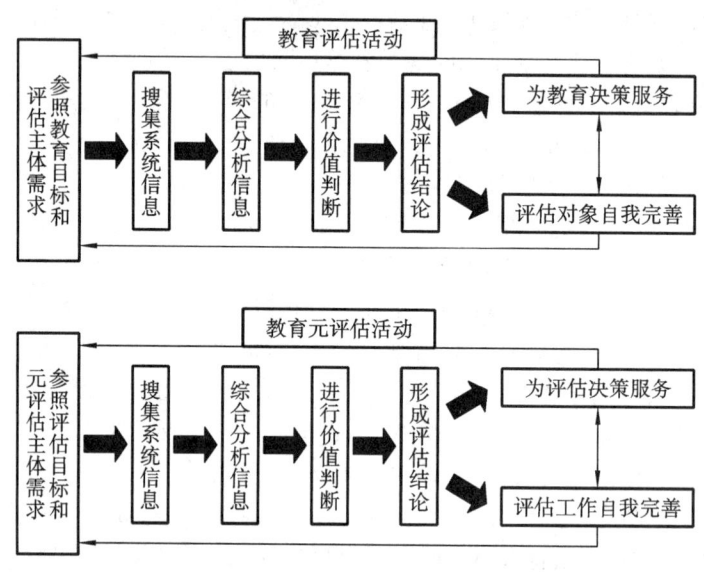

图1-2 教育评估与教育元评估活动对比示意图

田腾飞、刘任露(2014)在其文章《元评估——教育评估专业化发展之必需》中认为元评价是推进我国教育评估事业的专业化发展的重要途径,元评价对修正评估认证结论、改进评估认证工作、提升评估认证质量、实现评估认证科学决策等方面具有重要作用[4]。王向红(2016)在其著作《中国高等教育评估质量保证研究——元评价的视角》中,以元评价的视角反思了高等教育评估指标体系,介绍了美国元评价标准的制定过程,并以多个现实案例从元

---

① Yarbrough D B, Shulha L M, Hopson R K, et al. The Program Evaluation Standards: A Guide for Evaluators and Evaluation Users[EB/OL]. (2011-02-01)[2021-11-24]. https://www.eval.org/About/Competencies-Standards/Program-Evaluation-Standards.

② 荀振芳.大学教学评价的价值反思[M].青岛:中国海洋大学出版社,2006:1-25.

③ 严芳.教育元评估的理论与实践[M].上海:华东师范大学出版社,2013:12.

④ 田腾飞,刘任露.元评估——教育评估专业化发展之必需[J].外国教育研究,2014(06):111-119.

评价视角验证了我国高等教育评估结果[1]。

(二)关于师范类专业认证元评价的研究

任何一项评估或认证要经得起推敲,就必须经过元评价。我国许多学者对师范类专业认证目前存在的问题及改进对策进行了研究,从某些方面来讲,这些都可以算是关于师范类专业认证的元评价研究。例如,杨跃(2018)认为我国师范专业认证在当前的制度环境下主要面临政府制度保障严重不足、高校接受认证主动性有限、认证机构专业独立性欠缺、社会公众参与意识薄弱等困境,进一步完善师范专业认证制度需要从清晰界定政府职能、赋予高校自主权力、培育专业认证组织以及提高社会公众意识等方面进行[2]。梅雪、曹如军(2019)认为师范类专业认证正在从试点阶段转向全面铺开阶段,目前认证中是否存在同一把尺子度量师范专业差异化发展等问题值得深思,冷静思考这些问题,有助于把师范类专业认证工作做得更细、更实[3]。

学者们对于师范类专业认证的研究逐渐深入,师范类专业认证元评价的研究也逐渐成为研究热点,例如,辛治洋(2021)认为我国师范类专业认证具有较为鲜明的线性思维特征,包括射线形态的"主线"思维、线段形态的"双向细目"思维和环线形态的"底线"思维。线性思维一旦被专业认证参与者固化为线性建设方式,势必会造成师范类专业认证以及师范类专业发展的困境[4]。徐祖胜、杨兆山(2021)分析了我国师范类专业认证现阶段存在的认证主体圈子文化、认证结论评定过于宽松与可信度不足等问题,提出了打破认证主体圈子文化、提升认证结论公信力等完善策略[5]。赵强、王丽丽、张炜(2022)认为师范类专业认证与本科教学工作评估、专业评估等概念有较大区别,但在现实中又容易混淆。其在总结目前师范类专业认证运行中存在的 4 种认识误区的基础上,提出了行动者对师范类专业认证的理解应进行从宏观到中观、从管理到治理、从输入到产出、从预设到生成的逻辑转向,以减少师范类专业认证运行中的历史惯性和路径依赖,促进师范类专业认证制度发挥其应有作用[6]。

还有的学者对师范类专业认证中的某一专业类别认证进行了更细层次的研究,例如,胡永红等(2021)对我国体育教育专业认证工作中存在的 7 种问题进行了梳理,提出了厘清政府职能、赋权高校、构建多元独立的认证组织等完善建议,以实现认证功能的最大化[7]。

(三)关于教育领域中有效性的研究

一些学者对教育领域中的活动进行了有效性研究,但在教育评价领域中的有效性研究

① 王向红.中国高等教育评估质量保证研究——元评价的视角[M].北京:中央编译出版社,2016:131-152.

② 杨跃.师范专业认证制度改革的现实困境与治理对策——基于新制度主义理论视角的分析[J].现代教育管理,2018(02):71-76.

③ 梅雪,曹如军.高校师范专业认证省思[J].高教探索,2019(12):36-41.

④ 辛治洋.师范类专业认证的线性思维及实践超越[J].教育发展研究,2021(21):63-68.

⑤ 徐祖胜,杨兆山.我国高校师范类专业认证的实践反思[J].教师教育研究,2021(06):72-77.

⑥ 赵强,王丽丽,张炜.师范类专业认证推进理路:沿革、误区与转向[J].华南师范大学学报(社会科学版),2022(01):53-60.

⑦ 胡永红,吴邵兰,艾安丽.我国体育教育专业认证工作存在的问题与优化路径[J].体育学刊,2021(02):72-79.

较少,也就是在教育元评价层次的有效性研究较少,但还是有少数学者进行了尝试。例如,潘杰宁(2013)对整个中国教育评价体系从有效性视角进行了分析,认为存在的部分评价指标与评价目的一致性较差等问题亟待解决[①]。教育评价领域的有效性研究多集中在本科教学评估领域,例如,袁银南等(2006)认为如果要提高本科教学评估的有效性,就要充分考虑高校层次的差异性、质量标准的多样性和评估结果的可比性[②]。张慧洁、薛震(2009)认为本科教学评估的关键在于整改,通过对 15 所不同层次高校本科教学评估反馈的有效性进行问卷调查和实证分析,总结了本科教学评估反馈有效性的特征,并给出了对策建议[③]。周湘林(2011)基于模糊综合评价原理对中国高等教育质量评估体系从目标的科学性、过程的合理性、目标的达成度、结果的长效性等方面进行了有效性审查,基于本科教学评估有效性调查数据进行了实证分析,认为本科教学评估制度有效性尚可,但也存在许多亟须改革的地方[④]。周光礼(2012)认为对教育质量评估体系进行的有效性研究,本质是一种政策评估研究,本科教学评估制度属于政府的行政问责制度。通过对本科教学评估有效性研究,发现中国本科教学评估制度有效性一般,尚有很多值得改进的地方,需要建立完善的问责制度来提高本本科教学评估制度的有效性[⑤]。在学位论文方面,也有学者对我国教育评价的有效性进行了研究,如《监测评估有效性探究》(王觉,2015)、《我国高等教育第三方评估的有效性研究》(臧顿红,2017)等,但这些研究都集中在硕士论文层面。赵立莹、陈梅(2010)认为提高评价有效性是我国建设博士教育强国的必由之路,并基于对美国博士生教育评估体系的有效性分析,为提高我国博士生教育评估有效性提出了对策建议[⑥]。

除了教育评价领域,许多学者对有效性的研究涉及了各类教育领域内部事务。思想政治教育是教育领域的重要组成部分,近年来,在全面推行立德树人根本目的和实施课程思政的背景下,对这一领域有效性的研究也越来越多。例如,沈状海(2002)对思想政治教育的有效性从要素—过程—结果的逻辑线路进行了研究[⑦]。刘倩(2014)认为思想政治教育评价有效性有其特定的科学内涵,是思想政治教育科学化的内在要求[⑧]。袁尚会(2014)对从目标科学性、过程合理性、目标达成度、结果长效性 4 个方面分析了高校辅导员制度的有效性,运用模糊综合评价法对高校辅导员制度有效性进行了量化分析[⑨]。潘建华(2017)对我国职业教育校企合作的有效性进行了研究,提出了包含合作过程的有效性、合作结果的有效性、合作发展的有效性的职业教育校企合作有效性的判断标准,并运用模糊数学综合评价法构建了职业教育校企合作有效性评价模型[⑩]。由此可见,在有效性评价领域,模糊综合评价已经成

① 潘杰宁.教育评价指标体系的可靠性和有效性研究——基于元评价的视角[J].教育探索,2013(03):72-73.
② 袁银南,王贵成,韩广才,等.试论本科教学工作水平评估的复杂性和有效性[J].中国高教研究,2006(10):50-51.
③ 张慧洁,薛震.我国第一轮本科教育评估反馈的有效性分析[J].高教探索,2009(02):47-53.
④ 周湘林.本科教学评估制度有效性分析——基于模糊综合评价原理[J].高等工程教育研究,2011(02):87-93.
⑤ 周光礼.高等教育质量评估体系的有效性:中国的问题与对策[J].复旦教育论坛,2012(02):10-14.
⑥ 赵立莹,陈梅.美中博士生教育评估体系有效性分析及启示[J].学位与研究生教育,2010(07):44-49.
⑦ 沈壮海.思想政治教育有效性研究[M].武汉:武汉大学出版社,2002:8-24.
⑧ 刘倩.思想政治教育评估过程有效性问题探究[J].思想教育研究,2014(03):108-111.
⑨ 袁尚会.中国高校辅导员制度的反思与重构[D].武汉:华中师范大学,2014:81-88.
⑩ 潘建华.我国职业教育校企合作的有效性研究[D].上海:上海师范大学,2017:75-90.

为重要的研究方法,并被学者们广泛采用。

(四)关于其他领域认证有效性的研究

师范类专业认证或者说大部分高等教育质量保障手段都是借鉴其他领域的质量保障措施而来的,因此,其他领域的认证有效性的研究也非常值得借鉴。对认证这一方面的有效性研究主要集中在企业质量管理体系认证(ISO 9000、ISO 9001)领域。王新平(2010)是国内对企业质量管理体系认证有效性进行系统研究较早的学者,其著作《企业质量管理体系认证有效性的实证》率先在质量管理认证领域引入了经济博弈论基础的实证研究范式,建立了质量认证有效性概念模型和结构方程模型,并在广泛调研的基础上对企业质量管理体系认证有效性进行了实证探究[①]。田志友、韩彦芳(2016)认为有效性是认证行业的生命线,在质量管理体系认证有效性研究中,提出了有效果、有效率、有效益和可持续 4 个方面的认证有效性感知要素,构建了一套认证有效性评价指标体系,并且借鉴指数化评价原理,运用"价量合成法""量化优序法"等工具,开发了认证有效性感知指数,力图实现质量管理体系有效性从感知到提升的转化[②]。

还有许多学者,如韩奎国(2018)、左兆迎(2019),对企业质量管理体系有效性进行了实践检验和研究,并提出了相应的完善对策。其中,比较有代表性和系统性的研究是王英杰(2017)对认证有效性进行的量化研究,其分析认为企业质量管理体系认证有效性的影响因素主要在认证管理机构的监督管理、认证机构的认证质量、申请认证组织体系管理水平 3 个方面,并将逻辑学中的模糊数学概念引入认证有效性的量化评价中来,对 Matalab、Mathematica、Minitab 等数学工具在认证有效性评价中的应用进行了探索,建立了一套针对认证有效性模糊评价的量化方法[③]。此外,王会芝(2013)对中国战略环境评价(Strategic Environmental Assessment,SEA)进行了有效性研究,文章通过主成分分析法判定了包含部门决策机制的合理性、数据信息的可靠性等 8 个公因子的 SEA 有效性影响因素,构建了一套中国 SEA 有效性评价指标体系。以滨海新区 SEA 有效性为例,采用模糊数学综合评判法进行了实证研究[④]。综上可见,不论是在教育评价领域,还是在企业认证评价领域,又或是在战略环境评价领域,模糊综合评价法都已经成为学者们研究有效性时所普遍采取的研究方法,值得学习借鉴。

认证有效性研究的另一主要领域集中在食品安全管理体系认证(HACCP)领域。其中,比较有代表性的研究为张惠才等(2006)对中国食品安全管理体系认证进行的有效性研究,其对 2002—2005 年之间中国获证企业进行了调研和数据分析,主要针对食品安全管理体系认证是否有效和作用有多大进行了研究。研究认为,实施 HACCP 认证尤其必要且有效性显著[⑤]。近年来,在政府绩效评估领域,也逐渐兴起了有效性研究,例如,张毅(2021)在其博士论文中运用结构功能理论对政府绩效第三方评估有效性进行了系统性研究,构建了"组

① 王新平.企业质量管理体系认证有效性的实证[M].北京:知识产权出版社,2010:205-213.
② 田志友,韩彦芳.认证有效性:从感知到提升[M].上海:上海交通大学出版社,2016:1.
③ 王英杰.认证体系与认证有效性量化评价[M].北京:中国质检出版社,2017:5.
④ 王会芝.中国战略环境评价的有效性研究[D].天津:南开大学,2013:133-141.
⑤ 张惠才,郑丕鄂,杨志刚,等.中国食品安全管理体系认证有效性研究[J].食品科学,2006(10):568-570.

织—工具—执行"的有效性分析框架①。

值得注意的是,近年来,认证有效性研究已经开始出现在了高等教育领域的专业认证中,例如,赵悦等(2021)在论文《国际医学专业认证有效性研究的现状与思考》中对1990年1月1日至2020年11月30日以来的23篇核心文献进行了理论分析,初步研究了国际医学专业认证的有效性并提出了相关建议。尽管这一研究采用的是文献分析法,使认证有效性分析仅停留在文献综述层面,但也表明随着教育领域专业认证的全面推行,专业认证有效性问题正在引起教育领域学者们的关注②。

三、文献研究趋势与评述

总体来看,已有研究从不同层次、不同方面对师范类专业认证、评价有效性等相关问题进行了探讨,前期研究成果对于本研究非常具有借鉴意义和参考价值。但是,目前学界对师范类专业认证和有效性的研究同样也存在一些不容忽视的问题,这为开展师范类专业认证有效性研究工作留下了空间。

(一)师范类专业认证相关研究视野分散,体系性不足

专业认证在国外已有百年的历史,但我国师范类专业认证才刚刚兴起,对基于中国特点实行的师范类专业认证的研究也基本上自2017年才起步。截至2022年4月,共搜索到关于师范类专业认证的期刊文章只有498篇,其中,核心期刊文章只有47篇,显示出我国对于师范类专业认证研究的优秀成果较少。但随着师范类专业认证的全面推开,近年来,对于师范类专业认证的研究正逐渐增多,师范类专业认证逐渐成为教师教育和质量保障领域的研究热点。

从目前的研究成果来看,学界相关研究大多是对国外认证项目的介绍或中国认证政策的解读,又或是局限于英语、音乐、美术等某一个特定领域。相关研究视野分散,不够系统,更谈不上成体系的深入研究。师范类专业认证作为一项新的质量保障制度,必须将这一制度当作一个系统进行全面研究。目前,这方面较为系统性的研究只有28篇硕士论文,没有博士论文。这些硕士论文大多是对国家的认证政策的分析与对比,也有一些是基于各自学校认证经验的总结,研究的理论高度和系统性不足。这也说明在我国师范类专业认证中缺乏整体性、体系性、全景式的研究分析。

(二)对我国师范类专业认证有效性研究聚焦不足,缺乏专门研究

目前,关于师范类专业认证的研究逐渐增多,学者们把研究触角伸向认证工作的各个方面,但是却很少有学者专门对师范类专业自身如何提高有效性的元评价进行研究。目前,对认证有效性的研究大多集中在企业质量管理体系认证等其他领域,对教育领域的专业认证有效性研究基本没有。教育领域中已有的元评价研究也大多在于对国外教育元评价理念与

---

① 张毅.结构-功能视角下的政府绩效第三方评估有效性研究——基于A省土地整治项目的考察[D].长春:吉林大学,2021:49-53.

② 赵悦,吴红斌,谢阿娜,等.国际医学专业认证有效性研究的现状与思考[J].中华医学教育杂志,2021(07):656-660.

标准的介绍上,专门对师范类专业认证有效性的研究聚焦不足。

任何一种认证的有效性总是会受时空条件的制约,不同的历史、环境、行业领域对认证有效性研究所提的要求不同。盲目照搬其他国家或其他领域的认证有效性研究来指导我国师范类专业认证的实践可能会阻碍我国师范类专业认证制度的前进步伐和功能实现。因此,我国师范类专业认证有效性的研究需要聚焦我国师范类专业认证的自我实践,专门对其有效性进行研究,构建区别于其他国家和行业领域而适合中国师范类专业认证的有效性评价体系。

(三)对我国师范类专业认证有效性的量化研究较少,实践性不足

目前,对师范类专业认证的研究大多还停留在宏观论述、概念辨析、哲学理念推演、政策介绍和文献综述层面。许多研究是基于学者自身个别专业、个别学校的个体现象或是基于自我个体感受的应然分析,甚至有的研究只是一种认证工作经验总结。对我国师范类专业认证进行的元评价研究,不但缺乏专业、系统的理论性思考,更没有进行大规模且有说服力的实际调查,缺少实践层面的具体验证。

已有研究表明,模糊综合评价法已经在其他领域认证有效性评价中广泛运用,但是在师范类专业认证领域的元评价中,很少采用这些量化研究方法进行研究。没有合理的研究方法将理论思辨与实证分析联合起来,将很难产出具有较好说服力和解释力的师范类专业认证有效性研究。目前,对于师范类专业认证的元评价研究要么天马行空,要么全盘继承推行,元评价研究只有其名而不具其实。师范类专业认证有效性研究不能仅仅停留在理论推演和经验判断层面,还需要进行实地调查,用量化方式对师范类专业认证有效性进行清晰的呈现和检验。

总体来讲,目前,学界对师范类专业认证有效性的研究还远远不能够满足相关需要。尤其对教育元评价领域的研究,还远没有从经验研究走向实证研究,没有真正地促进师范类专业认证研究的科学化。相关研究现状更凸显了深入开展师范类专业认证有效性研究的迫切性和重要性。研究师范类专业认证有效性,要在继承、批判与超越已有研究的基础上,构建一套理论与实践相结合的、符合中国师范类专业认证现实特点的有效性分析框架,以广泛的实践调查材料,从量化和质性多个角度分析我国现阶段师范类专业认证的有效性,从而为提升认证有效性提供理论指导和实践依据。

第五节　研究思路与研究方法

一、研究思路

我国师范类专业认证已经推行了一段时间,其效果如何已成为学界和社会公众关注的焦点。只有有效的师范类专业认证才可能实现其价值和目标。因此,"有效性"便成了师范类专业认证研究的切入点。师范类专业认证有效性如何? 如何评判认证有效性? 认证有哪些值得肯定的有效性价值? 存在哪些影响有效性发挥的问题? 如何通过改进这些问题提升认证有效性? 这些疑问成为师范类专业认证有效性研究的关键,也是本研究开展的脉络。

因此,本研究首先对师范类专业认证制度的历史沿革和发展现状进行梳理,以此为基础,通过小范围访谈和亲身实践经历,梳理出认证有效性的判定因素,构建有效性分析框架和判定标准,并以此在全国范围内进行调查实践研究和量化分析。本研究力求改变单向度的有效性评价,因此,在进行问卷调查的同时,还采取深度访谈法二次挖掘数据背后的有效性评价价值故事和深层次原因,以此达到全面分析师范专业认证有效性的目的,从而为提升认证有效性提出了更全面、更有针对性的建议。

具体研究过程如下:查阅文献→历史与发展现状梳理→认证有效性内涵解析→小范围访谈→认证有效性判定因素分析→有效性分析框架建构→有效性标准初稿编制→德尔菲法调查→结果汇总、调整标准→有效性标准修改稿与问卷初稿编制→问卷试测检验→数据分析、调整标准→有效性标准定稿、正式问卷与访谈提纲编制→问卷初测检验→问卷正式发放与访谈调查→基于模糊综合评价法的问卷数据实证分析→基于数据和访谈材料的有效性价值二次挖掘与论证→影响认证有效性发挥的问题总结→有效性提升策略制定。师范类专业认证有效性研究技术路线如图 1-3 所示。

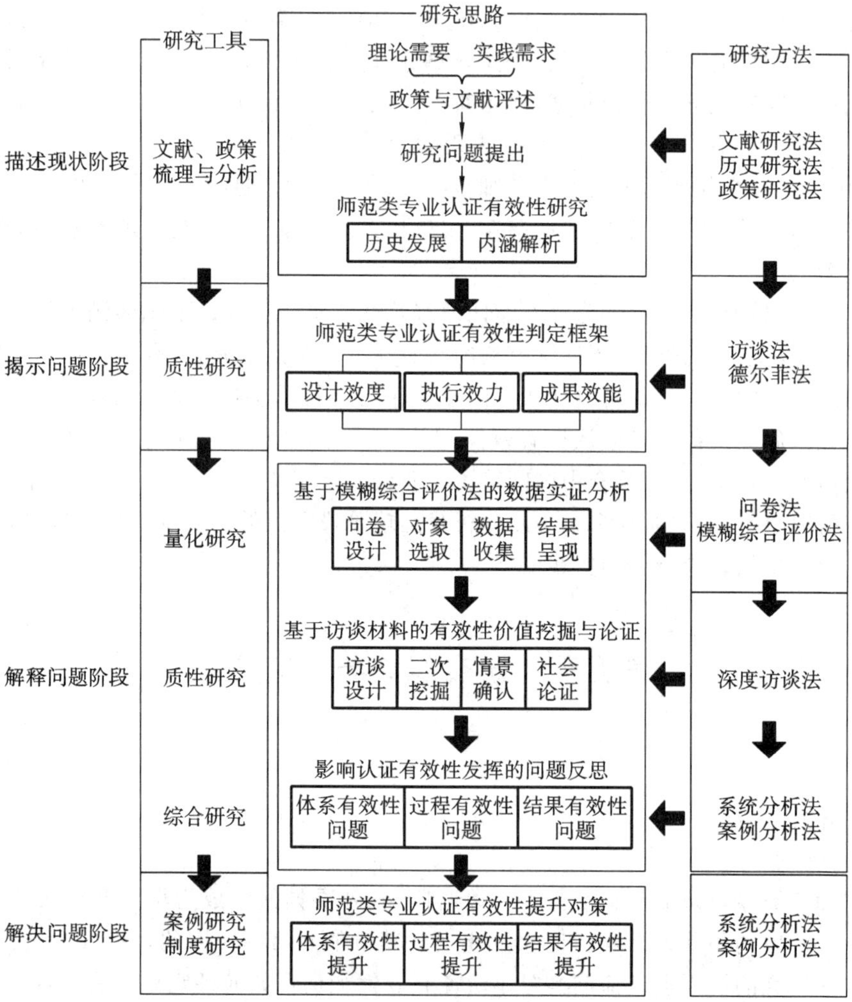

图 1-3 师范类专业认证有效性研究技术路线图

二、研究方法

(一)文献研究法

文献研究法是通过对研究对象所涉及的相关文献进行查阅、整理、分析,从而探索研究问题的本质属性并揭示研究问题中的内在规律,以实现研究目的的一种研究方法。本研究涉及的文献主要有国内外专业认证的网站、方案、标准、报告和相关研究文献,国内接受师范类专业认证的申请与自评报告、专家组反馈报告、国内教育评估机构会议材料以及其他领域专业认证有效性研究的经典文献。通过对上述相关文献进行查阅、梳理与分析,放眼国内外的相关研究进展,合理把握研究已有成果和最新前沿情况,使研究方向更加明确,为探寻师范类专业认证有效性的本质提供了充分的论证依据。尤其是通过对 2017 年以来发布的40 余条认证政策文献进行详细梳理分析研究,为揭示师范类专业认证的制度设计思路和发展趋势打下了坚实基础,以此进一步深入探析师范类专业认证有效性的内在规律,提出合理的认证有效性对策建议。

(二)问卷法

以问卷法进行的定量研究可以对认证有效性进行客观的呈现与检验。本研究严格按照测量表设计程序,设计了师范类专业认证有效性调查问卷,在进行了试测、初测检验后对相关主体进行实证调查,收集了 500 多位认证利益相关者的调查数据,并选取了 482 份有效问卷进行了分析。调查对象涵盖了调查时我国所有具有资质的 15 家师范类专业认证机构和"三级五类"的师范类专业认证群体。通过问卷调查,获得了比较全面和科学的利益相关者对于现阶段师范类专业认证有效性的评价数据和相关信息。

师范类专业认证有效性是一类带有模糊性的社会复杂事项。在含有较多模糊指标的社会科学评价事项中,模糊综合评价法相比精确评价法的优势明显,为提升社会科学领域评价的科学性、合理性提供了有效依据。模糊综合评价法采取定量和定性相结合的方法进行综合评价,将现实世界中具有非量化特征的模糊质性事物进行了模糊转化处理和综合分析,使其具备清晰的、量化的表达形式。模糊综合评价法可以较好克服传统精确数学工具在社会复杂事项评价中的劣势,已经成为企业质量管理体系认证有效性评价领域普遍采取的研究方法。本研究运用模糊综合评价法,按照确认评价因素论域、建立评语等级论域、确定模糊权重向量、建立模糊关系矩阵、确认模糊合成算子、单因素模糊评价、多级模糊综合评价、模糊综合评价结果点值转化 8 个步骤,对问卷调查获得的数据进行了详细分析,系统和科学地呈现出了现阶段师范类专业认证的有效性。

(三)深度访谈法

深度访谈法可以实现研究者与访谈对象之间的直接交流。"通过深度访谈发现事实、重返现场、复现过程,可以了解事实的全貌与真相"[①]。访谈所获取的一手资料比单纯通过文献

---

① 房宁. 政治学为什么需要田野调查[J]. 华中师范大学学报(人文社会科学版),2021:10-16.

研究法获取的二手资料更为鲜活,也比问卷法得到的数据更加深入。在师范类专业认证有效性研究中,深度访谈法能够深入地了解访谈对象对师范类专业认证有效性评价观点背后的理由和故事。不论是对有效性判定标准的把握,还是对认证有效性现实状况的咨询,深度访谈法都是一条有效途径。

本研究深度访谈的对象主要是师范类专业认证的利益相关者,主要选择了师范类专业认证管理者、专家、高校教师、实践基地人员、师范生等50多位利益相关者进行深度访谈。在50多轮访谈中,90%以上都是采取线下当面访谈的方式。访谈后及时对访谈录音与《访谈摘要单》进行整理,得到师范类专业认证有效性评价的一手材料。这些资料不但支撑和验证了本研究中有效性分析框架的可靠性和科学性,也对问卷调查得到的数据分析结果进行了现实情景还原和价值二次挖掘,弥补了单纯调查数据分析的细节缺陷。通过深度访谈法获得利益相关者在进行有效性评价时的内部建构情景,深入了解其作出评价时的原因和主张,实现了超越单纯实证主义技术理性的研究方式。

(四)案例分析法

案例分析法通过呈现具体细节,进而剖析和揭示案例背后的规律,对增加研究的生动性和深入性有较大帮助。本研究通过选取文献和访谈材料中部分典型案例,呈现我国师范类专业认证有效性真实现状,为评价师范类专业认证有效性提供了丰富多样的论证依据,提高了研究的信效度。根据案例内容挖掘不同主体有效性评价观点背后的内在逻辑和价值预期,增强了研究的真实性和深入性。例如,在师范类专业认证有效性价值情景确认中,以某个专业为案例,对其改革前后的人才培养方案进行对比,使认证促进师范教育改革这一评价结论与鲜活具体的专业人才培养方案改革情节相结合,反映了师范专业以什么样的逻辑思路、什么样的预期、什么样的方式践行认证理念与认证标准,提升了有效性评价结论的生动性和真实性。通过归纳案例中的利益相关群体对认证有效性进行评价时的特征,总结认证有效性评价的规律,为分析有效性提供了线索和方向,使基于此得出的师范类专业认证有效性评价结论更加具有说服力和解释力。

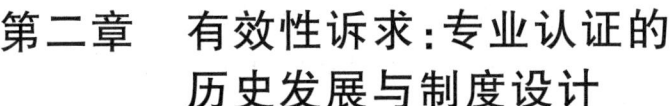

第二章 有效性诉求：专业认证的历史发展与制度设计

以古为镜，可以知兴替。——魏征

我国师范类专业认证有其自身独特的发展历史。如果不对其发展历史进行仔细梳理，就可能丢失我国师范类专业认证实施的时空坐标，也就不能充分理解师范类专业认证所肩负的历史使命，更谈不上合理评价师范类专业认证的有效性。因此，对师范类专业认证的发展历史与制度设计进行梳理和分析，将使师范类专业认证有效性研究更加全面、客观，根基牢固。

 第一节　师范类专业认证的历史沿革

历史制度主义认为，"制度一旦形成，不论其发挥何种效应，都会持续存在一段时间并影响其后的制度设计与变迁"①。梳理师范类专业认证的历史沿革，不是怀旧，而是运用历史制度主义理论在师范类专业认证的历史轨迹中寻找其推行的原因、规律以及发展方向。通过对国内外认证历史沿革进行梳理，可以进一步掌握我国推行师范类专业认证的时代背景，为深入分析其有效性打好基础。

一、国外教师教育认证的历史沿革

教师教育领域的专业认证起源于美国，在美国被称为教师教育认证（Accreditation of Teacher Education）或教师教育项目认证（Accreditation of Teacher Education Program）。虽然美国拥有目前世界上比较先进的教师教育认证制度，但其成绩也不是一蹴而就的。美国教师教育认证近一个世纪的漫长发展史，其实也就是认证机构和认证标准变化的历史。从认证机构演变的视角对美国教师教育认证发展历程进行重新审视，可以更好地理解我国师范类专业认证制度。

（一）萌芽阶段：ANSA 成立后至 AACT 合并前

1858 年，美国师范学校协会（American Normal School Association，ANSA）成立，开始了对美国学校师范类教育课程的规范性评价工作，但是其评价的专业性和系统性却不强。直到 1885 年，ANSA 才成立了专门负责这一事项的调查委员会，到了 1899 年，才发布评价

---

① 易鹏.台湾公立大学法人化制度的变迁逻辑——基于历史制度主义的分析[J].国内高等教育教学研究动态,2017(03):60.

师范教育机构的最低要求[①]，美国教师教育认证组织和认证标准开始出现萌芽。1917 年，致力于规范美国师范学校标准化改革的全美州立师范学校校长委员会（National Council of State Normal School Principals，NCSNSP）和致力于构建美国师范教育标准和优质课程的美国教师学院协会（American Association of Teacher College，AATC）分别成立，但直到两者合并前，它们也没有进行实质化标准制定和实施具体认证。但两者都为推行教师教育认证进行了一些相关研究并提出了社会呼吁。可以认为，在前期相关机构的探索中，美国教师教育认证的萌芽初步展露。

（二）全面兴起阶段：NCSNSP 与 AACT 合并后至 NCATC 成立前

1923 年，NCSNSP 与 AATC 合并，成为全新的 AATC，首次提出了涵盖入学资格、毕业要求等 9 项教师教育认证最低标准。1926 年，其又将这一标准扩展为 15 项，并依照此项标准开始对美国部分教师教育培养机构进行认证。1928 年，第一批通过认证的名单公布，可以认为，这是美国教师教育认证初步推行的标志。这一认证制度一直持续到 1948 年才结束。

但 AATC 所进行的认证只针对美国的师范类学校和学院。在美国师范教育综合化的背景下，越来越多的综合性院校（如文理学院）也参与师范教育中来，AATC 已经不能对当时美国师范教育培养单位进行全面、合理的认证。因此，1948 年，AATC 与美国城区教师教育机构协会（National Association of Teacher Education Institutionsin Metropolitan Areas，NATEIMA）和美国教育学院和教育系协会（National Association of Colleges and Departments of Education，NACDE）两个机构合并，成立了美国教师教育学院协会（American Association of Colleges for Teacher Education，AACTE），建立了真正意义上的全国性认证机构，并于 1950 年发布了更加精练和具有代表性的 12 项教师教育认证标准，又于 1951 年将这 12 项标准精简至 9 项。AACTE 在认证程序方面提出了要首先进行自评，然后再由专家组进校考查的认证程序，这一方式在目前的许多评估认证项目中一直被沿用。

与此同时，美国许多地区都在尝试建立自己领域内的教师教育标准和认证制度。1950 年的一项调查显示，在美国的 1217 所从事教师教育的培养机构中，有 246 所高校获得了 AACTE 或其他地区协会的教师教育认证，还有 283 所高校通过了州政府的教师教育认证[②]。可以说，这一阶段的美国教师教育认证是全国认证、政府认证、地区认证全面兴起、共存发展的时期。

（三）制度化规范阶段：NCATC 成立后至 TEAC 成立前

全国认证、政府认证、地区认证等多种教师教育认证齐头并进，其理念、标准、程序不一致，导致了这一时期的美国教师教育认证质量良莠不齐。这样的认证制度在面对美国不同层次、不同类型的教师教育机构时，所起到的保障和证明作用大大受限，认证的有效性也饱

---

① 周钧.美国教师教育认可标准的变革与发展——全美教师教育认可委员会案例研究[M].北京：北京师范大学出版社，2009：34.

② 周钧.美国教师教育认可标准的变革与发展——全美教师教育认可委员会案例研究[M].北京：北京师范大学出版社，2009：36-38.

受质疑。因此,建立一套统一且完善的教师教育认证体系迫在眉睫。

1952 年,NCATE 联合了包含 AACTE 在内的 5 个机构成立了新的 NCATE[①]。1954 年,NCATE 得到了美国教育部和美国高等教育评估委员会的认可,成为美国实施教师教育认证的唯一机构,这也成为美国教师教育认证走向制度化规范阶段的标志。从 1954 年开始,NCATE 制定了认证标准并正式实施认证工作。经过长达数十年的发展,NCATE 认证标准经历了 4 个版本的重大变化,经历了从关注条件输入到关注学生学习成果输出的模式转变。这一点也影响了我国师范类专业认证中的"学生中心、产出导向"等理念设计。追求尽善尽美的 NCATE 认证标准严苛、周期过长、费用过高、实际效果不好,导致越来越多的教师教育机构不愿意进行认证,严苛的标准甚至导致越来越多的师范生不能从事教师行业。这与专业认证除保障教师教育质量外还具有促进教师队伍发展壮大的价值追求相违背,并且也在一定程度上使美国当时的教师队伍受到了巨大冲击,NCATE 教师教育认证的意义和价值也因此受到巨大质疑。

(四)双雄并列阶段:TEAC 成立后至 CAEP 成立前

1997 年,TEAC 成立,并分别在 2001 年和 2003 年获得了美国高等教育评估委员会和美国教育部的认可,打破了 NCATE 认证机构的唯一性,成为美国第二家全国性的教师教育认证机构。美国教师教育认证双雄并列、各自为政的时代就此到来。

与 NCATE 严苛的认证标准不同,TEAC 没有固定标准,只有认证原则。TEAC 要求教师教育机构自由选择认证标准,而后对其自评材料进行考查。这种做法类似于我国现行的本科教学工作审核评估制度,提倡用自己的尺子量自己。TEAC 的认证制度在一定程度上与 NCATE 的认证制度形成了互补,免除了很多教师教育机构的认证压力,同时也为每个机构找到自己的定位提供了便利,对解决美国当时的教师队伍短缺问题起到了一定促进作用。但 TEAC 没有明确标准的认证模式,更多是从教师教育机构自身角度对培养质量进行价值判断,难以对教师教育机构的培养质量进行事实层面的有效判断。最明显的问题就是,同样通过 TEAC 认证的教师教育机构,有的机构培养的师范生可以得心应手地成为教师,有的机构培养的师范生距离教师职业标准还有不小差距。因此,TEAC 认证的有效性也受到严重怀疑。

(五)统一发展阶段:CAEP 成立后至今

虽然 NCATE 和 TEAC 的互补发展使美国教师教育认证制度得到了一定程度的完善。但随着两种各自为政、理念迥异的认证在实施中相互碰撞,多头认证所呈现出来的问题也愈发明显。并且,由于 NCATE 和 TEAC 认证自身也存在种种问题,使得美国教师教育认证制度对师范生培养难以发挥应有的保障与引导作用。

2013 年,美国合并了 NCATE 和 TEAC 两个各自为政的认证机构,成立了美国现阶段唯一的教师教育认证机构:CAEP[②]。2016 年,CAEP 发布了包含 5 项基本标准和 2 项附加

---

① 姚玉香.美国特殊教育教师培养项目专业认证制度的特征及启示[J].中国特殊教育,2020(12):7-13.

② 朱宗顺,刘双全.师范类专业认证及其影响——以浙江师范大学学前教育专业示范性认证为例[J].幼儿教育,2020(30):3-8.

标准的全新认证标准体系,并开始了认证工作。CAEP 的认证标准兼顾了 NCATE 与 TEAC 认证的优点,将持续改进的理念、增值评价的方式和循证模式引入了新的教师教育认证中,这对我国师范类专业认证制度设计也产生了影响。

二、我国师范类专业认证的历史沿革

"任何事物的发展都有其深刻的历史性和时代性"[①]。通过对我国高等教育质量外部评估制度变迁的历史沿革进行梳理,可以更加深刻地理解我国师范类专业认证推行的历史必然性。有学者指出,"本科教学评估制度在我国高等教育领域形成了比较完整的外部评价机制和质量保障观念,同时也形成了强大的制度惯性,深刻影响着后阶段出现的师范类专业认证制度的设计理念和实施过程"[②],因此,对我国师范类专业认证的历史进行梳理可以更好地理解认证推行的制度"土壤"。

(一)第一阶段:认证在其他领域的实施与借鉴

专业认证制度在美国虽然已经有百年的历史,但在我国高等教育评估历史发展过程中,直到"五位一体"评估方案的推行,专业认证才在教育界获得了与教学评估相同的地位和关注。

我国的教学评估实践从 20 世纪 90 年代开始。1993 年开始的合格评估主要针对 1976 年以后新建的本科院校,重点是对新建本科院校的基本办学条件、教学管理、教学质量进行评估。1996 年开始的优秀评估主要针对办学历史较长及水平较高的本科院校,主要是通过评估深化教育改革。1999 年开始的随机性水平评估主要是针对剩余的普通高校。随着我国高等教育进入大众化阶段,高等教育质量问题受到高度关注。教育部从 2003 年开始施行本科教学工作水平评估,一直到 2008 年结束,共评估了 589 所学校。从历史上看,这一轮本科教学工作水平评估是我国首次较为系统且完整实施的教育评估制度。2011 年,教育部提出了"五位一体"的新型高等教育评估方案。"五位一体"评估方案将院校评估分为本科教学工作合格评估和本科教学工作审核评估两种。审核评估从 2013 年正式启动,到 2018 年基本结束,共评估了 630 余所高校。教学评估是我国高校接受过的影响最深刻、过程最漫长的外部评估,多年的历史积淀使后期再有外部评估被设计推行时会不自觉地受到其惯性思维影响,出现明显的"路径依赖"。

有的学者认为,本科教学工作审核评估和专业认证在"五位一体"的新教学评估制度体系中处于并列关系,其制度设计同出于教育部高等教育教学评估中心。本科教学工作审核评估中的"学生发展为本位、以评促建"理念与师范类专业认证中的"学生中心、产出导向、持续改进"理念非常相似;审核评估中的审核重点"适应度、达成度、支撑度、有效度、满意度"与师范类专业认证中的考查重点"适应度、达成度、支撑度、有效度、满意度"如出一辙;审核评估中的 6 个评估项目"定位与目标、师资队伍、教学与资源、培养过程、学生发展、质量保障"与师范

---

① 刘莉莉,陆超.高校师范类专业认证的历史必然与制度优化[J].教师教育研究,2019(05):40-45.
② 赵强,王丽丽,张炜.师范类专业认证推进理路:沿革、误区与转向[J].华南师范大学学报(社会科学版),2022(01):53-60.

类专业认证中的 8 个一级指标"培养目标、毕业要求、课程与教学、合作与实践、师资队伍、支持条件、质量保障、学生发展"也多有重复。可以说,师范类专业认证的理念、重点、内容、方式都与本科教学工作审核评估"似曾相识",带有深刻的本科教学工作审核评估烙印①。

在教学评估进行的同时,专业认证制度在师范教育外的其他专业领域也进行了探索。20 世纪 90 年代,我国就由住建部开始启动工程教育专业认证。直到 2006 年,教育部开始牵头展开了涵盖 15 个专业的工程教育专业认证。2008 年,教育部、卫生部关于印发《本科医学教育标准——临床医学专业(试行)》的通知,开启了医学教育专业认证工作。目前,我国的工程教育专业认证和医学教育专业认证经过不懈努力均已经获得相应国际组织的认可。可以说,专业认证作为"五位一体"评估方案中的重要一环,正在推动着高等教育质量的提升,同时也为师范类专业认证的设计和实施提供了较好的借鉴。

(二)第二阶段:师范类专业认证的试点与政策配套完善

在师范教育领域内,2012 年,我国出台了《国务院关于加强教师队伍建设的意见》(国发〔2012〕41 号)、《关于深化教师教育改革的意见》(教师〔2012〕13 号)等系列文件政策,提出要制定专业认证标准,开展专业认证工作。前后还发布了《教师教育课程标准(试行)》《幼儿园教师专业标准(试行)》《小学教师专业标准(试行)》《中学教师专业标准(试行)》等相关标准文件,为确保后续师范类专业认证正式实施打下了基础。

2014 年,教育部印发了《关于开展师范类专业认证试点工作的通知》(教师司函〔2014〕98 号),并附《师范类专业认证标准(试行)》,在江苏和广西等地开始了试点工作,一直到 2016 年结束②。根据试点工作情况进行总结和修订后,2017 年,教育部颁布了《普通高等学校师范类专业认证实施办法(暂行)》(教师〔2017〕13 号),对师范类专业认证的实施流程及指标体系作出了明确规定,同时发布了《中学教育专业认证标准》《小学教育专业认证标准》《学前教育专业认证标准》三类专业认证标准③。

2018 年,教育部出台了《工作指南》和《普通高等学校师范类专业认证自评报告撰写指导书(试行)》(以下简称《自评报告撰写指导书》)等配套工作文件,成立了普通高等学校师范类专业认证专家委员会(以下简称"专家委员会"),组成了较为完整的师范类专业认证工作体系。

2018 年,《教育部关于加快建设高水平本科教育全面提高人才培养能力的意见》(教高〔2018〕2 号)提出,要开展保合格、上水平、追卓越的三级专业认证工作,强化评估认证结果的应用④。同年,《教师教育振兴行动计划(2018—2022 年)》出台,强化了启动师范类专业认

① 赵强,王丽丽,张炜.师范类专业认证推进理路:沿革、误区与转向[J].华南师范大学学报(社会科学版),2022(01):53-60.

② 王丽宁.我国高校师范类专业认证政策研究[D].沈阳:沈阳师范大学.2019:18.

③ 中华人民共和国教育部.教育部关于印发《普通高等学校师范类专业认证实施办法(暂行)》的通知[EB/OL].(2017-10-26)[2022-03-11].http://www.moe.gov.cn/srcsite/A10/s7011/201711/t20171106_318535.html.

④ 中华人民共和国教育部.教育部关于加快建设高水平本科教育全面提高人才培养能力的意见[EB/OL].(2018-10-08)[2021-12-01].http://www.moe.gov.cn/srcsite/A08/s7056/201810/t20181017_351887.html.

证和完善教师教育质量保障体系的要求。以上相关配套政策的完善,为我国师范类专业认证制度的正式实施提供了良好的政策环境支撑。

(三)第三阶段:师范类专业认证的入轨实施

在相关政策、工作办法相继出台的同时,教育部于2018年1月举办了师范类专业认证工作视频会议,时任教育部部长陈宝生作了《写好新时代高等教育改革发展"奋进之笔"》的报告,正式启动了师范类专业认证工作。随后,我国师范类专业认证正式进入实施阶段。各省纷纷根据《实施办法》制定了本省的实施方案,开始了认证工作。

2019年7月,师范类专业认证专家委员会工作会暨结论审定会在北京召开。会议对2018年接受认证现场考查的62个专业(三级2个、二级34个、二级试点复评26个)的认证结论进行了审议,并通过了《普通高等学校师范类专业认证专家委员会章程(修订稿)》《普通高等学校师范类专业认证专家管理办法(征求意见稿)》和《普通高等学校师范类专业认证机构管理办法(征求意见稿)》。2019年8月,教育部办公厅公布2019年通过认证的62个专业名单。2019年10月,职业技术师范教育专业和特殊教育专业两类认证标准正式发布,师范类专业认证的"五类"认证标准体系得以完善。

2020年4月,2020年师范类专业认证第一次结论审议视频会议召开。2020年6月成立了包含学术委员会、结论审定委员会、认证协调委员会3个专门委员会和认证专家委员会秘书处。2020年7月,教育部办公厅公布2020年通过认证的专业名单,共有4个专业通过三级认证、155个专业通过二级认证。2020年,中共中央、国务院印发了《深化新时代教育评价改革总体方案》,提出了改进师范院校评价的具体要求,为师范类专业认证提出了新的指导。2020年9月至11月,评估中心组织开展了专科类专业、职业技术师范教育类专业和特殊教育类专业的试点认证,师范类专业认证的"三级五类"认证工作体系得以全面开展。

2021年1月,《普通高等学校师范类专业认证状态保持监控办法(试行)》(以下简称《监控办法》)出台,我国师范类专业认证从"以评促建"的"上半场",拓展到"持续改进"的"下半场"。2021年3月,《普通高等学校师范类专业认证申请书(2021版)》和《普通高等学校师范类专业认证自评报告撰写指导书(2021版)》出台,对前版《认证申请书》和《自评报告撰写指导书》中的问题进行了修改,并结合循序渐进的原则对申请认证专业提出了更严格、更具体的要求。2021年4月,师范类专业认证工作总结会(2018—2020年)在华南师范大学召开,会议总结了认证工作启动以来的成效、进展与问题,并谋划"十四五"期间的认证工作规划。2021年9月,教育部办公厅公布2021年通过认证的专业名单,共有6个专业通过三级认证、256个专业通过二级认证。

自2018年以来,我国师范类专业认证的入轨阶段已基本结束,正在迈向全面铺开阶段。有学者认为,师范类专业认证制度完善了中国特色的教师教育质量保障体系,成为扭转师范类专业人才培养质量下滑的重要战略举措[1]。

---

① 杨雄,杨晓萍.转向与变革:专业认证视域下学前教育专业质量建设路径探析[J].河北师范大学学报(教育科学版),2020(03):65.

第二节　师范类专业认证正式实施后的发展现状分析

师范类专业认证自 2018 年正式实施以来,我国以助力教师教育振兴发展为口号,力求高质量推进师范类专业认证工作。对目前认证的实践发展情况进行一定的总结与反思,可以为分析师范类专业认证有效性奠定基础。师范类专业认证的实践每天都在发生,研究数据的搜集速度永远不可能比认证的发展快。由于研究过程中需要对获取的资料进行深入分析和凝练升华,不可能时时补充最新数据。因此,本研究的数据分析以 2022 年 3 月的认证实践发展相关情况为基准。

一、认证组织的实践发展分析

我国师范类专业认证以部省协同的方式推进。按照"管办评"分离原则,师范类专业认证构建了教育行政部门统筹管理、认证专家组织指导咨询、教育评估机构专业实施、办学高校组织评建的认证组织架构。尤其是认证专家组织和教育评估机构(也称认证机构)在认证实践中的作用巨大,需要对其进行重点分析。

(一)认证专家组织的实践发展

2018 年 1 月,教育部正式发文成立普通高等学校师范类专业认证专家委员会。第一届专家委员会共有委员 25 人,其中,主任委员 1 名,由中国教育国际交流协会会长刘利民担任,副主任委员 2 名,分别为国家教育咨询委员会委员顾明远和时任教育部教师工作司司长王定华。专家委员会包含了教育行政部门、教育咨询组织、师范教育机构、行业研究单位等代表不同利益相关者的多元主体,以高等教育界人士为主。同时,文件规定,教育部将根据专家委员工作岗位变动等情况,适时增补委员[①]。因此,在 2019 年 4 月,教育部发文对专家委员会增补了 2 名副主任委员,分别是教育部教师工作司司长任友群和教育部高等教育教学评估中心主任范唯,至此,第一届专家委员会共有委员 27 人,其中,主任委员 1 名,副主任委员 4 名。随着第一届专家委员会任期在 2020 年 12 月结束,2021 年 3 月,教育部发文公布了第二届专家委员会成员名单。第二届专家委员会与第一届专家委员会的成员基本相同,仅有 1 人进行了调整。2024 年 7 月,教育部发文对专家委员会增补了 2 名副主任委员,分别是教师工作司司长俞伟跃和教育部教育质量评估中心主任徐维清,同时范唯不再担任第二届普通高等学校师范类专业认证专家委员会副主任委员,调整思路与 2021 年 3 月发文内容一致。

随着认证的全面铺开,针对认证实践中优化认证设计、把握认证结论质量、协调认证推进等关键事项的推进,2020 年 6 月在专家委员会下成立了学术委员会、结论审定委员会和认证协调委员会 3 个专门委员会。学术委员会由 14 人组成,设主任 1 名,成员全部为师范大

---

① 中华人民共和国教育部.教育部办公厅关于成立普通高等学校师范类专业认证专家委员会的通知[EB/OL].(2018-01-12)[2022-03-11].http://www.moe.gov.cn/srcsite/A10/s7011/201802/t20180201_326322.html.

学人员,主要负责对认证标准和流程进行解读、培训和优化。结论审定委员会由11人组成,设主任1名,成员为师范大学人员和教育行政部门人员,主要负责审核认证结论的科学性、合理性和一致性。认证协调委员会由12人组成,设主任1名,成员为师范大学人员和教育行政部门人员,主要负责机构、专家资质审定和认证申诉处理。3个专门委员会的成立,标志着认证专家组织在学术性、专业性上进一步加强,能够更好地履行专家组织在认证中的指导、咨询和审定等关键作用。

随着认证进程的加速,专科类师范专业的认证提上日程。2021年11月,专科认证专家工作组成立,主要负责研究专科层次认证规划,进行专科认证标准解读和培训,指导专科认证组织实施等工作。2022年1月,专科认证专家工作组召开了第一次工作会议,对专科认证规划制定、标准修订、数据监测等事项进行了研究,为全面推进专科类师范专业认证奠定了基础。

(二)认证机构的实践发展

随着认证工作的开展,具备资质的教育评估机构队伍也在逐渐扩大。2018年5月,教育部公布了首批具有第二级师范类专业认证工作资质的11家教育评估机构,分别为教育部高等教育教学评估中心(现教育部教育质量评估中心)、北京教育评估院、辽宁教育研究院(辽宁省教育事务评价所)、上海市教育评估院、江苏省教育评估院、浙江省教育评估院、安徽省教育评估中心、福建省教育评估研究中心、河南省教育评估中心、湖北省教育评估院、重庆市教育评估院。这11家教育评估机构经省级教育行政部门推荐,由专家委员会进行资质认定,具有丰富的认证评估工作经验和能力,可以组织和实施该地区的师范类专业第二级认证。

2019年10月、2020年4月、2020年10月、2021年6月,师范类专业认证专家委员会秘书处分别发文,通过了黑龙江省教育评估院、云南省教育科学研究院(云南省教育评估院)、陕西省教育考试与评价研究会(陕西省教师教育指导中心)、山东省教育科学研究院4所教育评估机构,使其成为具有开展第二级认证资质的认证机构。2022年上半年,江西省、广东省、四川省的教育评估机构相继取得了认证资质。2024年上半年,山西省、广西壮族自治区的教育评估机构相继取得了认证资质。目前,我国有资质进行第二级师范类专业认证的教育评估机构已经发展到20家,覆盖了19个省、自治区、直辖市。因获得认证资质的20家机构中,个别机构并未开展认证工作,且因不同机构每个年度负责认证的地区不同,以截至2022年3月公布的通过认证专业名单进行分析,各认证机构具体认证数量及分类情况如表2-1所示。虽然这些认证机构开展认证的进度有快有慢,但质量基本能保持统一。

表2-1 各师范类专业认证机构开展工作情况统计表

认证机构名称	负责区域	通过认证专业数量					
		合计	学前教育	小学教育	中学教育	特殊教育	职业技术师范教育
教育部高等教育教学评估中心(教育部教育质量评估中心)	部属高校、北京、天津、河北、山西、内蒙古、湖南、广东、海南、宁夏、新疆、青海、甘肃	211	19	21	168	1	2
重庆市教育评估院	重庆、四川、贵州、广西、西藏	63	6	9	48	0	0

认证机构名称	负责区域	通过认证专业数量					
		合计	学前教育	小学教育	中学教育	特殊教育	职业技术师范教育
江苏省教育评估院	江苏	44	6	9	29	0	0
浙江省教育评估院	浙江	42	3	6	33	0	0
辽宁教育研究院（辽宁省教育事务评价所）	辽宁、吉林	31	1	3	27	0	0
福建省教育评估研究中心	福建	26	1	2	23	0	0
河南省教育评估中心	河南、江西	21	1	1	19	0	0
安徽省教育评估中心	安徽	16	1	2	13	0	0
湖北省教育评估院	湖北	10	1	2	7	0	0
上海市教育评估院	上海	9	1	1	7	0	0
黑龙江省教育评估院	黑龙江	5	0	0	5	0	0
云南省教育科学研究院（云南省教育评估院）	云南	5	1	1	3	0	0
总计		483	41	57	382	1	2

注：数据来源于普通高等学校师范类专业认证专家委员会秘书处发布的《师范类专业认证工作总结报告（2018—2020年）》。截至2022年3月，各认证机构在2021年进校考查的专业还未正式发文宣布结论，暂不统计。因各认证机构负责区域每年随省级行政部门委托情况发生变化，本表中各认证机构负责区域以2021年开展认证工作情况统计，2021年未实际开展认证工作的机构不作统计呈现。

为了确保全国师范类专业认证具有统一的过程规范性和结论一致性，师范类专业认证专家委员会秘书处多次组织各认证机构开展培训和研讨工作。评估中心作为全国性质的认证机构，牵头成立了师范类专业认证机构协作会，建立了包括工作例会、研讨交流会、认证通信（双月）的认证机构工作协同机制。在各地方认证机构实施认证过程中，评估中心也会给予一定的指导和帮助，保证各认证机构能以统一的理念、标准、程序开展认证工作，成为专业化的师范类专业认证实施组织。

我国师范类专业认证机构之间定期组织研讨、分享经验、开展培训，分享认证专家、工具、案例，合作研究探索认证中的重难点问题，形成了资源共建共享的工作协作模式。例如，2018年5月于北京召开了认证机构培训会，2019年9月于重庆举办了认证机构第一次工作会议，2019年11月于西安举办了认证工作研讨会，2020年4月举办了线上机构工作会，2021年4月于顺德举办了认证机构总结研讨会。截止到2024年为止，每年认证机构都会开展认证机构工作会，总结并研讨师范类专业认证工作。

二、认证能力的实践发展分析

自我国师范类专业认证工作启动以来，强化专家队伍建设、优化管理信息化平台、提升专业评建能力成为认证发展的重要抓手,三者为推进我国师范类专业认证高质量发展奠定了能力基础。

(一)专家队伍的实践发展

专家能力水平是师范类专业认证工作水平最直接的表现之一。认证正式启动以来,认证委员会秘书处出台了《普通高等学校师范类专业认证专家管理办法》,从数量和质量上对认证专家队伍进行了规范。

(1)专家队伍规模建设方面。通过教育行政部门、评估机构、高校推荐与统一培训,对2022年3月份的数据进行分析,共有1900余名专家通过培训进入了师范类专业认证专家库,有600余名专家秘书通过培训进入了师范类专业认证专家秘书库。认证专家队伍构建注重类型和学段等多元组合,目前,入库专家中约有高校专家1130人、行业专家(含科研机构)705人、行政部门专家23人、其他专家22人,高校之外的专家占比超过40%。认证专家覆盖了认证的5类专业领域,约有小学教育类专家432人、学前教育类专家210人、中学教育类专家1276人、职业教育类专家125人、特殊教育类专家44人(部分专家由于工作经验丰富,可以同时胜任1～3个认证专业类型)。在专家库中,约有正高级职称专家1430人、副高级职称专家408人,还有少数行政类专家没有标注具体职称,专家的高级职称比例达到95%以上。其中,约有227名专家获得专家组组长资质,成为专家队伍中的核心力量。

(2)专家队伍能力建设方面。为了保证专家的认证工作质量,师范类专业认证在注重专家数量规模的同时,加强了对专家能力的培养。经过多轮培训和测试,确保专家能够深入领会和合理运用认证的理念和标准。认证专家必须通过相应的培训和测试才能获取专家证书,所有专家必须持证上岗。2021年10月,针对认证专家的工作现状及认证工作发展的新需求,师范类专业认证委员会秘书处对所有入库专家进行了新一轮培训与测试,除当年10月份批次入库的新专家外,前期所有已入库专家必须重新参加学习培训并测试合格才能拿到新的资质证书。目前,约有1350名专家取得了新一轮资质证书,获得了后续认证中的选派资格。多轮培训、持证上岗的方式,加强了专家队伍的动态管理和能力建设,引导专家能够按照新的要求,高质量地开展工作,提高了认证有效性。2023年8月,根据2023年修订版认证文件改动和新的认证精神,师范类专业认证委员会秘书处在山西太原对专家组组长进行了新一轮线下培训,同年10月,又对所有入库专家从形势政策、理念标准、组织实施、专题课程等几个单元进行了全面的线上培训。

(二)信息化平台的实践发展

信息技术是近年来高等教育评价领域逐渐兴起的辅助手段,也是促进师范类专业认证规范、高效开展工作的重要方式。我国师范类专业认证第一级认证也称第一级监测,是对全国师范类专业办学情况进行的数据监测。这一监测依托于高等教育质量监测国家平台、教师教育质量监测平台和师范类专业认证管理信息系统(简称认证管理信息系统或认证系统)等信息化平台。利用信息技术和大数据优势,使教师教育质量监测平台和师范类专业认证管理信息系统与高等教育质量监测国家平台进行对接,将各类数据源整合至信息化平台中自动抽取并对标分析。实现第一级监测与本科教学状态数据采集同步进行,一次填报可多次使用的功能,既减少了高校的重复劳动,也保证了认证过程的痕迹管理和认证数据源头的公平、公正。

针对第一级监测专门建立的教师教育质量监测平台,可以每年依据认证第一级标准对课程与教学、合作与实践、师资队伍、支持条件等 4 项一级指标和 20 项二级指标进行数据监测和分析。教师教育质量监测平台可以精细化、智能化地生成国家、省级、学校、专业等多层次的一级监测报告,为教育行政部门、学校、专业等不同层次用户提供监测分析信息,为师范类专业办学条件达标与改进、高校资源配置调整、教育行政改革决策提供参考依据。通过构建基于大数据的师范类专业基本情况常态监测体系,充分利用信息技术改变师范类专业的办学思维和决策模式,加速师范类专业现代化进程。

师范类专业认证管理信息系统主要针对第二级和第三级认证。随着 2018 年师范类专业认证的正式实施,目前认证管理信息系统已经更新了多个版本,系统功能越来越优化。认证管理信息系统实现了第二级和第三级认证全过程的信息化管理,通过流程管理和痕迹管理,增加了认证的规范性和可溯性。认证管理信息系统在一定程度上方便了认证材料和信息的交互。例如,在自评指导环节,认证管理信息系统支持专家与专业之间可以反复进行交互式沟通,提升了专家的工作效率和专业的评建质量。2020 年以来,认证管理信息系统已经有多个专业进行了线上认证,开创了中国师范类专业认证的新形式。2024 年 8 月,师范类专业认证管理信息系统进行了重大升级,将继续以信息技术更好地赋能师范类专业认证工作。

(三)专业评建能力提升的实践发展

认证专业的评建质量和评建能力决定着师范类专业认证深层次目的是否能够实现。师范类专业认证是我国师范教育改革的着力点和突破口,其目的和意义不仅仅是对目前师范类专业办学质量进行测量,更要"以评促建",通过认证提升师范类专业的办学质量,振兴教师教育。

为了提升广大师范类专业的评建能力,尤其是增强专业对认证理念、标准的理解和运用,评估中心以及各认证机构通过会议培训、现场观摩、预认证等方式对专业评建进行指导。自认证正式实施以来,评估中心共组织全国线下培训 10 余次,配合各认证机构分片区组织了业务培训 10 余次。现场培训各类人员近 3000 人次,近 5 万人次通过视频同步参加了相关培训[1]。并且推出了专业评建指导慕课,方便广大师范类专业通过学习提升自身评建质量和评建能力。通过培训指导,认证理念在师范类专业中得到更加深入的贯彻。通过提升认证专业评建能力,增强了师范类专业认证的有效性,使认证真正成为推动师范类专业建设的着力点。

三、认证实施的实践进展分析

认证实施进展一直是社会关注的热点,尤其是教育部每年宣布的通过专业名单,不但是认证结果的集中体现,也是被人们讨论最多的地方。认证的合理实施关系到认证的有效性,从多维度分析认证实施情况可以为探究认证有效性打下基础。

---

① 普通高等学校师范类专业认证专家委员会秘书处.师范类专业认证工作总结报告(2018—2020 年)[R].北京:教育部高等教育评估中心,2021:14.

（一）认证实施的时间维度分析

在我国师范类专业认证正式实施过程中,各类专业首次认证时均是采用试点先行的方式进行,2018—2020 年师范类专业认证试点专业情况如表 2-2 所示。从认证有效性方面来讲,通过试点方式能够对认证理念的适切性、认证标准的适用性、程序合理性等进行初步检验。通过不断总结和改进试点中的问题,为全面铺开认证和提高认证有效性奠定基础。认证试点中,一般由评估中心组织实施,由认证专家委员会委员担任认证专家组组长,在试点的前、中、后期分别进行专题评建辅导、全程跟进指导、交流总结等活动,为各认证机构实施认证提供了参考范例,保证了全国师范类专业认证过程及认证质量的一致性。

表 2-2　2018—2020 年师范类专业认证试点专业情况[①]

级别	类别	层次	专业	学校	时间
第二级	学前教育	本科	学前教育	浙江师范大学	2018.10
		专科	学前教育	福建幼儿师范高等专科学校	2020.9
			学前教育	运城幼儿师范高等专科学校	2020.11
	小学教育	本科	小学教育	首都师范大学	2018.11
			音乐学		
			美术学		
		专科	小学教育	陇南师范高等专科学校	2020.9
			小学教育	南通师范高等专科学校	2020.11
	特殊教育	本科	特殊教育	华东师范大学	2020.9
	职业技术师范教育	本科	财务会计教育	广东技术师范大学	2020.9
			机电技术教育	天津职业技术师范大学	2020.9
第三级	中学教育	本科	汉语言文学	华东师范大学	2020.9

以试点先行、稳步推进、保证质量为原则,我国师范类专业认证正式实施以来,截至 2024 年 8 月,教育部正式发文宣布通过认证的专业有 1344 个(2023 年已经完成进校考查的 628 个专业还未正式发文公布认证结论)。2019—2023 年通过师范类专业认证专业数量分别为 62 个、159 个、262 个、386 个、475 个,如图 2-1 所示。全国师范类专业申请参加认证的积极性高涨,每年参加认证专业数量逐步增加,认证规模呈现逐年扩大的趋势。

按照纳入一级监测的"5100 余个本科师范类专业点以及 1843 余个专科师范类专业点"[②]的认证专业基数分析,截至 2024 年 8 月,发文通过认证专业数占上述总基数(本科＋专科)的比例在 20% 左右。按照已经完成进校考查并送结论审议的 1972 个专业计算,认证专业数占上述总基数(本科＋专科)的比例在 30% 左右。

以目前 1350 余名拥有新一轮资质的认证专家数量分析,按照每个专业组织 4 位认证专

---

① 普通高等学校师范类专业认证专家委员会秘书处.师范类专业认证工作总结报告（2018—2020 年）[R].北京:教育部高等教育评估中心,2021:9.

② 佚名.2024 年师范类专业认证专家线下培训会课件[Z].教育部教育质量评估中心,2024.

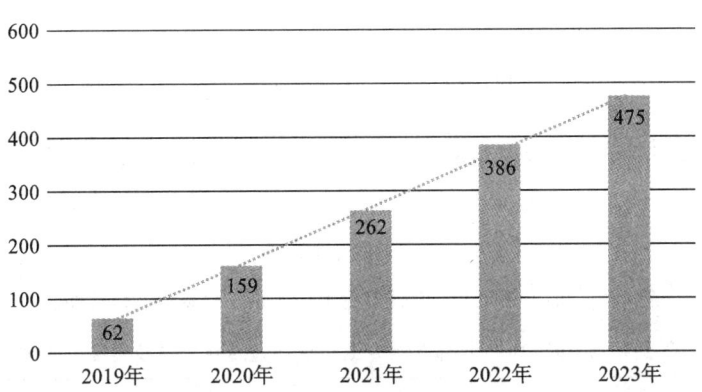

图 2-1　2019—2023 年通过师范类专业认证专业数量变化趋势图

家,每位专家平均每年认证 3～6 个专业计算,全国每年认证专业总数量不超过 1000 个为宜。实际中,认证最关键的进校考查环节并不是全年都能进行的,而是普遍集中在 4～6 月和 10～12 月。在这段有效时间内,专业认证实施规模还要受到专家的学科、学段、地缘、学缘、年龄、精力等限制。为了保证认证质量,每年实际的认证规模还要打一定折扣,也就是说,以现有的专家数量和状态计算,每年认证专业总数量不超过 500 个为宜。

(二)认证实施的区域维度分析

以截至 2022 年 3 月教育部发文名单统计,2019—2021 年全国通过师范类专业认证的 483 个专业区域分布图如图 2-2 所示。数据显示,我国师范类专业认证在基本上实现了全国覆盖的同时,在区域分布上却存在显著差异。我国师范类专业认证采取"省部协同"的方式进行,省属高校的师范类专业认证由省级教育行政部门进行统筹协调和委托认证。即使该地区没有可以承担专业认证的教育评估机构,省级教育行政部门也可以委托评估中心或其他有资质的认证机构对本区域的师范类专业进行认证。因此,通过分析除去部属高校的数据,各区域通过认证专业的数量在一定程度上可以反映出该区域对于师范类专业认证的响应程度。从图 2-2 中可以看出,除部属高校通过认证的 67 个专业外,各区域通过认证专业数量大致呈现出东、中、西逐步递减的态势。东部地区省属高校通过认证专业数量较多,江苏、浙江、山东、福建居于全国前 4 名,通过认证专业数量合计 169 个,占全国省属高校通过数量的比例超过 40%。青海、内蒙古、海南、宁夏、甘肃、山西、新疆、陕西等地区省属高校通过认证专业数量均不超过 5 个,认证工作开展相对滞后。

(三)认证实施的学校类型维度分析

按照学校类型维度划分,可以将师范类专业所在高校分为部属高校和地方高校。地方高校又可分为地方师范高校和地方非师范高校。中国的本科师范高校普遍以"师范大学""师范学院"或"教育学院"命名,但也存在个别属于师范高校但校名中却不带"师范"或"教育"字样的高校(如南京晓庄学院)。2019—2021 年通过认证专业名单中的专科类专业仅有试点的 4 个专业均是以"师范高等专科学校"命名,可以计入地方师范高校类型中。因此,2019—2021 年师范类专业认证通过专业的学校类型分析表如表 2-3 所示。

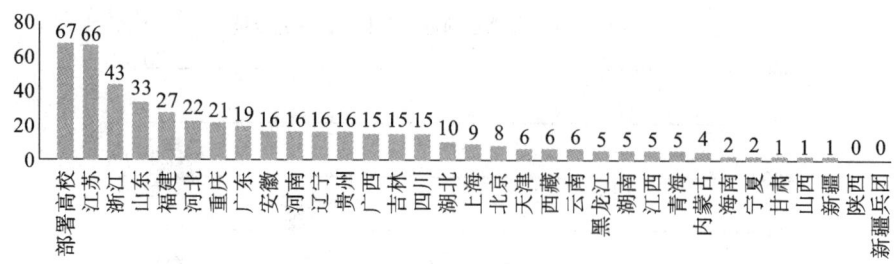

图 2-2　2019—2021 年通过师范类专业认证的专业区域分布图

表 2-3　2019—2021 年师范类专业认证通过专业的学校类型分析表

学校类型	通过认证专业数量			通过认证高校数量		
	2019 年	2020 年	2021 年	2019 年	2020 年	2021 年
部属高校	18	25	24	6	6	6
地方师范高校	39	101	155	13	47	75
地方非师范高校	5	33	83	4	25	60

如上表所示,全国 6 所部属高校 3 年共有 67 个专业通过了认证,每所学校平均有 11 个专业通过了认证,这还不包括 2021 年已经完成进校考查但还未公布结论的专业。从访谈中得知,华中师范大学共有 16 个师范类专业,目前,已经完成了 14 个专业的进校考查,校内所有师范类专业基本上完成了一轮认证,只有心理学和特殊教育两个专业还未进校考查。西南大学的所有师范类专业也基本完成了进校考查,只有一个音乐学专业还未进校考查。由此可以看出,6 所部属高校不但师范教育水平较高,而且认证积极性较高,认证进度较快,其第一轮认证已经进行了 85% 以上。

反观地方高校,2019 年通过认证的 62 个专业中有 44 个地方高校专业,但如果去除试点复评的 26 个专业,2019 年通过认证的地方高校专业数仅为 18 个,这个数量刚好与部属高校当年通过认证专业数量相同。这 18 个专业分布在 14 所地方高校中,每所地方高校平均 1.3 个专业,与每所部属高校平均 11 个专业有较大差距。2019 年通过认证的 44 个地方高校专业中有 39 个专业在地方师范高校中,只有 5 个专业在地方非师范高校中。从表 2-3 中可以看出,部属高校每年通过认证的专业数量保持稳定;地方师范高校 3 年中通过专业数合计 295 个,占总数的 61% 以上,是目前师范类专业认证的主体;地方非师范类高校专业每年认证增长数量较多。因此,目前师范类专业认证实施中形成了部属高校稳定领先,地方师范类高校成为主体,地方非师范类高校积极参与的认证实施态势。

(四)认证实施的专业类别维度分析

按照"三级五类"认证体系中对我国师范专业的类型划分,可分为中学教育、小学教育、学前教育、职业技术师范教育、特殊教育 5 类,这 5 类专业分别拥有不同的认证标准。2019—2021 年师范类专业认证通过专业的类别分析表如表 2-4 所示。目前我国师范类专业认证主要集中在第二级认证,其通过的专业数量占总数的 97.5%。直到 2021 年,通过认证专业名单在第二级认证中实现了 5 类专业的全覆盖。

表 2-4　2019—2021 年师范类专业认证通过专业的类别分析表

级别	类别	层次	通过认证专业数量		
			2019 年	2020 年	2021 年
第三级	中学教育	本科	2	3	6
	学前教育		0	1	0
第二级	中学教育	本科	44	117	209
	小学教育	本科	11	21	25
		专科	0	0	2
	学前教育	本科	5	17	15
		专科	0	0	2
	特殊教育	本科	0	0	1
	职业技术师范教育	本科	0	0	2

在 5 类专业通过认证名单中,中学教育、小学教育、学前教育、职业技术师范教育、特殊教育比例依次减少,占比分别为 78.9%、12.2%、8.3%、0.4%、0.2%。这与后续表 2-6 中分析的各专业类别所对应的专业种类和专业布点基数有一定关系,也与特殊教育和职业技术师范教育办学特殊性和标准出台较晚有很大关系。总体而言,我国师范类专业实施的覆盖面正在逐步扩大,各专业类别每年新增的通过认证专业数量也在逐年增加。

我国师范类专科专业包含学前教育、小学教育、特殊教育 3 类。专科专业布点数占全国师范类专业总数的 24%,学生数占比高达 50%,是认证中的庞大群体,也是下一阶段认证的重点工作之一。师范类专科专业在 2021 年实现了通过认证专业数量从无到有的突破,但还未实现 3 种专业类型的全覆盖。目前师范类专科专业认证在数量、类型和层次上都还处于试点起步阶段。2021 年,拉萨师范高等专科学校数学与应用数学专业、四川幼儿师范高等专科学校学前教育专业等 6 个专科专业已经进行了现场考查。2020 年 3 月,我国师范类专科专业集中进行了数据采集,同时认证专家委员会专科工作组正在积极开展工作,我国师范类专业认证正在从本科层次向专科层次全面延伸。在 2024 年组织召开的专业认证相关工作会议中提及,未来师范类专业认证可能要向研究生层次拓展。

综上所述,目前我国师范类专业认证实施中呈现出从试点到全面的类型覆盖,从合格到卓越的级别突破,从本科到专科的层次延伸等特点。

四、认证文件体系的实践发展分析:元评价视角下的认证已有改进反思

目前,国内对于教育评价项目的元评价研究相对薄弱,至今尚未确立类似 JCSEE 的元评价机构及标准,更没有系统实施的元评价实践。但元评价对于总结改善教育评价活动的积极作用已逐渐得到了国内学者的认可,一些教育项目也开始尝试从"元"层面对评价进行反思和设计,例如,全国教科项目评审中初步建立了以"对评价结果进行复审"为代表的元评

价制度,以提高项目评价中的事实与价值判断的公正性和合理性[①]。加强师范类专业认证的元评价研究,是提高师范类专业认证有效性的理性选择。在元评价的视角中,师范类专业认证其实正在不断地进行改建与完善,通过表 2-5 对师范类专业认证正式实施以来发布的重要政策和文件梳理可以发现一些萌芽。

表 2-5　师范类专业认证正式实施以来的重要政策和文件梳理表

年份	政策、文件名称
2017 年	《普通高等学校师范类专业认证实施办法(暂行)》
2018 年	《教育部办公厅关于成立普通高等学校师范类专业认证专家委员会的通知》
	《教育部教师工作司关于公布具备开展第二级师范类专业认证工作资质教育评估机构名单的通知》
	《普通高等学校师范类专业认证工作指南(试行)》
	《普通高等学校师范类专业认证自评报告撰写指导书(试行)》
2019 年	《教育部教师工作司关于印发〈职业技术师范教育专业认证标准〉和〈特殊教育专业认证标准〉的通知》
	《关于批准黑龙江省教育评估院开展师范类专业第二级认证资质申请的通知》
	《教育部办公厅关于公布 2019 年通过普通高等学校师范类专业认证的专业名单的通知》
	《普通高等学校师范类专业认证专家管理办法(试行)》
	《普通高等学校师范类专业认证机构管理办法(试行)》
2020 年	《普通高等学校师范类专业认证工作规程(2020 年修订)》
	《普通高等学校专业认证项目经费管理办法(暂行)》
	《普通高等学校师范类专业认证结论审议工作规程(暂行)》
	《关于批准云南省教育科学研究院(云南省教育评估院)开展师范类专业第二级认证资质申请的通知》
	《关于批准陕西省教育考试与评价研究会(陕西省教师教育指导中心)开展师范类专业第二级认证资质申请的通知》
	《关于成立普通高等学校师范类专业认证专家委员会专门委员会的通知》
	《关于调整普通高等学校师范类专业认证专家委员会秘书处成员的通知》
	《普通高等学校师范类专业认证专家组考查报告(新版)》
	《普通高等学校师范类专业认证专家个人考查报告(新版)》
	《普通高等学校师范类专业认证一点通》
	《教育部办公厅关于公布 2020 年通过普通高等学校师范类专业认证的专业名单的通知》
	《关于要求 2020 年接受师范类专业认证的专业提交补充自评材料的通知》
	《2020 年师范类专业认证结论审议工作补充要求》

---

① 张会杰.教育评估公信力研究[M].上海:上海三联书店,2016:5.

年份	政策、文件名称
2021 年	《普通高等学校师范类专业认证状态保持监控办法(试行)》
	《普通高等学校师范类专业认证申请书(2021 版)》
	《普通高等学校师范类专业认证自评报告撰写指导书(2021 版)》
	《教育部办公厅关于公布第二届普通高等学校师范类专业认证专家委员会名单的通知》
	《2021 年通过普通高等学校师范类专业认证的专业名单》
	《普通高等学校师范类专业认证专家培训讲义》
	《普通高等学校师范类专业认证学校培训讲义》
	《师范类专业认证专家组组长进校考查工作要点》
	《教育部办公厅关于编制 2021—2025 年普通高等学校师范类专业认证工作安排的通知》
	《教育部办公厅关于师范类专业办学条件和质量监测数据核验的通知》
2022 年	《教育部教师司关于做好专科师范类专业监测数据信息采集工作的通知》
	《普通高等学校师范类专业认证机构管理办法(2022 征求意见稿)》
	《普通高等学校师范类专业认证组织实施工作规程(2022 征求意见稿)》
2023 年	《普通高等学校师范类专业认证工作监督、仲裁与违规处理办法》
	《普通高等学校师范类专业认证机构管理办法(2023 年修订)》
	《普通高等学校师范类专业认证专家管理办法(2023 年修订)》
	《普通高等学校师范类专业认证组织实施工作规程(试行)》
	《普通高等学校师范类专业认证工作文件(2023 版)》
	《普通高等学校师范类专业认证优秀案例集》
2024 年	《普通高等学校师范类专业认证受理原则(认证专家委员会审定稿)》
	《关于××机构 2024 年师范类专业认证受理结果的函》

注:表中对所有相关政策和文件进行了详细梳理与列举。因篇幅原因,在后续论述中,相关政策与文件名称采取简称的方式呈现,以保证文章内容的简洁。

师范类专业认证是一项真抓实干的师范教育质量外部评价活动,认证的自我改进不只是要进行理念上的更新,更重要的是通过配套完善的政策文件使认证能够得到真正落地和广泛实践。从表 2-5 的梳理中可以发现,逐步完善的政策文件体系为规范开展师范类专业认证工作提供了可操作化的依据,使师范类专业认证从设想逐步成为切实可行的行动。

自 2017 年《实施办法》发布以来,我国正式启动并实施师范类专业认证,首先,教育部在 2018 年《教育部办公厅关于成立普通高等学校师范类专业认证专家委员会的通知》附件中公布了《普通高等学校师范类专业认证专家委员会名单》,随后,又公布了《教育评估机构名单》,使师范类专业认证的指导和实施有了主体,紧接着发布了《工作指南》和《自评报告撰写指导书》,为高校主体如何准备认证提供了指引。

2019 年,教育部发布了职业技术师范教育和特殊教育两个专业认证标准,使认证"三级五类"的标准体系得以完善。同时按照工作需要,增补了专家委员与认证机构,并对专家与认证机构出台了相应的《管理办法》,表明了认证组织不但要从无到有,还要从有到优。通过制定完善的管理制度文件,为认证组织规范开展认证工作提供了依据。2019 年第一次发布的《通过认证专业名单》,标志着中国师范类专业认证结果的从无到有,也意味着中国师范类专业认证在流程上有了一个阶段性终点。

2020 年是师范类专业认证文件体系改进中重要的一年。首先,教育部继续对认证组织进行了优化,发文增加了两个认证机构,还成立了三个专门委员会和新一届秘书处。其次,出台了《普通高等学校师范类专业认证工作规程(2020 年修订)》《普通高等学校专业认证项目经费管理办法(暂行)》《普通高等学校师范类专业认证结论审议工作规程(暂行)》《普通高等学校师范类专业认证一点通》等文件,规范了认证运行体系。最后,按照前两年认证实践中的问题对《认证专家个人考查报告》模板进行了修改,并对专业自评和结论审议工作的人员进行了补充,在认证实践中反思和改进认证体系。

2021 年是师范类专业认证正式实施的三年总结之期,认证在三年入轨实践的基础上,需要全方位拓展,这一点在政策文件体系中也得到了体现。在认证"长度"的拓展上,通过发布《监控办法》,使认证实施从进校考查为主的"上半场"拓展出整改为主的"下半场",以"持续改进"理念改变过去重评不重改的认证弊端。在认证"规模"的拓展上,《教育部办公厅关于编制 2021—2025 年普通高等学校师范类专业认证工作安排的通知》发布,使各教育行政部门和认证机构能够对"十四五"期间的师范类专业认证工作提前规划、合理布局,促进"十四五"期间的师范类专业认证既能保证规模也能保障质量。在认证"深度"的拓展上,通过反思认证实施中的碎片化、形式化问题及落实新时代教育评价改革等新文件要求,对《普通高等学校师范类专业认证申请书》(以下简称《认证申请书》)、《普通高等学校师范类专业认证自评报告撰写指导书》(以下简称《自评报告撰写指导书》)进行了修订,同时编纂了《普通高等学校师范类专业认证新专家培训讲义》(以下简称《新专业培训讲义》)、《普通高等学校师范类专业认证学校培训讲义》和《师范类专业认证专家组组长进校考查工作要点》等文件,力求认证聚焦"两线"重点,规范化开展认证操作,实现认证的内涵式发展,提高认证质量。在认证"效用"的拓展上,《教育部办公厅关于师范类专业办学条件和质量监测数据核验的通知》发布,使认证采集数据与师范生免试认定改革联系起来,拓展了师范类专业认证制度与外部政策的衔接,提高了认证的效用。

2022 年,师范类专业认证从文件体系上依然在反思改进,例如,在认证"层次"的拓展上,通过发布《专科师范类专业监测数据信息采集工作的通知》,将认证向专科层次全面推进。

2023 年,在前期全面征求意见的情况下,《普通高等学校师范类专业认证机构管理办法(2023 年修订)》(以下简称《机构管理办法》)和《普通高等学校师范类专业认证组织实施工作规程(试行)》等文件出台。例如,在《机构管理办法》中,按照目前认证进度不均、部分地方进展缓慢的问题对认证机构资质条件进行修订,吸纳更多具有组织实施教育评价工作经历的教育评估机构加入认证组织实施队伍中来,缓解认证机构数量和精力有限与申请认证的专业越来越多之间的矛盾。同时,要求各省认证专家委员会对认证机构进行帮扶建设,在扩大机构认证队伍规模的同时,保证各机构的认证质量。与国外社会组织的悠久历史不同的是,我国第三方教育评估机构普遍是近年来在"管办评"理念下新成立的,如果一味拘泥于像国外认证机构一样的年限条件,将大大限制我国师范类专业认证实施的步伐,因此,通过修订《机构管理办法》,师范类专业认证机构体系的组建走出了一条符合中国认证实际的新道路。2023 年 9 月发布的《普通高等学校师范类专业认证工作文件(2023 版)》是继认证实施以来的又一版重大更新,对《认证申请书》《自评报告撰写书》《监控办法》《专家组考查报告》《专家个人考查报告》进行了调整,本次修订是以"减负、提质、增效"为目标,旨在通过工作文件体系优化,引导师范类专业认证工作坚守服务师范教育内涵发展初心,聚焦师范生能力素养评价核心问题,强化证据导向的认证模式,切实发挥认证"以评促建、以评促改、以评促强"作用。例如,2023版《专家组考查报告》取消了原有针对二级指标的 ABC 评判,调整为对照认证标准客观描述专业举证情况和存在的问题,并提出了相应的改进建议。这一变化在一定程度上改变了专业过度功利化追求认证结论 ABC 个数的异化趋势。

2024 年,普通高等学校师范类专业认证专家委员会秘书处向各认证机构发布了《普通高等学校师范类专业认证受理原则(认证专家委员会审定稿)》(以下简称《受理原则》)和《关于××机构 2024 年师范类专业认证受理结果的函》。《受理原则》中明确提出了专业在申请师范类专业认证时要满足"①专业设置符合国家教师培养政策导向;②专业属于师范类专业,定位于以培养幼儿园、中小学、特殊教育学校和中等职业学校师资为目标;③专业培养的师资有明确学段归属,有对口教师岗位,专业应申请相应类别、选择对应认证标准开展认证。"这 3 个基本条件才能受理参加师范类专业第二级、第三级认证,表明我国师范类专业认证制度开始从申请阶段进行更为明确的规范和管理,师范类专业认证制度越来越完善。

综上所述,以元评价的视角梳理师范类专业认证正式实施以来的重要政策和文件发现,师范类专业认证自身正在逐渐改进完善中。但是从目前的改进步骤上看,这种改进并不具有计划性和全面性,如同元评价一样,完整意义上的认证改进制度还没有建立。这一点通过访谈也得到了侧面印证,有的访谈对象表示,师范类专业认证的文件体系完善一方面是受外部形势和其他政策影响的应对之举,一方面得益于认证委员会中部分优秀专家的个人建议。这种改进受外部因素和个人因素的影响较大,存在较大的不确定性。这种自我改进状态与《监控办法》出台前的学校自我整改状态有些相似,是一种具有临时性、随意性、应付性的改进。这种改进与通过元评价制度促进认证系统改进存在一定差距。同时,这也是通过有效性研究促进认证元评价制度建立的价值所在。

 ## 第三节　师范类专业认证制度设计解析

通过追溯制度历史发现,我国探索了 30 多年的本科教学评估制度在高等教育领域形成了强大的制度惯性,深刻影响着师范类专业认证制度的设计理念和实施过程[①]。但我国师范类专业认证制度有其自身独特的时代特征和发展问题所在,在梳理其制度历史的基础上,还需要对我国师范类专业认证的制度逻辑进行解析,探讨其设计深意。

一、认证设计逻辑转变解析

在师范类专业认证制度设计中,可以从以下几方面思考其与以往高等教育外部评估制

---

① 赵强,王丽丽,张炜.师范类专业认证推进理路:沿革、误区与转向[J].华南师范大学学报(社会科学版),2022(01):53-60.

度的不同,通过分析认证设计逻辑,也能为研究师范类专业认证有效性提供更加准确的判断思路。

(一)由宏观院校评估到中观专业认证的逻辑转变

高等教育评估按对象不同,可以分为宏观、中观、微观等不同层面的评估。从整体院校评估到某类专业认证再到一门具体课程的认证,是高等教育评估对象从宏观到中观再到微观的细化过程,也体现出了高等教育评估制度设计思路逐渐细化、层次逐渐深入的发展过程。制度变迁的过程,是从由历史决定的结构中的一种安排的变迁开始的,然后逐渐延伸到其他安排①。在我国高等教育制度设计理念的发展过程中,不仅仅是在高等教育评估领域有逐渐细化的逻辑转变,在其他高等教育制度领域中也同样有所变化。例如,从"985工程"到"双一流建设"的制度变革中,一流学科建设是与一流学校建设并列设计的,这与原来只强调建设宏观层面的重点大学制度形成了鲜明对比,是我国高等教育制度设计理念从宏观层面深入中观层面的具体体现,也是分析师范类专业认证制度时必须认识到的一种设计逻辑转变。

专业认证与院校评估在"五位一体"的新型高等教育评估制度中是并列关系。院校评估针对的是高校整体本科教学工作,是一种宏观层次的学校评价。而师范类专业认证仅针对师范类专业,且并不限于本科教育,是一种中观层次的专业评价。从院校评估到专业认证的发展过程中存在一种从高校到专业,从宏观到中观的设计逻辑转变。师范类专业认证的开展,使更多地方高校和师范类专业真正体验到高等教育评估设计理念已从宏观层面深入中观层面。因此,高校的质量评估思维也应更新换代,从过去的宏观粗放式的质量评估思维转到重视中观甚至微观层面的精细化质量评估思维,不能复制以前学校整体评建思路来应对专业认证。

(二)由展现办学条件到突出学生发展的逻辑转变

师范类专业认证有三大理念,第一个理念就是"学生中心"。学生中心强调在师范类专业人才培养过程中,教育教学模式要从以教为中心转向以学为中心。这是一种教育观的转变。其实,这一理念所代表的逻辑转变体现在认证设计的方方面面,也使师范类专业认证评价重点从展现培养机构条件投入的质量评价范式转向突出学生主体产出的质量评价范式。在以往着重展现培养机构条件投入的评价范式中,比较注重人才培养机构的外部条件,如学校或专业的办学层次、历史、经费、荣誉等,简单地认为,高等教育的质量主要看输入质量,只要有好的投入就会有好的产出。虽然培养条件输入的好坏在一定程度上影响着师范类人才培养产出质量的高低,但面对复杂的高等教育人才培养过程,却不能简单地将输入质量等同于产出质量进行评价和使用②。

因此,师范类专业认证设计中转向了突出学生主体产出质量的评价范式。学生是师范类专业人才培养活动的中心,要对以学生为中心的培养全过程进行内外结合的综合性评价,

① 林毅夫.再论制度、技术与中国农业发展[M].北京:北京大学出版社,2000:37.
② 赵强,王丽丽,张炜.师范类专业认证推进理路:沿革、误区与转向[J].华南师范大学学报(社会科学版),2022(01):53-60.

才能体现出专业真正的办学质量。师范类专业认证设计中的质量评价重心不再是围绕培养机构的条件好不好等以"条件为中心"的指标展开,而是围绕学生培养是不是符合行业和社会要求、学生培养全过程科不科学、学生学习成果达不达标、学生个性发展充不充分等以"学生为中心"的指标展开。

(三)由立足自我到产出导向的逻辑转变

"产出导向"是师范类专业认证的三大理念之一,强调师范类专业的人才培养不能再像以往一样基于高校自我知识体系进行知识传授,而是应该面向师范生将来的行业岗位要求进行能力培养。产出导向其实是一种师范教育培养逻辑由立足内部知识到适应外部社会需求的改变,这是一种培养观的转变。在师范类专业认证设计中,这一转变具体体现在要求师范类专业在人才培养时从立足自我的正向设计改为了产出导向的反向设计。产出导向的反向设计是一种由外部到内部的按需设计过程,要求师范类专业按照外部社会行业需求,设计自身的培养目标、毕业要求和课程体系。而后根据反向设计内容进行正向施工,正向施工是产出导向的下半段,是由内部再到外部的适需培养过程[①]。

在师范类专业认证专家委员会秘书处 2021 年印发的《专家培训讲义》中提出,"培养目标""毕业要求"等指标之间"反向设计、正向施工"的互动关系为认证标准的逻辑"主线"。师范类专业认证设计中的 8 个一级指标不是碎片化存在的,而是有其内在逻辑关系的。具体体现在通过认证标准要求的专业根据外部需求制定培养目标,为支撑培养目标达成而制定相应的毕业要求,设计课程教学与实践教学环节支撑毕业要求的达成,合理配置师资队伍、教学资源,满足人才培养需求,并要求专业建立基于产出的评价改进机制,保证专业不断改进教学环节,持续培养社会需要的高质量人才。

(四)由终结性评价到持续改进的逻辑转变

"持续改进"是师范类专业认证三大理念中的最后一个。强调师范类专业在人才培养活动过程中,除了要持续进行评价,更要将评价结果进行反馈和改进,最终形成闭环的内部质量保障机制,从而促进专业人才培养质量能够不断地提升。这是一种质量观的转变。

Stufflebeam 将元评价分成为绩效评价服务的终结性元评价和为决策改进服务的形成性元评价。教育评价也可以分为终结性评价和形成性评价,持续改进的理念要求专业认证从一种终结性评价转变为一种形成性评价,即师范类专业认证不仅可以评价专业现阶段的达标情况,更能够通过认证使专业认识到哪些地方还不达标并进行改进和完善。可以说,在师范类专业认证的设计思路中,评价结论并不是认证的终点,帮助改进人才培养质量以不断满足社会需求才是其终极目标。

《专家培训讲义》中提出了师范类专业认证必须达到的"底线"要求,即认证专业必须要建立面向产出的内部评价机制并举证,而且要建立持续改进的机制。由此说明,以持续改进为目的的形成性评价已不再停留在认证设计理念层面,而是成为专业人才培养活动中必须达到的底线要求。

---

① 吴能表,石定芳.专业认证核心理念在人才培养方案中的贯彻[J].湖南第一师范学院学报,2019(01):1-5.

（五）由依据经验到科学循证的逻辑转变

循证理论发端于医学领域,1992 年,加拿大的戈登·盖亚特(Gordon Henry Guyatt)教授首次提出"循证医学"(Evidence-based Medicine,EBM)的概念。EBM 不同于传统医学侧重于以个人经验为决策的主要依据,它强调通过完善设计与执行的证据将决策最佳化[①]。EBM 整合了统计学、信息学、经济学、药学等学科前沿技术,并很快在医学以外的教育学、心理学、经济学、管理学等领域如火如荼地发展起来。美国教育和心理学界受到 EBM 影响,兴起了循证实践(Evidence-based Practice,EBP)运动。该运动主张将多元证据、教师个体技能和经验、学生个体特点与愿望等结合起来找到最佳的证据,根据最佳证据进行教育实践,并跟踪解决问题和总结改进。

在师范类专业认证设计中,一个深层次的逻辑转变就是要求师范类专业从经验办学变为循证办学。美国 CAEP 要求培养机构在接受认证时必须要精准地呈现认证标准要求的有效证据,并且要求把这种循证文化植入整个办学过程中[②]。专业的循证办学是认证中能够进行有效举证的基础。例如,师范类专业的培养目标一定要经过科学循证而制定,不能像以往一样按照经验制定。这方面的科学循证应包括调研利益相关主体对上一轮人才培养目标运行情况论证的循证、对新政策文件改革和发展要求的循证、对所在区域社会经济发展要求的循证等。同样,师范类专业的毕业要求设置要实现对培养目标的有效支撑,也是一种循证设置,而不是经验设置。因为课程体系对毕业要求的有效支撑要求,在设置课程时也变为一种循证设置,而不能像以往一样因人设课。在课程教学时,教学内容要对课程目标进行有效支撑,这也是一种循证教学,而不是教师凭经验、喜好和感觉进行课程教学。如此,通过师范类专业认证设计中的循证理念,构建了师范类专业规范办学、科学办学的路径,使师范教育从传统经验办学模式变为科学循证办学模式。

（六）由整体平均到控制底线的逻辑转变

师范类专业认证既不是专业评估,也不是专业选优。认证是一种达标评价,有"兜底不比高、看差不看优"和"关注全体学生"的原则[③]。认证要求,师范类专业要把认证标准完全覆盖到专业人才培养的各个环节,各专业可以按照实际情况制定不低于认证标准的专业培养标准(以下简称"专业标准"),但举证时要求呈现该专业师范生全员全过程全面达到专业标准的材料,否则就显示该专业标准制定的覆盖面和科学性存在一定问题。这体现出认证对"全部师范生发展的公平性"和"师范生全面发展的达标性"两个层面的价值诉求。认证结论向社会表明的是该专业"每个师范生毕业时都有高质量(高于专业标准质量)发展"的价值承诺。在认证设计中,认证标准是专业办学准入的最低标准,认证评判逻辑的取向是向下的,即认证结论是专业办学中的"差项"与认证标准之间的比较,这与以整体水平甚至是优秀案例来评价专业教学工作质量的平均取向的专业评估或优秀取向的专业选优有一定的逻辑区别。

---

① 贝斯·史华兹,里根·古隆.高等教育循证教学[M].刘皓,译.重庆:重庆大学出版社,2021:23-26.
② 王松丽,李琼.师范类专业认证的循证评估:基于学习结果的视角[J].教师教育研究,2020(06):8-13.
③ 李志义.对我国工程教育专业认证十年的回顾与反思之二:我们应该防止和摒弃什么[J].中国大学教学,2017(01):8-14.

如图 2-3 所示的 4 个专业中,专业 2 毕业生的实际能力水平达到了认证标准,但却不是每一个毕业生都达到认证标准,这样的专业当然是不符合专业认证要求的。专业 1、专业 3、专业 4 所制定的专业标准和毕业生实际能力水平都达到了认证标准。但专业 4 中还有许多毕业生没有达到该专业标准,也就是说,该专业不能保证自己培养出的毕业生都是达到了毕业要求的。这反映出该专业自身的专业标准制定合理性和覆盖面存在问题或者该专业的培养过程存在问题,这样的专业也是不符合专业认证要求的。

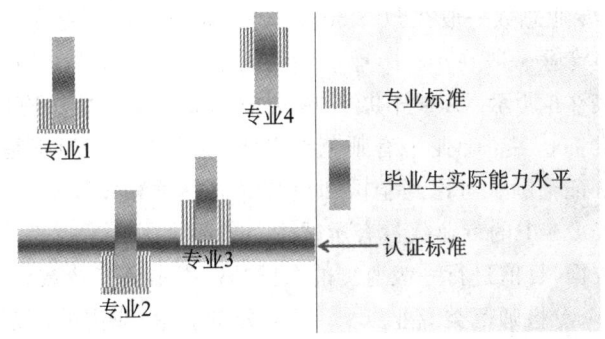

图 2-3　师范类专业认证设计中的兜底不比高、看差不看优原则示意图

注:本图来源于 2019 年评估中心在福州和南京举办的师范类专业认证高校培训会中周爱军、边霞、赵长明等多位培训专家的培训课件。

(七)由各自为主到协同育人的逻辑转变

师范类专业认证设计之初就是为了解决师范教育与基础教育各自为政、对接性不够,以及师范教育教学内容和方法跟不上行业需求发展等症结。因此,在师范类专业认证设计中加强了产出导向的反向设计,要求专业的培养目标、毕业要求、课程目标都要主动对接社会行业实际需求,加强师范教育与基础教育的联系。认证不但要求师范专业在教学内容和教学方法的上对接基础教育前沿。在培养过程中,师范专业也要强化实习实践,建立 UGS 协同育人机制。在师范类专业认证的制度设计中,师范教育和基础教育不再是各自为政或偶尔联系,而成为一种协同性、常规化的育人共同体。

这其实也体现出认证设计逻辑中从管理思维到治理思维的转变。专业认证这一制度本身具有较高行业参与度,所以其在师范教育领域比审核评估等制度更容易加入行业需求和行业人员,以此实现师范教育协同培养和利益相关主体共同治理师范教育的转向。与审核评估只是聘请了校外专家进行评审的做法不同,专业认证在制度设计上安排了更多高校之外的行业人员加入认证专家队伍中,构建了利益相关者共同组成的师范教育质量评价体系。更重要的是,师范教育体系要求行业单位的利益相关者更加深入地参与到师范生的培养过程中。从评价体系和培养体系两个方面完善了师范教育治理体系结构。师范教育以 UGS 协同育人机制,提升师范教育培养质量和培养能力,以师范教育治理体系结构的完善,促进师范教育治理能力的提升。

二、认证标准体系设计解析

标准是认证的重要依据和基本遵循,也是传递认证精神的最重要工具之一。只有全面把握认证标准体系的设计逻辑,才能对认证理念、认证目标等有更深层次认识。可以说,师范类专业认证标准体系是认证设计水平的集中体现,是开展认证有效性评价工作必不可少的研究内容。

(一)"三级五类"认证标准体系设计

我国师范类专业认证正式施行时,全国大约2900所高校中有187所本、专科师范院校和383所举办师范专业的非师范院校,有142所教育硕士培养单位、15所教育博士培养单位[①]。我国本科院校专业总数一般在50~60个,师范院校中的师范专业一般在10~15个,非师范院校中的师范专业一般在1~10个。我国普通高等学校本、专科专业目录中的师范类专业设置情况如表2-6所示,在本科92个专业类别584个专业中有师范类专业45个左右,在专科19个大类700多个专业中有师范类专业18个左右。但不是所有的师范类专业都纳入了现阶段的认证范围。考虑到全国师范类专业办学和发展实际情况,目前纳入认证范围的专业数量比表2-6中的专业数量有所减少。按照全国普通高等学校师范专业认证工作总结会公布的数据,目前进行一级监测的全国师范类本科专业数约有5100余个本科师范类专业点及1843个专科师范类专业点[②]。以上分析显示,我国的师范类专业认证对象呈现出基数庞大、类型复杂、层次多样的特点。因此,在我国师范类专业认证的标准设计中分为了第一级、第二级、第三级递进的三级标准,以及中学教育、小学教育、学前教育、特殊教育、职业技术师范教育五类标准,共同组成了我国"三级五类"的师范类专业认证标准体系。

表2-6 普通高等学校本、专科专业目录中的师范类专业设置情况

认证类别	专业层次	专业类别	专业名称
中学教育类	本科	马克思主义理论类	思想政治教育
		教育学类	华文教育、教育技术学、教育康复学、教育学、科学教育、人文教育、融合教育、卫生教育、艺术教育
		中国语言文学类	汉语国际教育、汉语言文学、中国少数民族语言文学
		外国语言文学类	英语、俄语、日语
		历史学类	历史学
		数学类	数学与应用数学
		化学类	化学
		物理类	物理
		地理科学类	地理科学
		生物科学类	生物科学
		体育学类	体育教育、武术与民族传统体育
		心理学类	心理学、应用心理学
		音乐与舞蹈学类	音乐学、舞蹈学、戏剧教育、舞蹈教育、音乐教育
		美术学类	美术学

---

① 王定华.关于实施教师教育振兴行动计划的政策与思考[J].国家教育行政学院学报,2018(06):3.
② 佚名.2024年师范类专业认证专家线下培训会课件[Z].教育部教育质量评估中心,2024.

续表

认证类别	专业层次	专业类别	专业名称
小学教育类	本科	教育学类	小学教育
	专科	教育学类	小学教育、小学语文教育、小学数学教育、小学英语教育、小学科学教育、音乐教育、美术教育、体育教育、小学道德与法治教育、舞蹈教育、艺术教育、特殊教育、现代教育技术、心理健康教育
学前教育类	本科	教育学类	学前教育
	专科	教育学类	学前教育、早期教育
特殊教育类	本科	教育学类	特殊教育
	专科	教育学类	特殊教育
职业技术师范教育类	本科	食品科学与工程类	烹饪与营养教育、食品营养与检验教育
		旅游管理类	旅游管理与服务教育
		植物生产类	农艺教育、园艺教育
		电子信息类	应用电子技术教育
		纺织类	服装设计与工艺教育
		工商管理类	财务会计教育、市场营销教育
		机械类	机电技术教育、汽车维修工程教育

　　如图 2-4 所示，"三级五类"的认证标准构建了我国师范类专业的认证体系。通过分级分类的认证标准体系，引导各师范类专业合理定位、特色发展、追求卓越。

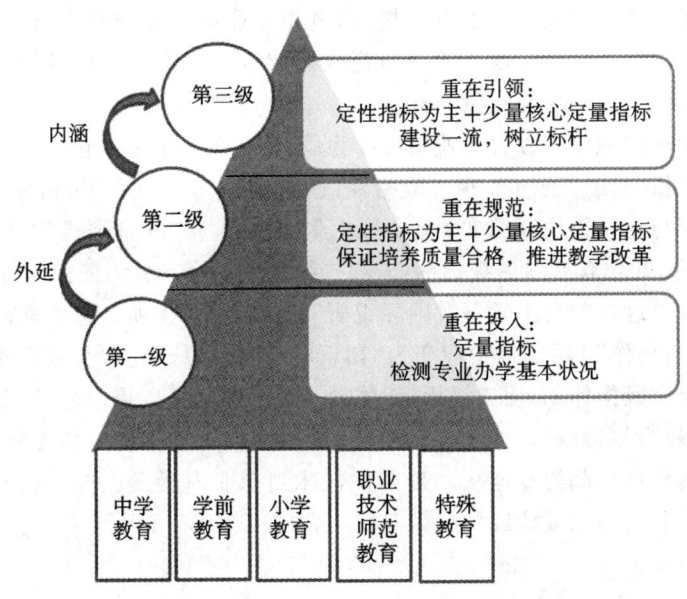

图 2-4　师范类专业认证"三级五类"认证标准体系设计图

师范类专业第一级认证定位是条件监测，它是对专业办学基本标准的常态化数据监测。第一级认证的对象是经教育部正式备案的普通高等学校师范类本科专业和经教育部审批的普通高等学校国控教育类专科专业①。专业认证，数据先行。依托高等教育质量监测国家平台采集的本科教学基本状态数据，在教师教育质量监测平台中抽取相关数据，对所有纳入认证范围在招且有一届毕业生的四年制本科师范类专业相关数据按照一级认证标准进行定量分析，并且生成专业、高校、省级、国家等多层次的一级监测报告。主要从专业条件和投入方面，构建了基于大数据的师范类专业基本情况常态监测体系，以第一级认证标准为参照为师范类专业办学进行了数据画像。2022 年 3 月教育部启动了专科师范类专业监测数据采集工作，标志着第一级认证从师范类本科专业拓展到师范类专科专业，第一级认证标准体系运行得以完善。

师范类专业第二级认证定位是合格认证，第二级认证标准是合格标准。第二级认证是目前认证工作中的主要内容。第二级认证对象范围是通过第一级认证并且有三届以上毕业生的师范类专业。第二级认证重在规范，旨在"以评促建"，以第二级认证标准促进广大师范类专业能够建立起"反向设计、正向施工"的人才培养主线和面向产出的内部评价和持续改进机制底线，保障人才培养质量水平达到合格要求。

师范类专业第三级认证定位是卓越认证，第三级认证的对象分为两种，第一种是办学历史悠久，社会认可度高的专业（如有的部属高校内部规定为在学科评估中获得 A 类级别的专业），第二种是通过第二级认证并且有六届以上毕业生的专业。第三级认证重在引领，旨在"以评促强"，以第三级认证标准树立标杆，引导高校追求卓越，打造一流师范类专业，提升国际竞争力和影响力。

（二）认证标准内涵设计

从标准内涵设计的纵向构建思路分析，师范类专业认证标准分为第一级、第二级、第三级 3 个级别的纵向专业认证标准。第一级标准以定量指标为主，第二级和第三级标准以定性指标为主并加以少量的核心定量指标。

以使用范围最广的中学教育专业类标准为例，第一级认证标准包含"课程与教学""合作与实践""师资队伍""支持条件"4 项一级指标（也称维度）和 15 项二级指标（也称监测指标）。第二级认证标准与第一级认证标准相比，增加了"培养目标""毕业要求""质量保障""学生发展"4 项一级指标，共包含 8 项一级指标 38 项二级指标。第三级认证标准与第二级认证标准相比，增加了"技术融合""自主学习""国际视野""持续支持"4 项二级指标，并将"学科素养""学会反思""沟通合作"3 项二级指标变为"知识整合""反思研究""交流合作"。第三级认证标准共包含 8 项一级指标 42 项二级指标，体现了第三级认证以追求卓越、打造一流为目标，力争达到从"能教"到"会教"的能力深化要求和信息化、国际化能力拓展要求。三级认证标准差异情况呈现出对师范类专业从外延条件保障到专业内涵发展的层层上升、逐渐递进式要求。师范类专业认证三级认证标准纵向对比表（中学教育）如表 2-7 所示。

---

① 中华人民共和国教育部. 教育部关于印发《普通高等学校师范类专业认证实施办法（暂行）》的通知［EB/OL］.（2017-10-26）［2022-03-11］. http://www. moe. gov. cn/srcsite/A10/s7011/201711/t20171106_318535. html.

表 2-7 师范类专业认证三级认证标准纵向对比表（中学教育）①

一级指标	二级指标		
	第一级	第二级	第三级
一、培养目标	/	目标定位	目标定位
	/	目标内涵	目标内涵
	/	目标评价	目标评价
二、毕业要求	/	师德规范	师德规范
	/	教育情怀	教育情怀
	/	学科素养	知识整合
	/	教学能力	教学能力
	/	/	技术融合
	/	班级指导	班级指导
	/	综合育人	综合育人
	/	/	自主学习
	/	/	国际视野
	/	学会反思	反思研究
	/	沟通合作	交流合作
三、课程与教学	/	课程设置	课程设置
	教师教育课程学分比例	课程结构	课程结构
	人文社会与科学素养课程占总学分比例		
	学科专业课程学分占总学分比例		
	/	课程内容	课程内容
	/	课程实施	课程实施
	/	课程评价	课程评价
四、合作与实践	/	协同育人	协同育人
	实习生数与教育实践基地数比例	基地建设	基地建设
	教育实践时间	实践教学	实践教学
	/	导师队伍	导师队伍
	/	管理评价	管理评价
五、师资队伍	生师比	数量结构	数量结构
	学科课程与教学论教师		
	具有高级职称教师占专任教师比例		
	具有硕博士学位教师占专任教师比例		
	中学兼职教师占教师教育课程教师比例		

① 普通高等学校师范类专业认证专家委员会秘书处. 师范类专业认证工作总结报告（2018—2020 年）[R].北京:教育部高等教育评估中心,2021:4-5.

师范类专业认证有效性研究

续表

一级指标	二级指标		
	第一级	第二级	第三级
五、师资队伍	/	素质能力	素质能力
	/	实践经历	实践经历
	/	持续发展	持续发展
六、支持条件	教学日常运行支出占生均拨款总额与学费收入之和的比例	经费保障	经费保障
	生均教学日常运行支出		
	生均教育实践经费		
	微格教学、语言技能、书写技能、学科实验教学实训室等	设施保障	设施保障
	生均专业类和教育类纸质图书	资源保障	资源保障
七、质量保障	/	保障体系	保障体系
	/	内部监控	内部监控
	/	外部评价	外部评价
	/	持续改进	持续改进
八、学生发展	/	生源质量	生源质量
	/	学生需求	学生需求
	/	成长指导	成长指导
	/	学业监测	学业监测
	/	就业质量	就业质量
	/	社会声誉	社会声誉
	/	/	持续支持

第二级和第三级认证标准按照学生中心统领全局、产出导向贯穿主线、持续改进兜住底线的思路设计,围绕师范类专业人才培养全过程的各个环节,构建出8项一级指标对师范类专业进行外部评价。这8项一级指标分别为"一、培养目标""二、毕业要求""三、课程与教学""四、合作与实践""五、师资队伍""六、支持条件""七、质量保障""八、学生发展"。8项一级指标之间有着紧密的内在联系,体现在师范类专业认证的两条线路(主线和底线)、三大理念(学生中心、产出导向、持续改进)和五个度(达成度、适应度、支撑度、有效度、满意度)考查重点中,其内在逻辑关系如图2-5所示,本研究将其称为认证标准的"两线三理五度八标"内在逻辑关系。

师范类专业认证标准中的指标"八、学生发展"为"学生中心"理念设计的认证指标,也是认证目标的最终指向,统领了人才培养全局。指标"一、培养目标""二、毕业要求""三、课程与教学""四、合作与实践"为"产出导向"理念设计的"反向设计、正向施工"认证"主线"标准,也是认证过程的主体内容,贯穿了人才培养全过程。指标"七、质量保障"为"持续改进"理念设计的认证"底线"标准的集中体现,也是认证工作的质量旨向,兜住了人才培养底线。指标"五、师资队伍""六、支持条件"是师范类专业人才培养的重要支撑,夯实了人才培养基础。

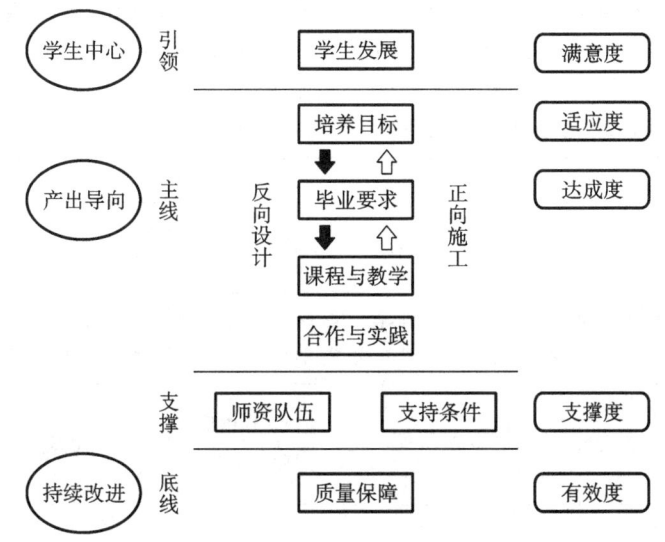

图 2-5 师范类专业认证标准的"两线三理五度八标"内在逻辑关系图

从师范类专业认证考查工作的"五个度"视角,可以把这 8 项一级指标从另一个思路串联起来形成体系。具体来讲,"一、培养目标"是"专业定位与社会需求的适应度"设计考查的主要指标,从目标设置上看,师范专业人才培养是否能够较好适应社会发展转型,要求师范类专业自身办学的小逻辑适应国家战略和经济社会发展需求的大逻辑。"二、毕业要求"是"培养目标与培养效果的达成度"设计考查的主要指标,是师范生毕业时所要达到的标准,从"出口"质量上考查师范专业人才培养是否达成要求。"五、师资队伍"和"六、支持条件"是"教师及教学资源的支撑度"设计考查的主要指标,从办学条件方面对师范类专业进行了量化为主的规定,二级指标中有 15 项量化指标,师资队伍和支持条件就占了 10 项。"七、质量保障"为"质量保障体系运行的有效度"设计考查的主要指标,考查师范类专业人才培养各环节的质量标准是否建立健全并形成闭环,从机制运行上看师范专业人才培养是否得到有效保障。"八、学生发展"是"学生和用人单位的满意度"设计考查的主要指标,主要看学生、用人单位等利益相关主体对师范类专业人才培养的看法,从价值判断上看师范类专业人才培养结果是否得到了社会的满意和认可。"三、课程与教学"和"四、合作与实践"是师范类专业人才培养的具体过程,是"五个度"能够实现的基础途径和具体要求。

从标准内涵设计的横向构建思路分析,教育部于 2017 年出台了《学前教育专业认证标准》《小学教育专业认证标准》和《中学教育专业认证标准》,在 2019 年出台了《职业技术师范教育专业认证标准》和《特殊教育专业认证标准》,这 5 类专业认证标准一起构成了完整涵盖 5 类师范专业的横向认证标准体系。

5 类专业认证标准针对各类师范专业设计了不同指标要求。第一级认证标准中 5 类师范专业认证在指标数量和参考标准数值上都有所不同,具体对比情况如表 2-8 所示。2017年出台的 3 类专业认证标准的第一级认证标准都由 4 项一级指标和 15 项二级指标组成。2019 年出台的两类专业认证标准中,特殊教育专业认证标准的第一级认证标准由 4 项一级指标和 17 项二级指标组成,增加了 1 项二级指标"特殊教育课程学分占总学分比例",体现了特殊教育专业对课程教学的独特要求。职业技术师范教育专业认证标准中的第一级认证标准由 4 项一级指标和 19 项二级指标组成,增加了 3 项二级指标"实习生数与专业实践基地数比例""'双师型'教师占专业课教师比例""校内专业技能实训场所",体现了职业技术师范教育的"技术性"特点对师资、实习实践的特殊要求。

表 2-8　师范类本科专业认证 5 类师范专业认证标准差异横向对比表(第一级认证标准)

指标内容	参考标准				
	学前教育	小学教育	特殊教育	中学教育	职业技术师范教育
教师教育课程学分	必修课≥44 学分 总学分≥64 学分	必修课≥24 学分 总学分≥32 学分	必修课≥10 学分 总学分≥14 学分	必修课≥10 学分 总学分≥14 学分	必修课≥8 学分 总学分≥12 学分
人文社会与科学素养课程占总学分 66 例	≥10%	≥10%	≥25%(其中康复类课程≥4 学分)	≥10%	≥8 学分
学科专业课程学分占总学分比例	≥20%	≥35%	≥10%	≥50%	≥33%
特殊教育课程学分占总学分比例	/	/	>25%	/	/
教育实践时间	≥18 周	≥18 周	≥18 周	≥18 周	≥36 周(其中教育实习≥8 周)
实习生数与教育实践基地数比例	≤20∶1	≤20∶1	≤18∶1	≤20∶1	≤20∶1
实习生数与专业实践基地数比例	/	/	/	/	≤20∶1
生师比	≤18∶1	≤18∶1	≤18∶1	≤18∶1	≤18∶1
专任教师	专任教师占本专业教师比例>60%	教师教育课程教师占专任教师比例>40%	特殊教育专业背景教师:有	学科课程与教学论教师:有	专业教学法教师:有
具有高级职称教师占专任教师比例	≥学校平均水平	≥学校平均水平	≥学校平均水平	≥学校平均水平	≥学校平均水平
具有硕博士学位教师占专任教师比例	≥60%	≥60%	≥60%	≥60%	≥60%

续表

指标内容	参考标准				
	学前教育	小学教育	特殊教育	中学教育	职业技术师范教育
"双师型"教师占专业课教师比例	/	/	/	/	≥40%
兼职教师占教师教育课程教师比例	≥20%	≥20%	≥20%	≥20%	≥20%
教学日常运行支出占生均拨款总额与学费收入之和的比例	≥13%	≥13%	≥13%	≥13%	≥13%
生均教学日常运行支出	≥学校平均水平	≥学校平均水平	≥学校平均水平	≥学校平均水平	≥学校平均水平
生均教育实践经费	≥学校平均水平	≥学校平均水平	≥学校平均水平	≥学校平均水平	≥学校平均水平
生均专业类和教育类纸质图书	≥30册 每6名实习生配备教师教学参考书≥1套	≥30册 每6名实习生配备小学教材≥1套	≥30册 每6名实习生配备特殊教育和中小学教材≥1套	≥30册 每6名实习生配备中学学科教材≥1套	≥40册 每10名实习生配备中等职业学校专业教材≥1套
教学设施	有保育实践、实验教学、教学技能训练、艺术技能训练（如舞蹈、美术、钢琴）等教学设施	有微格教学、语言技能、书写技能、实验教学、艺术教育实训室等教学设施	有微格教学、语言技能、书写技能、特殊教育实验教学、康复技能实训等教学设施	有微格教学、语言技能、书写技能、学科实验教学实训室等教学设施	有微格教学、语言技能、书写技能、专业实验教学实训室等教学设施
校内专业技能实训场所	/	/	/	/	有

如上表所示，从5类专业第一级认证标准所共有的16项二级指标来看，"生师比"等10项指标要求大致相同，体现出5类专业的共同要求。"教师教育课程学分"指标要求呈现出学前教育、小学教育、特殊教育、中学教育、职业技术师范教育依次递减的现象，同时"学科专业课程学分占总学分比例"指标要求大多数呈现出依次递增的趋势（特殊教育标准中特殊教育课程也可以看作特殊教育的学科专业课程）。这体现出5类专业对于师范教育中的"师

范性"和"学术性"的不同比例要求。"教育实践时间"指标中,职业技术师范教育专业的达标时长是其他4类专业达标时长的两倍,体现出这类专业对"实践性"的特殊要求。5类专业中"专任教师""教学设施"两项指标要求差异巨大,需要按照每类专业特点进行条件投入,以保障各类师范人才培养的"特殊性"和"专业性"。

在5类专业第二级认证标准设计中,所有5类专业的一级指标数量都是8项。学前教育、小学教育、特殊教育、中学教育4类专业的二级指标数为38项,职业技术师范教育专业的二级指标数为42项。在5类专业的第二级认证标准中,有34项二级指标名称相同,有4项二级指标名称不同,差异横向对比情况如表2-9所示。

表2-9 师范类专业认证5类师范专业认证标准差异横向对比表(第二级认证标准)

一级指标	二级指标				
	学前教育	小学教育	特殊教育	中学教育	职业技术师范教育
毕业要求	/	/	/	/	2.3工匠精神
	2.3保教知识	2.3学科素养	2.3专业知识	2.3学科素养	2.4专业知识和能力
	/	/	/	/	2.5专业实践能力
	2.4保教能力	2.4教学能力	2.4教学能力	2.4教学能力	2.6教学能力
	2.5班级管理	2.5班级指导	2.6班级指导	2.5班级指导	2.7班级指导
	/	/	/	/	2.9职业指导
合作与实践	4.2实践基地	4.2基地建设	4.2基地建设	4.2基地建设	4.2基地建设
师资队伍	/	/	/	/	5.3"双师型"教师

其中差异最大的指标为指标2.3,5类专业认证标准中出现了"保教知识""学科素养""专业知识""专业实践能力"4类不同指标名称,只有小学教育专业和中学教育专业的指标名称一致,为"学科素养"。但因小学教师的全科培养特点,在指标内涵上也存在小学教育专业设"主教学科"和中学教育专业设"所教学科"的区别。学前教育、特殊教育、职业技术师范教育三类专业因教学内容不同,分别在标准中用"保教知识""专业知识""专业知识和能力"的表述加强了各自要求特点。此外,因为职业技术师范教育的实践特殊性,在学会教学中还提出了"专业实践能力"的指标要求,在践行师德中加入了"工匠精神"的指标要求,在学会育人中加入了"职业指导"的指标要求,在师资队伍中加入了"'双师型'教师"的指标要求,比其他专业多了4项二级指标。另一类比较特殊的学前教育专业认证标准中,"教学能力"指标中因其教学内容的特性变为了"保教能力",在"班级指导"指标中因教育对象的特点变为了"班级管理",在"基地建设"指标中因实践基地对象的特殊性变为了"实践基地"。

在5类专业第三级认证标准设计中,所有5类专业的一级指标数量都是8项。小学教育、特殊教育、中学教育3类专业的二级指标数为42项,学前教育专业的二级指标数为41项,职业技术师范教育专业的二级指标数为46项。5类专业的第三级认证标准中有38项二级指标名称相同,有4项二级指标名称不同,差异横向对比情况如表2-10所示。

表 2-10　师范类专业认证 5 类师范专业认证标准差异横向对比表(第三级认证标准)

一级指标	二级指标				
	学前教育	小学教育	特殊教育	中学教育	职业技术师范教育
毕业要求	/	/	/	/	2.3 工匠精神
	2.3 保教知识	2.3 知识整合	2.3 知识整合	2.3 知识整合	2.4 专业知识和能力
	/	/	/	/	2.5 专业实践能力
	2.4 保教能力	2.4 教学能力	2.4 教学能力	2.4 教学能力	2.6 教学能力
	/	2.5 技术融合	2.5 技术融合	2.5 技术融合	2.7 融合创新
	2.5 班级管理	2.6 班级指导	2.7 班级指导	2.6 班级指导	2.8 班级管理
	/	/	/	/	2.10 职业指导
师资队伍	/	/	/	/	5.3"双师型"教师

在"4.2 基地建设"指标上,5 类专业标准设计大致相同。学前教育专业因授课多为活动和演示课,并没有在"2.5 技术融合"指标上设计标准,职业技术师范教育专业在这项标准上与其他专业不同,采取了"融合创新"指标名称,并在指标内涵上对虚拟仿真、虚拟现实教学以及创新或解决实际问题等方面提出了独特要求。

(三)中国高等教育领域三大专业认证标准内涵对比

目前,中国高等教育领域最具有代表性的专业认证为工程教育专业认证、师范类专业认证和临床医学专业认证,这三大认证都是严格按照认证标准和既定程序对专业进行认证的。如表 2-11 所示,对三大专业认证标准的一级指标进行对比分析可以发现,三大专业认证标准在设计上都由"目标、课程、教师、学生、质量保障"等共同要素组成。三大专业认证标准的设计逻辑大致都是按照以设立与行业所匹配的培养目标为指引,以建立包含理论与实践的课程体系为方式,以合适的师资队伍、支持条件、管理制度等为支撑,以建立持续改进的质量保障体系为保障,以促进大学生发展为目的制定并组织实施的。

表 2-11　中国高等教育领域三大专业认证标准一级指标对比表

工程教育专业认证 ——通用标准	师范类专业认证 ——第二级标准	临床医学专业认证 ——本科医学教育办学标准
1.专业目标	1.培养目标	1.宗旨与结果
	2.毕业要求	
2.课程体系	3.课程与教学	2.教育计划
	4.合作与实践	3.学业成绩考核
3.师资队伍	5.师资队伍	5.教师
4.支持条件	6.支持条件	6.教育资源
5.学生发展	8.学生发展	4.学生
6.管理制度		9.管理与行政
7.质量评价	7.质量保障	7.教育评价
		10.持续改进
		8.科学研究

从高等教育"人才培养、科学研究、服务社会"的三大职能来看,三大专业认证标准设计的核心目的都聚焦于"人才培养"。因此,在三大专业认证标准中,"学生"是核心指标,其他指标都是围绕着使学生发展达到相关要求而设置的。正如陶行知言:"先生的责任不在教,而在教学,教学生学"。又如钱穆先生所说:"孔子一生主在教,孔子之教主在学"。从三大认证标准设计逻辑来看,高等教育中专业教学的主体、目的、责任都在于"学",教师的"教"要促进学生的"学",学生不但要学,而且要乐学、能学、会学、学会。

三大专业认证标准具有以上共同点的同时,也有各自特点。我国师范类专业认证标准借鉴工程教育专业认证标准较多,两者较为相似。但是师范类专业认证标准中将"毕业要求""合作与实践"两个指标进行了独立设置,强调了"毕业要求"与"培养目标"的区别,强化了教师教育领域的"合作与实践"的重要性,体现了师范专业更侧重于"师范性"和"实践性"。同时,又将与"评价"和"改进"相关的标准融入了其他几项指标内,例如,与"评价"相关的内容在"培养目标"中设有"目标评价"指标,在"课程与教学"中设有"课程评价"指标,在"质量保障"中设有"外部评价"指标。如表 2-11 所示,工程教育专业认证的通用标准中的一级指标数量较少,但是其根据不同专业类别设计了 56 种不同专业的补充标准,充分考虑到了不同专业之间的特殊性,这一做法非常值得师范类专业认证学习。临床医学专业认证标准设计思路与其他两大认证标准有较大区别,其标准数量比其他两大认证都要多,例如,将"学业成绩考核"单列出来,强调在对学生的学业成绩评价时要加强形成性评价的应用并及时进行反馈,以便指导学生更好地学习。这一点与现阶段师范类专业认证推行中强调的注重课程评价做法非常相似,值得师范类专业认证在进行标准设计时学习借鉴。同时将"科学研究"也纳入了认证标准中,强调科教协同发展,尤其是通过加强对医学教育及管理的研究,为教学改革与发展提供理论依据。在标准中增加"科学研究"指标并不是在弱化"人才培养"要求,而是强调高等教育专业中科研等所有事项都要为人才培养服务。此外,在"管理与行政"标准中,设置了明确的医学教育管理机构和管理结构,这一点与目前师范类专业认证中相关高校纷纷建立"师范学院"这类师范教育管理机构的做法相似,而其在标准中进行了制度性的强化,值得师范类专业认证在进行标准设计时学习借鉴。

(四)中国师范类专业认证标准与美国 CAEP 教师教育认证标准内涵对比

如表 2-12 所示,通过对比中国师范类专业认证标准与美国 CAEP 教师教育认证标准中的一级指标内容发现,两者都在"毕业要求、课程与教学、合作与实践、质量保障、学生发展"方面设置了要求。两者同样注重实践教学在师范生培养中的地位和作用,都强调在师范生培养中建立高校、教育行政部门、基础教育学校之间的伙伴合作关系,构建培养合作共同体。我国师范类专业认证的"学生中心""持续改进"理念源于美国,这两种理念同样在两国认证标准中都得到了体现,"学生发展"和"质量保障"都是两国标准中的核心指标。

表 2-12　中美教师教育领域认证标准一级指标对比表

中国师范类专业认证标准	美国 CAEP 教师教育认证标准
培养目标	
毕业要求	生源质量、招生与选拔标准
课程与教学	学科知识与教育知识

中国师范类专业认证标准	美国 CAEP 教师教育认证标准
合作与实践	教师教育临床伙伴关系与实践
师资队伍	
支持条件	
质量保障	教师教育机构的质量保障与持续改进
学生发展	生源质量、招生与选拔标准
	培养方案的影响力

　　但两国认证标准也有各自特点。我国师范类专业认证标准设置了"培养目标"一级指标,强化了"师资队伍"和"支持条件"的指标要求,使标准体系设计更加完善。"培养目标"指标为我国师范类专业人才培养提供了更明确的目标指引。通过"培养目标"的设置,能够使专业人才培养更好地与行业岗位需求相结合,使我国师范类专业人才培养的逻辑路线更加完善。同时,通过设置"师资队伍"和"支持条件"指标,能够使我国师范类专业人才培养的外部条件得到明确保障。而美国 CAEP 教师教育机构认证标准则对生源质量的要求较高。其在标准中以成绩排名等作为选拔条件,规定了学生进入教师教育专业的最低标准,保障了师范生源头的质量,这一标准值得我国师范类专业认证在进行标准设计时学习借鉴。

三、认证组织程序设计解析

　　师范类专业认证是一项有组织、有计划、按步骤、遵程序进行的高等教育外部质量评价工作。科学合理的认证组织程序设计是认证能够有序开展和有效进行的保障,也是师范类专业认证有效性要研究的内容之一。

(一)认证组织体系设计

　　美国管理学家卡斯特认为,组织(Organization)是有明确的目标导向、精心设计的结构、有意识协调的活动系统,是与外部环境保持密切联系的集体或团体①。从这一定义来讲,我国师范类专业认证的组织体系可以分为认证实施组织和接受认证组织两类,师范类专业认证组织体系设计如图 2-6 所示。

　　认证实施组织是负责实施认证工作的团体,我国的认证实施组织包括教育行政部门、认证专家组织、教育评估机构(也称认证机构)三类。接受认证组织是负责组织协调认证评建工作的团体,我国的认证实施组织为接受认证专业所在高校。因为《实施办法》强调,我国师范类专业认证中强化高校主体责任。高校是接受认证的责任主体,负责被认证专业的质量建设主体责任,包括引导评建、推动改进、提升保障以及认证中的组织协调和对外联系工

① 卡斯特,罗森茨韦克.组织与管理:系统方法与权变方法[M].4 版.傅严,李柱流,等译.北京:中国社会科学出版社,2000:5.

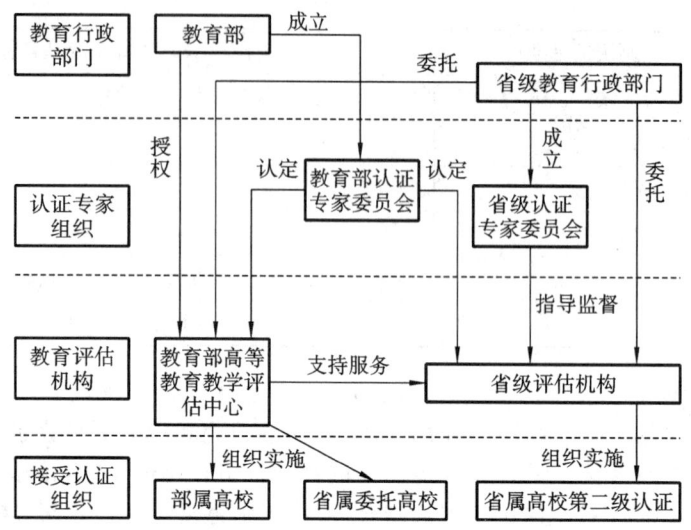

图 2-6　师范类专业认证组织体系设计

作[①]。接受认证组织与认证实施组织一起将共同构成我国师范类专业认证的组织体系,这一组织体系具体分工如下。

(1)教育行政部门是我国师范类专业认证的宏观管理组织,也是认证工作的"甲方"。遵循"省部协同"原则,我国师范类专业认证中的教育行政部门又分为两类,一类是教育部,一类是省级教育行政部门。教育部负责全国范围内认证的宏观管理工作,包括研制认证标准和方案、发布认证相关文件和政策、统筹和协调全国的认证进度、监督和指导全国的认证实施、组建全国认证专家委员会等。省级教育行政部门负责本地区认证的宏观管理工作,包括研制本地区的认证方案、统筹和协调本地区的认证进度、监督和指导本地区认证实施、组建省级认证专家委员会、委托教育评估机构对本地区的高校进行第二级认证等。

(2)认证专家组织是我国师范类专业认证的指导咨询组织。为保证认证的权威性和专业性,我国成立了专门对师范类专业认证进行研究、管理、审定的认证专家组织,分为教育部师范类专业认证专家委员会和省级认证专家委员会两类。教育部师范类专业认证专家委员会对全国实施认证的教育评估机构和具体进行认证的专家进行资质认定,同时对专业认证进行研究规划、咨询指导、申诉受理、结论审定、检查监督等,保证认证的学术性、一致性、权威性。省级认证专家委员会负责对本地区的认证进行研究规划、咨询指导、结论审议、检查监督等。

(3)教育评估机构是我国师范类专业认证的实施组织。按照"管办评"分离的原则,我国师范类专业认证的具体实施工作交由第三方教育评估机构开展。我国具体实施师范类专业认证的教育评估机构分为教育部高等教育教学评估中心(现教育部教育质量评估中心,以下简称"评估中心")和省级教育评估机构两类。其中,评估中心负责全国所有师范类专业的第一级和第三级认证工作,以及部属高校的第一级、第二级、第三级认证和受委托省份高校的

---

①　中华人民共和国教育部.教育部关于印发《普通高等学校师范类专业认证实施办法(暂行)》的通知[EB/OL].(2017-10-26)[2022-03-11]. http://www.moe.gov.cn/srcsite/A10/s7011/201711/t20171106_318535.html.

第二级认证工作,负责全国认证管理信息系统和相关监测平台的建设工作,负责专家库的组建和培训管理,以及接受认证组织的辅导、培训和咨询工作。省级教育评估机构负责开展受委托地区高校的师范类专业第二级认证的实施、咨询、指导工作。

(4)师范类专业所在高校是我国师范类专业认证的责任主体。虽然师范类专业认证是对专业层面进行的认证,但《实施办法》规定,我国师范类专业认证中强化高校主体责任。高校是接受认证的责任主体,负责被认证专业的质量建设,包括引导评建、推动改进、提升保障,以及认证中的组织协调和对外联系工作。因此,高校应该从整体层面做好顶层设计,统筹全局,合理分工,给足政策和条件支持,引导师范类专业想认证、会认证、能认证。

(二)认证程序体系设计

我国师范类专业认证采取分级分类的认证程序体系设计,不同级别的认证定位有所不同,其认证程序和要求也不相同。师范类专业认证流程设计图如图 2-7 所示。

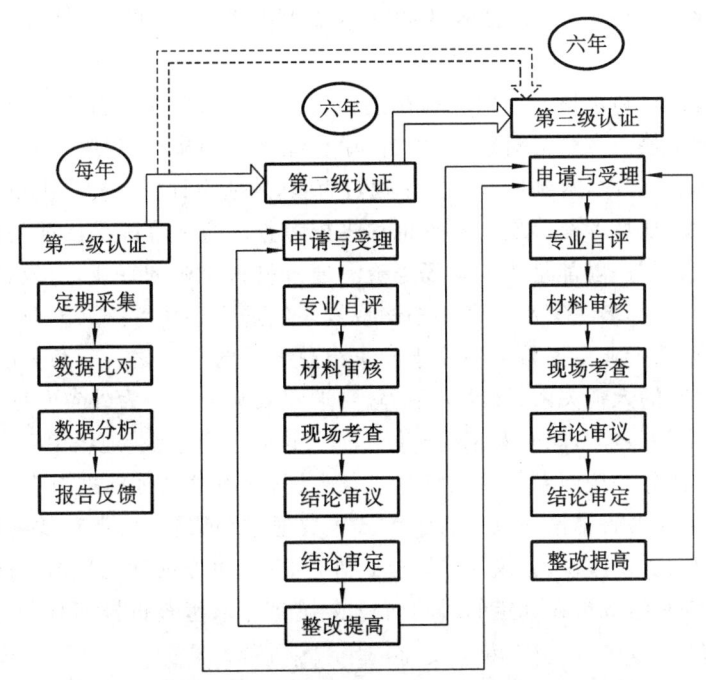

图 2-7　师范类专业认证流程设计图

第一级认证是师范类专业数据常态监测,通过线上方式进行。纳入监测范围的高校必须每年按照要求在高等教育质量监测国家平台进行相应的数据填报。以本科专业为例,此类数据采集与每年 9～11 月份所进行的本科教学基本状态数据同步进行。本科教学基本状态数据采集内容既包括学校整体本科教学数据的 100 余个普通表格,也包括师范类专业补充情况的 10 余个专项表格。采集结束之后,平台对接全国教师管理系统进行数据比对,然后对接教师教育质量监测平台进行数据挖掘和分析,并形成一级监测报告。一级监测报告按照第一级认证标准指标生成,具有基础信息自动分析生成的特点,其中的数据不但来源于师范类专业专项表格,也来源于学校整体的本科教学状态数据表格。这样自动生成的报告,既可以避免专项数据填报时产生的虚报现象,也可以减少高校的重复劳动,达到一次采集多次使用的目的,充分利用大数据理念和技术优势为师范类专业画像、诊断。大数据形成的一级监测报告甚至比许多专业更加了解自己,也更新了高等教育质量管理的思维模式,从过去"专业用几个统计数字,向上级汇报办学情况如何"的思维模式变为"上级通过常态收集的大数据,分析并告诉专业其办学情况如何"的思维模式。

师范类专业第二级和第三级认证所设计的程序相同,都需要经过申请与受理等 7 个阶段[①]。具体每个认证流程设计思路参考《实施办法》,如下。

(1)入口阶段:申请与受理。纳入认证范围的师范类专业拥有相应届数以上的毕业生后,可以本着自愿申请的原则,按要求向相应的教育评估机构提交《认证申请书》及其支撑材料。教育评估机构组织拥有资质的专家,依据认证申请受理条件进行审核,决定是否受理该专业的认证申请。

(2)评建阶段:专业自评。通过受理的师范类专业进入自评阶段。这一阶段专业主要以《自评报告》为线索,对前期相关工作进行梳理提炼和补充完善,并对其中存在的问题进行剖析和改进。自评工作完成后,认证专业须在系统中提供完整的《自评报告》以及其他举证材料。

(3)审核阶段:材料审核。评估机构在接到认证专业的自评材料后,需组织专家对自评材料进行指导和审核。专家会对《自评报告》中存在问题的指标点提出相应意见,专业按照专家意见反复沟通、修改,直到所有专家都通过审核,才能由评估机构给出审核结论。

(4)考查阶段:现场考查。现场考查也称进校考查。这一阶段是认证的重点环节,社会公众印象中的"认证"一般都是指的现场考查。通过材料审核的专业,由教育评估机构按照专业特性组建由 3~5 名专家和 1 名秘书构成专家组进行现场考查。专业认证尤其讲求行业专家的参与,要求行业专家数量不少于专家组总人数的三分之一。为了防止省级评估机构与地方专业之间的人情关系、学缘关系等,要求专家组长必须为外省专家,且省外专家数量不少于总数的三分之一,同时专家组成员不能与该专业有学缘、地缘关系。专家组在进校考查阶段的主要任务是按照专业举证材料进行查证,并按照认证标准对专业各指标点达成情况进行评判,形成考查结论建议。查证方式主要通过调取资料、查阅试卷和毕业论文、听课看课、走访考查、访谈座谈、会议评议等方式进行,并通过专家意见反馈会向高校反馈考查意见。离校后,专家组成员在规定的时间内完成《专家个人考查报告》和《专家组考查报告》,并提交认证系统。

(5)审议阶段:结论审议。教育评估机构在收到《专家组考查报告》后,按照要求组织另一批审议专家对某一时间段进行认证的《专家组考查报告》和认证结论进行集中审议,以保证认证结论评判的合理性和一致性。审议专家依据认证标准,重点审核《专家组考查报告》是否对认证标准逻辑为主线、产出评价机制及质量保障体系建设等关键问题进行了全面的考查和论述,并形成审议意见和审议结论。对于不符合要求的认证结论和《专家组考查报告》,审议专家会返回给现场考查专家组进行修改,对于符合要求的《专家组考查报告》,由教育评估机构整理形成每个专业的《认证报告》,并将审议结果和《认证报告》报教育主管部门。

---

① 中华人民共和国教育部. 教育部关于印发《普通高等学校师范类专业认证实施办法(暂行)》的通知[EB/OL]. (2017-10-26)[2022-03-11]. http://www.moe.gov.cn/srcsite/A10/s7011/201711/t20171106_318535.html.

(6)审定阶段:结论审定。所有教育评估机构的审议结果和《认证报告》由教育部师范类专业认证专家委员会进行统一审定,形成最终认证结论。目前,结论审定一年举行一次,采用无记名投票方式进行。审定结论经认证专家委员会上报教育部后,由教育部按年度统一发文宣布,认证通过时间和有效期以最终发文为准。

(7)整改阶段:整改提高。高校依据《监控办法》和教育评估机构反馈的《认证报告》进行整改。在认证结论公布后 1 年内和 3 年内,高校要分别提交整改工作方案和中期改进工作报告到认证系统中,并在有效期内每年都要向教育评估机构报备年度改进情况。教育评估机构组织专家对整改工作方案和中期改进工作报告进行审议并作出整改结论,提交结论审定委员会和专家委员会审议。

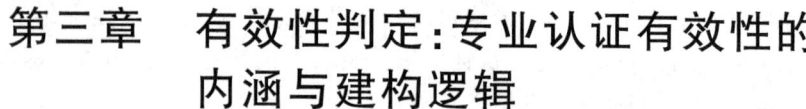

第三章 有效性判定:专业认证有效性的 内涵与建构逻辑

有效性是认证行业的生命线。——朱兰

师范类专业认证有效性的研究必须建立在相应的理论基础之上,需要对有效性的内涵进行仔细梳理和分析,因为当同一个概念被置于不同的情境之中或是由不同的个体进行运用时,这一概念所表达的含义在很大程度上会有所不同[①]。只有在此基础上,才能建构出合理的分析框架,使研究具有一定的理论厚度。

 ## 第一节 师范类专业认证有效性研究的理论基础及运用

没有理论的具体研究是盲目的[②]。在进行师范类专业认证有效性研究之前,找寻理论支撑是必要且迫切的。对师范类专业认证有效性进行研究,既是对师范类专业认证这一公共政策进行的政策评价,也是对专业认证这一师范教育外部评价进行的元评价。因此,对于公共政策评价领域的理论与元评价理论都可以为本研究提供理论支撑。这些理论一方面为师范类专业认证有效性研究打下了坚实基础,另一方面也有助于提高整个研究的理论高度。

一、第四代评价理论及其运用

(一)第四代评价理论概述

第四代评价理论也称第四代评估理论,由埃贡·G. 古贝(Egon G. Guba)和伊冯娜·S. 林肯(Yvonne S. Lincoln)在教育政策评价领域提出。他们在《第四代评估》一书中认为:"评价就是对被评事物赋予价值,它本质上是一种心理构建,评价描述的并不是事物真正的、客观的状态,而是参与评价的人或团体关于评价对象的一种主观性认识,是一种通过'协商'而形成的共同的心理构建"[③]。这一观点引起了评价理论范式的转型,将评价理论范式由实证主义范式转为建构主义范式,为有效解决越来越复杂的现代评价问题提供了一条可行思路。在论述为什么要变革评价方法论范式时,他们认为传统的评价方法论已经不能满足并识别利益相关者以及征询他们主张的需要,由于采用"证实"的方式而不是"探索"的态度,

---

① 卡尔·曼海姆.意识形态和乌托邦[M].艾彦,译.北京:华夏出版社,2001:328.

② 皮埃尔·布迪厄,华康德.实践与反思:反思社会学导论[M].李猛,李康,译.北京:中央编译出版社,1998:214.

③ 埃贡·G. 古贝,伊冯娜·S. 林肯.第四代评估[M].秦霖,蒋燕玲,等译.北京:中国人民大学出版社,2008:1-5.

实证主义者或后实证主义者在评价时只能局限于"证实"的方法，而实证范式除了物理和统计上的控制，并不能充分考虑到社会因素的前后关系，无法提供能够随形势变化而变化的评价手段。传统评价方法对复杂的社会事物进行判断的调查结论备受怀疑，因为在社会科学领域，往往没有唯一的客观事实存在，只有人类构建的多重事实存在。

第四代评价理论认为，在评价过程中首先要在预评估中识别处于风险地位的利益相关者，然后引导利益相关群体对评价对象进行构建并提出他们希望的主张，进而提出一种解释学上的辩证性方案，使不同的建构与主张能够得以理解、批判和考虑，并尽可能得出共识，最后在协商等方式为主的评价中使这一共识得到解决，或反复这一过程，直到共识得到解决。因此，第四代评价理论认为，评价是一种利益相关群体共同参与构建的过程，并提出大众化的相对主义胜于狭隘的专制主义，共享责任胜于独立责任，授权胜于剥夺，理解和欣赏胜于无知，行动胜于无动于衷。如表 3-1 所示，这种基于建构主义的评价理论有着与实证主义不同的评价标准，也体现了评价中价值的多元性。

表 3-1　第四代评价理论的判断标准对比表

标准类型	建构主义	实证主义
平行标准	可信性	内部效力
	可转移性	外部效力
	可靠性	可靠性
	确实性	客观性
真实性标准	公平性	
	实体真实性	
	教育真实性	
	接触反应真实性	
	战略真实性	

除判断标准不同外，基于建构主义的第四评价理论认为，进行评价的目的不应仅仅是像前三代评价理论一样注重从技术层面进行衡量，而应达到更深层的目的，即通过评价对事物进行改进以更加符合多元主体共同建构的价值追求[①]。因此，在第四代评价中所有的利益相关者都与评价"主体"或"参与者"是平等关系，而不是像以往评价中那样与"评价者"或"被评价者"是对立关系。平等的关系使各主体能够充分表达意见并得到回应，因此，可以得到多元化的价值构建与判断，使第四代评价能够更加兼顾"全面性""个性化""弹性化""过程性""多样化"等特点，使评价更具有科学性[②]。

（二）第四代评价理论在本研究的具体应用

在师范类专业认证有效性研究中，第四代评价理论为建构认证有效性分析框架提供了非常重要的理论支撑。

---

① 王莹玥.德国高等工程教育认证制度研究[D].南京：南京理工大学，2017：30-35.
② 卢立涛.测量、描述、判断与建构——四代教育评价理论述评[J].教育测量与评价，2009(03)：4-7.

一是受第四代评价理论启发,师范类专业认证的有效性研究目的应该是通过评价有效性促进师范类专业认证自身更好地发展,而不是仅仅为了测量认证有效性现状。要通过研究反馈提升认证有效性,使有效性评价成为师范类专业认证专业化发展的系统工具。

二是在评价师范类专业认证的有效性时要注意多元主体的全面参与,在研究前期,首先要识别师范类专业认证有效性评价的利益相关者,对包括认证制定者、认证管理者、认证实施者、被认证对象、师范生、用人单位等利益相关群体进行全面调查。使这些利益相关者在师范类专业认证有效性的不同建构与主张方面能够得以理解和考虑,并尽可能得出关于认证有效性的共识。

三是师范类专业认证有效性的评价方法应是实证主义与建构主义并行的,尤其是要采取建构主义范式的方法来评价复杂的社会事务。因此,在研究师范类专业认证有效性时,除要基于技术理性运用调查数据对"事实"层面的有效性进行分析之外,还要采取深度访谈对"价值"层面的有效性进行二次挖掘。

四是受第四代评价理论中通过评价建立价值协商机制的启发,对师范类专业认证有效性的评价过程,其实就是利益相关主体对师范类专业认证有效性产生主张、争议与协商的过程。以有效性评价为抓手,可以调查、分析、调整师范类专业认证中的主张与争议,协商形成具有共识的认证有效性价值观和认证行动。

二、元评价理论及其运用

(一)元评价理论概述

元评价也称元评估,其遵循系统科学反馈控制的原理,为师范类专业认证有效性研究提供了理论支撑。20 世纪 70 年代,在评价领域理论与实践飞速专业化发展之后,评价领域的重心逐步向元评价转移,元评价作为确保和检验评价质量的一种有效措施被提出。元评价就是对评价的评价。与其他专业事物一样,虽然评价是一种检验事物质量的活动,但是其自身也有质量,可能是优秀的,也可能是平庸的,甚至有可能是拙劣的。评价是一项系统的活动,其中很多环节都有可能造成评价自身的质量问题,如理念的不正确、标准的不合理、方案的不可行、设备的不可靠、资源的不充足、人员的不专业、信息的不真实、评判的不准确、监督得不到位、协调得不充分、结果的不公正、公开得不及时、运用得不恰当等,这些都可能直接影响着一项评价的质量和有效性。因此,这就需要建立起对评价的评价,也就是元评价理论产生的意义所在。

美国学者库克(Cook)和格鲁德(Gruder)认为,任何一种评价要想经得起推敲,就必须经过元评价,他们设计了偏向于量化统计的元评价范式。而斯塔弗尔比姆(Stufflebeam)设计了偏向于质性评价的元评价范式。他提出了元评价的两种模式,一种是为了评估决策服务的形成性元评价,一种是为了评估绩效服务的总结性元评价[①]。两者在元评价设计上的区别如表 3-2 所示。

---

① 斯塔弗尔比姆,科恩. 评估理论、模型和应用[M]. 2 版. 杨保平,杨昱,姬祥,等译. 北京:国防工业出版社,2019:28.

表 3-2　Stufflebeam 的两大元评价类型及设计要点表

元评价类型	元评价作用	元评价步骤	元评价对象			
			评价目的	评价设计	评价过程	评价结果
形成性元评价	帮助进行决策制定、方案实施、质量管控、责任管理	描述主要信息、获得所需信息、应用所得信息	评估目的的事前（结束前）评价	评估设计的事前评价	评估过程的事前评价	评估质量改进与评估结果的事前评价
总结性元评价	整合评估项目的价值（如质量、价值、成本等）	描述主要信息、获得所需信息、应用所得信息	整个评估工作优缺点的事后评价			

　　元评价理论兴起于公共政策评估领域，服务于社会的各个层面，其在教育评价领域也有一定的发展与应用，尤其是在国外教育评价界发展迅速。在美国，1984 年美国教育评估标准联合委员会（JCSEE）就出版了《教育方案、计划及教材评估标准》，1944 年修订为《方案评估标准：如何评价教育评估方案》，2011 年又发布了修订版《项目评估标准：评估师与评估使用向导》。如表 3-3 所示，其在 2011 版项目评估标准中又新增了绩效标准。JCSEE 通过建立元评价标准，旨在构建完善的教育元评价理论与实践体系，帮助美国教育评价项目的改进与问责[①]。JCSEE 的元评价理念与标准已成为世界各国构建教育元评价体系的模板和范本，例如，加拿大等国家纷纷参考其标准，制定本国的教育元评价的标准或指导原则。

表 3-3　JCSEE 的教育元评价标准表（2011 版）

维度	具体指标
效用标准	1. 评估者的公信力；2. 关注利益相关者；3. 评估意图的协商；4. 价值认定；5. 相关信息；6. 有意义的进程和产品；7. 及时传播与报道；8. 关注评估后果及影响
可行性标准	1. 项目管理；2. 程序切合实际；3. 情境关联；4. 资源使用效率与效益
适切性标准	1. 包容性；2. 正式的协议；3. 人权和尊严；4. 明晰与公正；5. 透明与公开；6. 利益冲突；7. 财务责任
精确性标准	1. 结论论证充分；2. 有效的信息；3. 可靠的信息；4. 详尽的方案和情境描述；5. 信息管理；6. 良好的设计与分析；7. 明确的评估推理；8. 交流与报道
绩效标准	1. 评估正式文件；2. 内部元评价；3. 外部元评价

　　元评价按照一定的评价理论和价值标准，对一项评价的质量进行检验，运用统计和其他方法，估计评价可能出现的各种偏差及其影响，通过明确指出评价的优劣所在进而加以改进。元评价理论是评价发展到高级阶段的产物，是现代评价体系完善的重要标志，它对评价活动起着规范、监督和辅助改进的作用。实施元评价需要元评价主体有一定的自觉意识和

① Yarbrough D B, Shulha L M, Hopson R K, et al. The Program Evaluation Standards: A Guide for Evaluators and Evaluation Users [M]. 3rd edition. California: SAGE Publications Inc, 2011: 23.

批判性思维,需要在元评价理论的指导下对评价活动进行全面深刻的反思,否则元评价可能又成为另一场"兴师动众的灾难"①。

(二)元评价理论在本研究中的具体应用

对师范类专业认证的有效性进行研究,这本身就是一种元评价研究。从研究问题的选择开始,就得到了元评价理论支撑和思想指引。

第一,教育元评价的研究对象不是教育活动,而是教育评价本身。元评价理论使本研究由研究师范类专业认证推动的复杂师范教育活动转到研究专业认证本身上来,聚焦了研究范围和研究对象,明晰了研究问题和研究重点。

第二,Stufflebeam 提出了元评价两大模式分类,给了本研究在研究思路上的指引。在我国师范类专业认证刚刚铺开的时间节点上,在认证还未完整进行一轮的情况下对其有效性进行元评价,就是要进行 Stufflebeam 所提出的形成性元评价。因此,现阶段对师范类专业认证有效性研究的主要目的是进行一种为决策和改进师范类专业认证服务的元评价,因而在研究理念和研究思路上都偏重 Stufflebeam 倾向的质性评价范式,重点对认证有效性的价值、问题反思与改进进行研究,而不是仅仅停留在测量认证有没有效果的量化评价上。这为本研究提供了分析认证有效性的方法和思路。

第三,JCSEE 的元评价理念和标准为本研究构建有效性分析框架和判定标准提供了指引和参考。其标准中的关注利益相关者、价值认定理念都被融合进了师范类专业认证有效性判定标准中,成为分析和判定认证有效性的重要支撑。

第二节　师范类专业认证有效性的内涵

制定科学合理的师范类专业认证有效性判定标准是本研究的重点,但是如何制定这一标准往往使人无从下手。其实,这些标准可以从"师范类专业认证有效性"内涵的解析出发,将概念内涵分解转化为"可评、可测"的操作化标准内容。

一、有效性内涵的解析

(一)工具书中对有效性内涵的解析

《辞海》中对"有效性"的解释是"关于形式系统的语义性概念,当一个演绎论证的结论必然地跟随其前提而发生时即为有效"②。可以进一步解释为,在一个演绎模型中,任意一组元素公式的前提变化都能使公式在这个演绎模型中的解释为真则为有效。《大辞典》中对"有效性"的解释为"在逻辑学中,如果一种方法能使一个问题的解决变成一种机械性的程序,那么

---

① 霍国强.我国教育元评价的实践缺失及对策思考[J].教育发展研究,2012(Z2):21-25.
② 辞海编辑委员会.辞海[M].上海:上海辞书出版社,1979:163.

此种解决问题的方法就叫有效方法"①。这两种对有效性的解释都带有"普遍适用"的含义。

《中国大百科全书》中认为"有效性"是"衡量测验质量(真实性和准确性)的重要标准,也称为效度"。意思是一种测验它想要测量的东西上的程度。效度又可分为构想效度、效标效度和内容效度,或者是内在效度和外在效度。构想效度是指测量工具理论假设的合理性和达成度。效标效度是指测验结果与测验行为之间的关系性。内容效度是指测验内容的全面性和比率的恰当性。内在效度是指测验中相关变量之间能够存在固定关系的程度。外在效度是指测试结果能够普遍应用的程度②。这一有效性解释为构建师范类专业认证有效性分析框架和判定标准提供了思路,有效性的评价,不仅需要分析认证结果的有效性,还要对内在的认证构想、认证效标、认证内容进行考量,才能使有效性分析更加完整。

《教育评价辞典》中对有效性的解释分为了效益评价、效果评价、效用评价和效能评价。其中,效能评价是对教育机构、人员、经费、物资与教育工作的数量、质量、速度、效果之间关系的价值判断③。这一定义中包含了有效性分析的诸多要素,例如,要对其中的机构、人员、投入等进行数量、质量、结果等方面的多维价值判断。

(二)企业认证领域对有效性内涵的解析

企业质量管理体系认证领域对于"有效性"的研究开展较早。现代管理学之父彼得·德鲁克曾提出,在管理学领域中,有效性强调管理系统对外部环境作出的贡献程度。但如果要获得管理系统有效性,则必须从其内部程序的合理性入手④。我国学者罗国英认为,认证有效性是对认证有效程度的衡量。有效性存在好与坏,显著与微弱,直接与间接,短期与长期,显性与隐性的区别。企业质量管理体系认证的有效性应该包含质量认证体系、认证工作、认证证书3个方面的有效性⑤。

ISO 9000:2008 中对有效性的定义为,有效性是指认证完成策划活动和达到预测结果的程度。根据这一定义,王新平认为,可以将有效性分为质量管理体系有效性和质量管理体系认证有效性。质量管理体系有效性是质量管理体系能够实现预期目标的程度,而质量管理体系认证有效性是指认证给企业带来实际效果的程度。质量管理体系有效性是认证有效性的内在基础,认证有效性是质量管理体系有效性的外在表现。就外部认证有效性而言,应该包括认证体系有效性、认证工作规范性和认证采信度3个方面⑥。

田志友和韩彦芳认为,在理解认证有效性时应把握好认证有效性的内涵和外延。对于质量管理认证而言,有效性既是目的,也是手段。评价质量管理认证的有效性,不但要看其效果是否明显,效率是否高,还要看其提升效益的机会是否多和改善管理的能力是否强。于是,认证有效性的外延可以拓展为有效果、有效率、有效益、有效能等方面,分别对应符合性、时效性、经济性、改进性4个主要领域的成效⑦。

————————

①　三民书局大辞典编纂委员会.大辞典[M].台北:三民书局,1985:2128.

②　中国大百科全书总编委会.中国大百科全书[M].2版.北京:中国大百科全书出版社,2009:24-552.

③　陶西平.教育评价辞典[M].北京:北京师范大学出版社,1998:100-102.

④　彼得·德鲁克.认识管理[M].慈玉鹏,周正霞,译.北京:机械工业出版社,2021:7-8.

⑤　罗国英.质量体系认证有效性的剖析(上)[J].电子质量.1999(04):53-56.

⑥　王新平.企业质量管理体系认证有效性的实证[M].北京:知识产权出版社,2010:105-191.

⑦　田志友,韩彦芳.认证有效性:从感知到提升[M].上海:上海交通大学出版社,2016:25-27.

（三）公共政策评价领域对有效性内涵的解析

师范类专业认证可以看作是为了完善师范教育外部质量保障体系所出台的一项公共教育政策。因此,公共政策评价领域对于有效性的内涵解析的观点对研究师范类专业认证有效性有着重要的借鉴意义。在访谈中,有的专家甚至指出,对于师范类专业认证有效性的研究,其实本质就是一种公共政策执行评价研究。

埃贡·G.古贝和伊冯娜·S.林肯在对西方评估理论进行梳理的基础上提出了第四代评价理论,其与前三代评价理论的区别如表3-4所示。第四代评价理论超越纯粹科学范畴(即仅为获取事实),而涵盖了人性的、政治的、社会的、文化的以及其他相关因素。他们认为,教育政策有效性的评价应该从测量、描述、判断上升到一个基于响应式聚焦和建构主义方法论的新高度中[①]。这一理论不但成了研究师范类专业认证有效性的理论基础,也使有效性内涵解析突破了事实测量的狭隘眼界。

表3-4　西方评价理论发展阶段表

	第一代评价	第二代评价	第三代评价	第四代评价
时间	第二次世界大战以前	第二次世界大战至1967年	1968年至20世纪80年代	20世纪80年代之后
评价方法	测量	描述	判断	协商
方法论范式	科学范式	科学范式	科学范式	构建主义范式
评价者角色	技师(专家)	描述者	评判员、决策者	相关利益者
特点	管理主义、价值一元、证实价值、价值中立	管理主义、价值一元、证实价值、价值中立	管理主义、价值一元、证实价值、价值中立	价值多元、探索价值、不寻求绝对的价值中立

同样,美国学者威廉·N.邓恩指出,政策有效性评价标准不是简单的政策效果,而是要确定一项政策的价值或社会效用[②]。弗兰克·费希尔提出了超越传统政策评价狭隘的"事实—价值"两分法的"实证辩论"评价模式,它系统整合了理论家的"价值—批评"问题和政策科学家的经验主义想法。"实证辩论"评价模式提出了公共政策评价的二维顺序逻辑(如表3-5所示)和包含"项目验证、情景确认、社会论证、社会选择"的4个评价阶段,形成了一种新的公共政策评价方法论框架[③]。他认为,政策有效性内涵不仅仅要进行技术层面的分析,更要进入宏大的社会系统中去论证政策的价值以及贡献。

---

① 埃贡·G.古贝,伊冯娜·S.林肯.第四代评估[M].秦霖,蒋燕玲,等译.北京:中国人民大学出版社,2008:1-5.

② 威廉·N.邓恩.公共政策分析导论[M].4版.谢明,伏燕,朱雪宁,译.北京:中国人民大学出版社,2011:248-249.

③ 弗兰克·费希尔.公共政策评估[M].吴爱明,李平,等译.北京:中国人民大学出版社,2003:16-19.

表 3-5　公共政策评价的二维顺序逻辑表

层面	论点	组织问题
第一顺序评价	技术—分析论点: 项目验证(结果)	按照经验该项目达到既定目标了吗?
	相关论点: 情景确认(目的)	项目目的与问题情景有关吗?
第二顺序评价	系统论点: 社会论证(目标)	政策目标对于社会整体有方法性或者贡献性的价值吗?
	意识形态论点: 社会选择(价值)	(构成社会秩序)组织的基本理念(或者意识形态)为解决冲突提供了合理的基础吗?

　　国内学者王春福也认为,公共政策的有效性不但包含政策所产生的效果,而且包含政策的效应,也就是一项政策对整个社会产生的综合影响。这样才能完整地评价一项公共政策在社会系统中是积极的还是消极的,是有效的还是无效的[①]。

　　彭国富和张玲芝提出公共政策有效性就是政策行为与政策目标的一致性。如果政策行为与政策目标是一致的,那么政策就是有效的。但是,政策有效性又是多主体博弈和多因素作用的共同结果。政策有效性评价应该包含政策科学有效性评价、政策传递有效性评价和政策效应有效性评价[②]。

　　国内许多学者提出公共政策有效性的内涵需要从多角度进行解析,例如,李允杰和丘昌泰认为,对公共政策有效性的评价应该从管理、政治和法律的多重评价视角解析,不同视角下有不同的考量标准,具体如表 3-6 所示[③]。

表 3-6　政策评价的考查视角与考量标准

考查视角	考量标准
管理视角	效能
	效率
	经济性
政治视角	代表性
	反应度
	责任
法律视角	平等保障
	程序正义
	相关民众权益

　　学者贠杰和杨诚虎认为,目前,对公共政策有效性的评价已进入综合化系统评价阶段,

①　王春福.试论政策评价及其标准[J].学术研究,1993(3):1-4.
②　彭国富,张玲芝.再就业税收政策有效性评价理论研究[J].统计研究,2007(4):58-62.
③　李允杰,丘昌泰.政策执行与评估[M].北京:北京大学出版社,2008:155.

公共政策有效性评价要涵盖方案评价、系统评价、过程评价、政策评价、效率评价、信息评价、标准与方法的再评价等多方面内容①。如表 3-7 所示,在研究视角上也要运用多元视角去研究公共政策有效性并制定政策综合评价标准,除对技术层面的经济标准、效益标准、效率标准、过程标准等进行考虑外,还要重点从公正标准、社会标准、科学标准、可行性标准等社会政治性层面进行考查和判断。

表 3-7　政策综合评价标准

层面	类型	指标
技术标准	经济标准	总成本及其结构、平均成本、机会成本、边际成本
	效益标准	实际效果、效果的充分性
	效率标准	技术效率、经济效率
	过程标准	执行组织、运行过程、执行时间
社会政治标准	公平标准	
	社会标准	
	科学标准	回应性、适当性
	可行性标准	技术可行性、经济可承受性、政治可行性、行政可行性

(四)教育评价领域对有效性内涵的解析

袁振国教授认为,教育政策评价是指按照一定的价值理论或准则对教育政策对象发展变化进行的价值判断,包括预评价、执行评价、后果评价三个阶段,每个阶段有不同的评价准则,具体如表 3-8 所示。对于教育评价的有效性尤其体现在后果评价中,包括了效果评价、效益评价和影响评价三个方面。效果评价是对教育政策目标的实现程度进行的评价,效益评价是对政策投入和产出关系进行的评价,影响评价是对政策在社会系统中所起作用或产生影响进行的评价②。

表 3-8　教育政策评价准则表

评价阶段	评价准则
预评价	认定问题是否正确
	政策目标是否恰当
	政策是否依照方案进行
执行评价	政策执行的资源是否充足
	政策执行机构是否健全
	宣传、传播对象是否适宜
	是否因时、因事、因地制宜
	是否具有监督机制

---

① 贠杰,杨诚虎.公共政策评估:理论与方法[M].北京:中国社会科学出版社,2006:10.
② 袁振国.教育政策学[M].南京:江苏教育出版社,2001:347-381.

续表

评价阶段	评价准则
后果评价	政策效果是否明显
	政策效益是否最佳
	政策影响是否最好

刘复兴教授指出，教育政策的有效性主要是指政策的效能，是政策效益、政策效率、政策效果的统一。教育政策的有效性主要是一个程序性问题，本质是设计中的"价值选择—实践"中的"行动选择—程序"中的合规律性的统一。教育政策的有效性，既包括社会选择中获得价值的有效性，也包括实现这一价值选择的政策行为过程的有效性[1]。

赵立莹认为，教育评估中的有效性评价包括目标确定、实现能力、实现效果三个核心要素。教育评估的有效性就是其达到目标的能力及目标实现的情况。她构建了教育评估有效性判定的"二维五要素"评价框架，具体如表 3-9 所示[2]。

表 3-9　教育评估有效性判定的"二维五要素"评价框架表

层面	类型	指标
评估效度	评估指标方法设计	评估指标与质量的相关性； 资料收集方法的多样性； 参与者的多元性
	评估实践过程	评估者的专业水平； 评估伦理的操守程度
	评估结果处理方式	评估发现交流的便捷性； 数据处理的客观性
评估效果	评估结果利用程度	是否利用评估反馈信息进行了专业改进； 在政策制定中是否采取了评估建议； 是否将评估标准与建议用到了日常行为中
	评估产生的影响力	评估结果是否有效促进专业的实践发展； 评估发现是否对专业文化产生持久影响； 评估实践是否对专业发展理念产生了积极影响

周湘林认为，教育政策的有效性评价应当从事实与价值两个维度，对政策制定、政策执行及政策结果等方面进行全过程综合性评价。他提出了以目标为中心、以事实与价值为准绳的评估有效性评价标准框架[3]，具体如表 3-10 所示。

① 刘复兴.教育政策价值分析的三维模式[J].教育研究,2002(04):17-18.
② 赵立莹.美国博士生教育质量评估体系发展研究[D].武汉:华中科技大学,2009.74-75.
③ 周湘林.中国高校问责制度重构[D].武汉:华中科技大学,2010:86.

表 3-10　以目标为中心、以事实与价值为准绳的评估有效性评价标准框架表

标准	准则
目标科学性	针对性
	充分性
	公平性
过程合理性	真实性
	公正性
	效率
目标达成度	效果
结果的长效性	效应
	效能

　　周光礼教授认为,教育学界对于评估或认证有效性这一概念的界定目前尚存在争论。有的学者将评估或认证有效性直接定义为评估或认证的效度,即这种评估或认证在多大程度上测量了想要测量的东西,反映出的是其真实性和准确性程度[1]。有的学者将评估或认证有效性定义为评估或认证制度目标达成情况,以及产生效果的能力。评估或认证有效性的关键是达成一种大多数利益相关者都同意的行动计划[2]。

二、师范类专业认证有效性内涵的解析

　　通过上述不同领域对有效性内涵的解析发现,师范类专业认证有效性是一种对师范类专业认证"体系、过程、结果"中的"效度、效力、效能"在"事实"与"价值"层面进行的综合性系统评价。对于师范类专业认证有效性的解析,可以从评价要素、操作化内容两个方面使其分解转化为"可评、可测"的评价标准。

(一)师范类专业认证有效性内涵的评价要素分解

　　首先,有效性是对师范类专业认证从"事实"与"价值"双重层面进行的综合性评价。事实评价是认证有效性的自然属性,关注认证的实际效果。价值评价是认证有效性的社会属性,关注认证的导向。社会属性层面的价值评价是在有效性评价中经常被忽视的内容,也是本研究中的重点与难点之一。任何一种评价都是判断价值,从本质上而言,评价就是一种价值认识的活动[3]。有效性评价虽以事实为基础,但其本质体现于特定价值关系中的价值属性。马克思曾经提出,"商品的有用性不是悬空的,离开了商品主体就不存在了"[4]。这说明,不同的主体面对同一件事物,会因其需求不同,给出不同的价值判断。认证有效性也是如

①　周光礼.高等教育质量评估体系的有效性:中国的问题与对策[J].复旦教育论坛,2012(02):10-14.
②　周光礼.中国高等教育质量评估体系有效性研究[M].长沙:湖南人民出版社,2011:1-2.
③　冯平.评价论[M].北京:东方出版社,1997:23.
④　马克思.马克思恩格斯全集第 32 卷[M].中共中央马克思恩格斯列宁斯大林著作编译局,编译.北京:人民出版社,1998:48.

此。有效性作为一种价值属性的体现,与价值主体和价值关系的满足程度密切相关,离开了主体的需求和价值关系,认证的有效性便没有了意义。分析有效性不但要看事实结果,也要进行价值层面的考量①,这一观点在公共政策研究领域已经讨论了 20 多年,并逐渐形成了统一意见。

其次,认证有效性包含对认证体系设计、认证过程和认证结果三个维度的有效性评价。"前提""过程""结论"是"有效性"内涵中的三个核心要素,认证体系的有效性、认证过程的有效性和认证结果的有效性构成了师范类专业有效性的三个基本维度。认证体系的有效性类似于学者所讲的"预评估"或"效度评估",是得到师范类专业认证有效性的前提。如果一项认证在其目标、理念、标准、方案、政策衔接等方面就存在问题,那么其整体的有效性必然受到影响,很有可能成为"伪认证"或"无效认证"。认证过程的有效性是师范类专业认证有效性的基础,尤其是在认证过程中,认证人员的专业水平和职业操守、被认证单位的认识程度和自评自建程度等都对认证有效性产生着重要的影响。认证结果的有效性是师范类专业认证有效的落脚点,也是在有效性研究时最容易想到但是又容易片面思考的一部分有效性。认证结果的有效性需要在目标达成、结果应用和长效改进三个方面都予以涵盖。尤其是师范类专业认证本身就将"持续改进"作为三大认证理念之一,对于认证有效性分析,不能只盯着"通过"或"有条件通过"的认证结论,还要充分考虑持续改进和提升的长效结果综合评价其有效性②。

最后,师范类专业认证有效性涉及效率、效益、效度、效力、效能等方面评价准则,但又不仅仅是认证效率、认证效益、认证效度、认证效力、认证效能几方面的简单相加,而是要通过一套系统的判定框架,选择合适的评价准则进行综合判断。师范类专业认证的体系有效性,是指认证设计的目标、标准、程序、方法的科学性、合理性等有效程度,可以称之为认证设计效度。师范类专业认证的过程有效性,是指在认证过程中利益相关主体通过规范、真实、充分的活动产生理想效果的能力,可以称之为认证执行效力。师范类专业的结果有效性,是指认证所能产生的结果及结果应用对专业质量发展产生影响的功能,可以称之为认证成果效能。因此,用效度、效力、效能三个评价准则分解认证有效性更加合适。

(二)师范类专业认证有效性内涵的操作化分解

在对师范类专业认证有效性内涵进行评价要素分解的基础上,可以从具体事实层面,将师范类专业认证有效性内涵分解为以下具有可操作性的"可评、可测"内容。

第一,师范类专业认证体系有效性也是认证的设计效度。这部分有效性内涵可以分解为利益相关者对于以下内容的评价。例如,认证的目标设计是否适切;认证对于利益相关群体的诉求是否足够关注;认证的规划是否合理;认证的指标体系是否科学合理;认证的标准难易程度是否适当,是否可行、可测;认证的整体方案是否可行;认证的程序、方法设计是否合理;认证是否提供了规范化可操作的完善配套文件与工具;认证是否进行了充分的培训与宣传;认证是否构建了专业化的组织机构及实施体系;认证体系结构是否合理,各部分是否能够配合,形成运转流畅的认证系统;认证体系是否有自我纠错与改进机制;认证设计是否

① 弗兰克·费希尔.公共政策评估[M].吴爱明,李平,等译.北京:中国人民大学出版社,2003:16-19.
② 吴钰濛.高校师范类专业认证课程设置研究——以学前教育专业为例[D].重庆:西南大学,2021:56.

与新时代教师队伍建设等其他相关政策有效衔接,并获得其他政策的有效支持。

第二,师范类专业认证过程有效性也是认证的执行效力。这部分有效性内涵可以分解为利益相关者对于以下内容的评价。例如,认证是否有完善的专家遴选、培训、评价机制;专家库是否能满足认证任务需求;进校考查专家组的人数和结构等是否配备合理;认证专家的知识储备和能力素质是否能够胜任认证工作;认证专家是否保证了充沛的精力和端正的态度;认证专家是否严格按照认证标准作出评判;参评单位是否对认证有正确的理解和期望,评建态度是否端正;师生、基地等相关主体是否都广泛参与了专业自评自建,投入度是否高;参评单位自评自建工作开展是否深入,是否取得实效进展;认证进校考查日程安排是否合理、有序,时间是否充裕,沟通是否充分;认证过程是否能够深入了解到参评单位的真实情况;认证过程中的交流与评判是否能够帮助参评单位总结与提升相关工作;机构在认证过程中是否进行了有效的介入和监管;认证过程中是否能保证获得的信息准确、真实;认证是否严格按照既定标准和程序进行,是否有弄虚作假的现象。

第三,师范类专业认证结果有效性也是认证的成果效能。这部分有效性内涵可以分解为利益相关者对于以下内容的评价。例如,认证的预定目标是否得到实现;认证的各项标准是否得到充分达成;《认证报告》和认证结果等是否客观、公正、公开;各利益相关者对认证结果是否认可,满意度是否高;认证结果使用是否得到落实;认证工作效率是否高,结果反馈是否及时;参评单位认证后是否有较大收益,竞争优势是否增强;教育行政部门在相关政策制定中是否采信了认证结果;认证后参评单位是否建立了长效整改机制,认证结果是否有助于参评单位今后的改进和提升;认证后认证机构是否对参评单位进行跟踪服务,是否能够督促和帮助参评单位整改提升。

第三节　师范类专业认证有效性分析框架的建构

分析框架是确定研究如何进行的桥梁和路径。只有经过反思凝练,构建出相对严整的认证有效性分析框架之后,对于认证有效性的研究才可能是相对系统和整体的,才可能避免研究中的零散性和经验化。本研究的对象是师范类专业认证,切入点是有效性,将认证有效性内涵与第四代评价理论和元评价理论相结合,形成了分析框架的主要脉络。

一、有效性分析框架的前提:有效性评价理念的更新迭代

(一)用什么样的质量观来看待师范类专业认证有效性

"要研究和解决新阶段的高等教育难题,首先要转变传统的教育质量观"[①]。同样,要研究师范类专业认证有效性问题,也要首先转变传统的认证质量观。有的利益相关者认为,即使一个专业通过了认证,其现在培养的师范生与以前培养的师范生质量相比,也存在一些差距,专业认证的作用好像比较有限。出现这种观点,除专业认证自身质量可能存在问题外,

---

① 潘懋元.高等教育大众化的教育质量观[J].清华大学教育研究,2000(01):15.

也包含一个认证质量观转变的问题。因为部分利益相关者在进行认证有效性评价时，"总把自身的价值观和质量观作为唯一的评价标准"[①]，而没有充分吸收用人单位、同行专家、学生等其他相关利益者在师范类专业认证中的价值取向，更没有考虑到精英教育阶段和普及化教育阶段的质量观转变问题。

从精英阶段的一元的、绝对的教育质量观变为普及化时代的多元的、发展的教育质量观，这背后是社会政治、经济、环境变化对高等教育职能要求的变化，是时代对高等教育的要求从满足基本受教育权利到实现个性化发展的变化。因此，在分析师范类专业认证有效性时，不能只运用精英化时代的目标和标准来看待普及化时代的师范类专业认证。例如，师范类专业认证的利益相关者涉及专家、教师、学生、社会，认证标准涉及课程、师资、实践、学生发展等诸多方面，在分析师范类专业认证的有效性时，应该从多主体视角来看待师范类专业认证的有效性，要综合考虑认证满足利益相关群体的价值需要。不能再简单用生师比 1∶5 时期的"精英"眼光去评价人才培养质量。而是要用生师比 18∶1 时期的"群英"眼光去看人才培养对当前社会庞大需求的满足和贡献程度来判断其质量。

还有一点值得注意的是，现阶段高等教育质量观正在从一种以分数、等级表示的绝对高等教育质量观变成一种以成长、特色表示的发展质量观。例如，对高等学校教学质量的评估已经从水平评估模式发展到审核评估模式。这种质量观更加注重质量中的特色和改进，而不是原来只注重于测量和定级的质量观。因此，对于师范类专业认证有效性的认识也应该有所转变，结合实证主义的质量观和建构主义的质量观，在测量、判断认证有效性的基础上，更加注重挖掘认证所带来的质量增值、学生个性化发展，以及为解决社会问题所作出贡献等方面的有效性价值。

（二）"有效"的有限性和相对性：如何理性看待师范类专业认证有效性

类似于美国经济学家赫伯特·西蒙（Herbert A·Simon）提出的"有限理性"，我国师范类专业认证的目标和作用也是有限的，师范类专业认证的有限有效性和相对有效性是一种必然现象。因此，在师范类专业认证如火如荼开展之时，恰恰要冷静审视认证的有效性，理性看待专业认证的应有作用。既不能将认证当作一种"负担"，也不能将其当作一种"特效药"。

首先，师范类专业认证是一种师范教育外部质量保障手段。同其他的外部质量保障手段一样，认证需要通过"以评促建"等方式内化为师范教育的内部质量才能深入发挥作用。师范教育发展过程中产生的积弊是一个复杂的体系性问题。除师范教育供给方面的原因外，社会转型阶段的外部环境因素、教师职业吸引力下降导致的生源下降、优质中小学招聘条件过高、优质中小学对于师范生实习的排斥等需求方面的原因也是制约师范教育培养质量的关键因素。尤其是从师范教育走向教师教育的开放化过程中，师范生的培养质量已经不仅仅是高校专业教育这一个环节能够完全决定的，更需要社会、高校、中小学进行"多位一体"的协同育人，才能收获高质量的师范毕业生。因此，师范教育发展过程中产生的积弊不能指望仅仅用一次专业认证就"包治百病"，也不能指望师范类专业认证像一味"特效药"那样，一经实施就"药到病除"。保障师范教育质量本身就不是一道只有专业认证唯一答案的"单选题"。认证只是师范教育改革和质量保障中的一个组成部分，只依靠师范类专业认证

---

① 温雪梅，孙俊三.论教育评价范式的历史演变及趋势[J].现代大学教育，2012(01)：51-55.

必然不能完全解决师范教育的种种积弊。不能将所有"师范教育中的无效"都归因于"师范类专业认证的无效"。

其次,师范类专业认证作为一种外部评价,其本身也有自身的天然缺陷。专业认证本质是一种机构准入性评价,是一种基于标准的认可性教育评价,是一种兜底不比高的达标评价,只能评"差不差",而不能评"好不好"①。专业在认证标准之上还有更高的探索空间和百花齐放的追求,规范办学不等于专业建设,更不等于特色发展。尤其是不能将专业认证标准完全等同于师范教育评价标准,否则会带来削足适履、同一化办学等问题。比如说,认证中普遍采用的专家评判方式非常依赖于认证专家的能力和水平,而认证专家虽然经过多轮培训,但也不可能百分之百理解和践行认证的理念标准。认证专家们在进行专业评建指导和结论评判时的尺度可能天然存在不一致性。

再次,各利益相关者对师范类专业认证有效性的评判并非存在一种客观的、绝对的事实标准,而是更接近一种价值判断。价值判断是以其对认证规律的把握和自身对认证的目的期待为基础的。这种把握和期待不是绝对的,而是相对的。利益相关主体不同,价值需求不同,其有效性的评价也就不同。因此,师范类专业认证有效性不存在绝对意义上的客观评价,也不存在绝对的有效。并且认证有效性的评价是一种教育元评价,需要对认证及评价有更高层次的把握才能较好进行评判。访谈中发现,有的利益相关者将对于认证的价值判断和对于师范教育的价值判断混淆在一起。在与这些不同利益相关者的理解、主张、期望、焦虑进行协商并达成有效性共识的过程中,师范类专业认证有效性这种教育元评价更具有建构性和相对性。

最后,在不同时空中,师范类专业认证有效性含义不同。认证有其阶段性划分,每个阶段的目标和使命不同,在不同阶段中,外部环境对认证的要求也有所不同,认证在不同的历史阶段中的有效性含义也会有所不同。例如,第一轮认证与第二轮认证的目标就不同,不能用第二轮认证的目标来评价第一轮认证的有效性,并且认证的有效性显现有时不是一蹴而就的,认证有效性的显现可能需要一定的时间进行沉淀,第二轮认证的效果的显现可能需要建立在第一轮认证有效的基础上。因此,在分析师范类专业认证有效性时,不能用高于现阶段的评价标准和无视时空环境的要求去看待现阶段的认证。

(三)元评价理念应随评价理念的变革而更新

当前,教育评价理念正处于更新迭代时期。在国内,以《深化新时代教育评价改革总体方案》的发布为标志,中国的教育评价理念也开始更新改革。文件提出,教育评价要"强化过程评价,探索增值评价,健全综合评价"②,这是对现阶段教育评价理念改革的要求和指导。那么在教育评价更新迭代之时,对教育评价进行的元评价也应该更新理念。也就是说,对于师范类专业认证有效性的评价理念也应该随着评价理念的迭代而更新。

---

① 李志义.对我国工程教育专业认证十年的回顾与反思之二:我们应该防止和摒弃什么[J].中国大学教学,2017(01):8-14.

② 中共中央　国务院.深化新时代教育评价改革总体方案[EB/OL].(2020-10-13)[2022-03-11].https://www.gov.cn/zhengce/2020-10/13/content_5551032.htm.

首先，新时代对教育评价改革的要求也是对教育元评价改革的要求。如果说教育评价在教育管理中具有指挥棒的作用，那么元评价就是指挥棒中的指挥棒。如果对教育元评价的理念不及时更新，或者是超前更新，那么其对教育评价改革的促进作用也将大打折扣。随着《深化新时代教育评价改革总体方案》的发布，元评价也应从注重结果评价改为更倾向于对教育评价进行过程性、增值性以及综合性的评价。当然，师范类专业认证有效性评价在注重理念更新和方法迭代的同时，也要坚持在目标明确和标准科学的实证技术基础上进行评价，使师范类专业认证有效性评价不异化为一种公共关系评价或一种伪元评价。

其次，应以第四代评价理论等先进理论为指导，从单纯的实证主义范式走向实证基础上的建构主义范式的元评价。评价理论已经从第一代迭代到第四代，元评价也应该从简单的实证主义范式逐渐发展到建构主义范式，或者是在实证基础上的建构主义范式，以解决愈发复杂的社会领域评价问题。尤其是面对《深化新时代教育评价改革总体方案》的新要求，对于教育评价的元评价应该从注重结果评价的实证主义范式改为倾向于过程性、增值性以及综合性评价的建构主义范式。因此，对于师范类专业认证有效性的评价，应超越简单的技术理性评价方式，脱离单纯用孤立的指标和冰冷的数值对认证有效性进行测量，在实证数据分析基础上加入访谈等质性分析内容，二次挖掘现实情景中的真实有效性与全面有效性。

最后，有效性评价应从终结性元评价更新为形成性元评价，改变传统的评价观过于强调评价的评定功能的惯性。如果过于强调评价的评定功能，则必然导致师范类专业认证有效性评价产生"极端的管理主义倾向"①。终结性元评价反馈给被评价对象的往往只是一个或优或劣的有效性评定结果，至于为什么会有这样的有效性结果、有哪些有效性不足、为什么会出现这些有效性不足、应该如何改进有效性等，被评价对象却不得而知。师范类专业认证有效性研究的目的，不仅仅是要检验认证的有效性状况并给出一个分数，更要建构一条提升认证有效性的合理路径，协商出一种大多数利益相关者都同意的有效性改进行动计划并付诸实施。

二、有效性分析框架的构思

在寻求了理论支撑、解析了有效性内涵以及进行了元评价理念反思之后，下一步尝试按照"层次—维度—准则"的逻辑顺序，构建一个科学合理的师范类专业认证有效性分析框架。

(一)认证有效性分析的"层次"

师范类专业认证有效性具有"事实评价"和"价值评价"双重属性特征，需要进行"事实"和"价值"两个层面的分析。尽管通过实证调查数据分析得出的结果是评价有效性最直接的方式，但是第四代评价理论与形成性元评价理论告诉我们，分析师范类专业认证有效性应该从更多元的主体、更广泛的功能、更宏大的视角去挖掘事实基础上的认证有效性价值。可以这样讲，师范类专业认证有效性评价带有"事实评价"和"价值评价"的双重属性特征，事实评价是其自然属性，关注认证的实效如何；价值评价是其社会属性，关注认证的导向如何。双重属性就如同 DNA 的双重螺旋般交织在一起，只有对两个层面的有效性都分析得当，才能

---

① 蔡建东,范丽恒.课堂教学质量评价标准构建方法新探[J].郑州工业高等专科学校学报,2003(03):56-57.

呈现有效性的全部面貌,只研究任意一方都不能得到理想的效果。

以往公共政策领域的大多评价都集中于事实层面的测量,而忽略了价值层面的探寻。因此,弗兰克·费希尔提出了超越传统政策评价狭隘的"事实—价值"两分法的"实证辩论"评价模式,提出了政策评价的二维顺序逻辑。其认为,除第一顺序的项目结果有用性(项目验证)评价外,还应注重从第二顺序的价值层面发掘项目对社会整体的价值贡献(社会论证)和项目为解决社会问题提供的合理基础(社会选择)①。在师范类专业认证有效性分析框架构建中,应努力实现在第一顺序评价(事实验证)的基础上,对第二顺序评价(价值论证)理念的探索与实践突破。在这样的构思下,本研究尝试建立"事实基础上的价值综合评价"有效性分析框架。这一分析框架并不是认为事实层面的认证有效性不重要,而是在目前对价值层面有效性普遍忽略的特定阶段所进行的一种强调与应对措施。

(二)认证有效性分析的"维度"

按照有效性内涵分析,师范类专业认证有效性应包含认证设计、认证过程和认证结果三个部分,这三个部分构成了师范类专业认证有效性分析框架的三个维度。在总体的师范类专业认证有效性中,认证体系有效性是前提,认证过程有效性是基础,认证结果有效性是关键点和落脚点。只有对师范类专业认证有效性进行全方位、多维度的评价,才能呈现认证有效性的全貌。

值得一提的是,本研究构建的"体系—过程—结果"三维分析框架,与赵立莹和周湘林两位博士所建立的"设置—过程—达成—长效"四维框架有所不同,这里将"目标的达成度"和"结果的长效性"合并成为"结果有效性"。但这并不意味着对"结果的长效性"的忽视,而是因为在师范类专业认证将"持续改进"作为其三大理念之一的背景下,没有必要再像过去"重评不重改"的本科教学工作水平评估时代一样,着重强调结果的长效性和改进的持续性,并将其作为一个单独的分析维度。在师范类专业认证中,"持续改进"已经作为认证的基因融入了认证的体系、过程和结果的全过程中。因此,本研究在充分吸收前期研究精华和充分考虑师范类专业认证实际情况的基础上,将师范类专业认证有效性划分为认证设计、认证过程和认证结果三个维度进行分析。

(三)认证有效性分析的"准则"

既然是研究师范类专业认证的"有效性",就要围绕着"效度、效力、效能、效率、效果、效益"等有效性准则关键词和有效性评价标准展开,通过建立一个合理的框架,使认证的效度、效力、效能、效率、效果、效益有机结合起来,成为师范类专业认证的有效性。

有效性与效率有一定关系,但有效性不等于效率。效率评价的是产出与投入的关系,是一种定量的评价,但是有效性不仅包含技术层面的定量属性,也包含社会性和影响力等定性属性。有效性不等于效果,效果评价是产出评价,重点是评价实际活动的结果,而有效性并不一定只体现在认证结果中,更重要的作用可能存在于认证过程中。有效性不同于效益,效益评价的是对符合主体利益的部分有益结果,而有效性如同质量一样,是一个中性概念,质量有好有坏,而有效性有高有低。有效性除要强调结果与目的吻合性外,还要看到认证实践

---

① 弗兰克·费希尔.公共政策评估[M].吴爱明,李平,等译.北京:中国人民大学出版社,2003:16-19.

活动本身的作用和能力。因此,在经过分析师范类专业认证有效性内涵结构之后发现,用效度、效力、效能三个评价准则分析认证有效性更加合适。认证体系有效性可以用认证设计效度表示,认证过程有效性可以用认证执行效力表示,认证结果有效性可以用认证成果效能表示。

学者张远增在其著作《公共政策执行评估学理》中,将公共政策价值链的生成途径分为了"奠基、概化、具化、分化、优化"[①]等过程。按照这一观点,可以尝试将师范类专业认证这一公共政策的体系设计、实施、结果等阶段进行类比,构建包含价值"概化、具化、优化"的师范类专业认证价值链生成过程体系,并使用相应的"效度、效力、效能"准则关键词与这些价值链环节相对应。

将以上对于师范类专业认证有效性分析的"层次""维度""准则"构思综合起来。继续围绕"层次—维度—准则"的逻辑顺序,尝试构建师范类专业认证有效性分析框架,具体如表3-11所示。这一分析框架按照第四代评估理论和元评价理论构建,力求改变单向度的事实有效性评价,超越单纯的实证主义技术理性而进行实证基础上的利益相关群体关于认证价值选择与论证的综合评价。

表 3-11　师范类专业认证有效性分析框架

认证 事实分解	认证 价值分解	认证 价值论证	认证有效性 评价维度	认证有效性 评价准则
认证设计	价值的概化	观念上的价值协商与构建	体系有效性	设计效度
认证实施	价值的具化	活动中的价值塑造与传递	过程有效性	执行效力
认证结果	价值的优化	结果中的价值判断与实现	结果有效性	成果效能

第四节　师范类专业认证有效性标准的判定逻辑

我国已经开展了多轮高校教学工作评估以及各专业领域的专业认证。可以说,目前我国高等教育评估的标准已经初步建立,但我国至今没有建立具有广泛共识的高等教育元评价的标准,也缺乏高等教育元评价实践。因此,沿着分析框架的脉络,构建一套科学、合理且切实可行的认证有效性标准,不但是有效性研究的关键步骤,也是推进师范类专业认证制度专业化进程的关键一步。

一、认证有效性标准的判定原则与主体

(一)价值判断与事实判断兼顾:师范类专业认证有效性标准判定的原则

法国学者斯泰凡·奥德吉曾经说过,"如一朵本无意义的云,出于一种需要,便得到了一个解释,获得了一个形象,于是人们就再也无法从这种形象中抹去,再也看不到原来的那朵

---

① 张远增.公共政策执行评估学理[M].北京:中国社会科学出版社,2018:53-54.

自然而然的云了"①。师范类专业认证有效性也像这朵"云"一样,被"主体的需要"赋予了不同的解释和判断。因此,对于师范类专业认证有效性的研究,不仅要从事实层面对认证有效性进行分析,并且要从认识论和价值论的高度去探讨有效的师范类专业认证应该是什么样的和可能是什么样的。基于此,关于师范类专业认证有效性的判定将从两个层面进行,第一层面是判定师范类专业认证活动的有效性,也就是师范类专业认证有效性这朵"云"是什么样的。第二层面是判定师范类专业认证活动有效性的可能性,也就是需要师范类专业认证有效性这朵"云"成为什么样。第一个层面是事实判断,第二个层面是价值判断。价值判断与事实判断的区别在于"主体的需要"。

首先,建立事实标准来判断师范类专业认证有效性是必需的。价值判断只有以事实判断为基础才是有效的②,离开了事实判断的价值判断是空幻的。现阶段对师范类专业认证有效性的探索和判定,不能够离开认证根植的现实土壤。没有了事实标准判断而只进行价值判断的师范类专业认证有效性也就成了空中楼阁。本研究追求的师范类专业认证有效性判定标准,不依照各类主体喜好而转移,是具有社会普遍意义的认证有效性标准。从康德哲学上来讲,这也是一种客观标准,是具有利益相关群体间一致性的标准。不论是师范类专业认证还是其他社会事项,其中的利益相关群体间都不可能完全一致,也不可能制定出完全"主观一致性"的价值准则和有效性标准。但在一定条件下,各利益相关者的价值准则可以含有一些共同元素和共同需要。这些共同元素和共同需要支撑着本研究建立的认证有效性标准,也是判定认证有效性的原则。

其次,追求有效性标准的主观一致性应有其限度,不能追求绝对的一致性标准。任何关于有效性的评判标准本身就是一种价值判断。莱斯利斯·蒂文森说,价值判断的客观性问题在道德哲学上也是争议不断的主题,因为"人们不可能有超越具体社会历史条件和超越任何利益关系的全智全能,能够如神一般作出完全无利益之涉的判断"③,也就是说,价值判断的评判中不可能"神目"。因此,在进行认证有效性价值判断时,要注意师范类专业认证有效性的特定利益相关群体、特定时空情境和特定阶段性条件,这也是认证有效性判断和认证普效性判断的区别。莫休认为,激情相对于理性,就等于国王相对于臣民。同样,对于认证有效性的价值判断,不仅是利益相关者情感方面的"激情"表达,也包含利益相关者对有效认证的认识、思考,以及预测的"理性"答复,所表达的是利益相关者关于已有的、现在的、将来的认证有效性内涵的"理性"建构。

(二)标准由谁来判定:研制师范类专业认证有效性标准的重要利益相关者

认证的管理者、专家、参与认证单位的管理人员、教师、学生,以及实践教学单位的教师等都是师范类专业认证中的重要利益相关者。这些人可以是判定师范类专业认证有效性的对象,但是他们不可能全体都进入研制判定有效性标准的评价主体中。"实施元评价,需要元评价主体有一定的自觉意识和批判性思维,需要在元评价理论的指导下对评价活动进行

①　斯泰凡·奥德吉.云的理论[M].刘欣,译.南京:南京大学出版社,2011:21-22.
②　冯平.走出价值判断的悖谬[J].哲学研究,1995(10):41-48.
③　李宝斌.转型时期通往教育自觉的高校教师评价[D].武汉:华中科技大学,2012:23-25.

全面深刻的反思,否则元评价可能又成为另一场兴师动众的灾难"①。研制认证有效性标准,需要对认证有更高层次的把握才能进行判定。由于认证有效性对价值判断的判定标准是在"元"评价层面进行的,"'元'层面的评价是更高层次的价值判断过程"②,因此,在研制认证有效性标准时,应着重选择全面了解师范类专业认证、有丰富的亲身实践经验的主体,他们是研制有效性标准的重要利益相关者。同时,为了防止某一类主体的狭隘视角,需要对身兼认证实施主体(专家)、接受认证主体(高校教师)、认证行业需求方主体(基础教育教师)等具有多重视角、多重认证实践的人员进行重点调查和咨询,以制定具有利益相关群体间一致性且科学合理的师范类专业认证有效性标准。

至于师范生,经过研究者前期跟随认证专家座谈时的观察及专门对师范生的小范围访谈发现,师范生对于专业认证的总体了解程度还达不到能够判定认证有效性标准的高度。其对培养目标、毕业要求的制定程序,对专业师资条件的概况及发展要求,对认证专家的能力素质要求等方面没有足够的了解,不能在制定认证有效性标准时进行科学合理的评价。也就是说,师范生是判定认证有效性的重要利益相关者,但却不是制定认证有效性标准的重要利益相关者。所以在制定有效性标准时没有对其进行调查。但是,作为判定认证有效性的重要利益相关者,师范生对认证有效性的认识和意见却十分重要。可以说,在师范类专业认证中,师范生自身的感触和成长是专业认证最重要、最根本的有效性归宿。因此,虽然在标准制定及问卷调查时并没有将师范生纳入其中,但是,在后续访谈调查时着重对师范生设计了特殊的访谈提纲,并对 6 个高校近 100 名师范生进行了 9 轮专门访谈调查,了解师范生对认证有效性的认识和意见,掌握师范生对于认证的亲身感触和需求,以此保障全面深入地对师范类专业认证有效性进行剖析和判定。

二、认证有效性标准的研制与适用

(一)师范类专业认证有效性标准的研制

"教育评价中的标准与教育元评价中的标准没有严格区分"③。像适切性、科学性、达成度等既是一般意义上的专业认证标准,又是检验师范类专业认证有效性的元评价标准,它们具有双重作用,只是根据用途的不同而加以区别。因此,在有了师范类专业认证有效性分析框架后,通过参考师范类专业认证标准、国外教育元评价标准,以及企业认证等其他领域的认证有效性评价标准,在咨询教育评价领域相关专家及结合全国范围内 20 多次认证实践经验的基础上,构建了师范类专业认证有效性标准初稿。初稿中包含有效性标准一级指标 3个,二级指标 11 个,三级指标 36 个。

为科学制定师范类专业认证有效性标准,研究者运用德尔菲法对师范类专业认证有效性标准初稿进行了修订。在运用德尔菲法进行专家咨询时,按照标准制定的原则,着重选择了利益相关群体中对认证比较熟悉又身兼多种认证角色的相关人员 9 人,其中认证管理人

①　霍国强.我国教育元评价的实践缺失及对策思考[J].教育发展研究,2012(Z2):21-25.
②　黑格尔.小逻辑[M].贺麟,译.北京:商务印书馆,2019:114-120.
③　张会杰.教育评估公信力研究[M].上海:上海三联书店,2016:228.

员 3 人,认证专家 3 人,接受认证的专业负责人 3 人。按照他们对师范类专业认证有效性的理解和实践,对师范类专业认证有效性标准初稿进行了意见征询,结果汇总如表 3-12 所示。在意见征询调查过程中,每个项目均采取 1~5 级对其重要程度进行评分,1~5 级分别代表的含义为:1 表示"不重要",2 表示"比较不重要",3 表示"重要程度一般",4 表示"比较重要",5 表示"非常重要"。从表 3-12 中可以看出,36 项三级指标的重要程度得分,其中有 34 项在 3.5 分以上。在修订过程中,将得分较低的"评建主动性"指标改为了"评建投入度",对"结果提升性"与"收益提升性"指标进行了合并。另外根据专家意见增加了"专家投入度""主体认可性""准备充分性""组织完备性""跟踪服务性"5 项标准,修改了"方案可行性""建管充分性""使用落实度""反馈效率性"等标准的指标内容描述,得到了师范类专业认证有效性标准修改稿,修改稿中包含有效性标准一级指标 3 个,二级指标 11 个,三级指标 40 个。

表 3-12 师范类专业认证有效性标准重要专家征询意见结果汇总表

师范类专业认证有效性指标				指标重要性		修改建议
一级指标	二级指标	三级指标	指标内容	平均数	标准差	
一、体系有效性	(一)目标效度	1.目的适切性	认证目标设置适切	4.67	0.47	
		2.诉求满足性	认证关注了利益相关者的合理诉求	3.89	0.31	
		3.规划有序性	认证设计有合理的短期、长期规划	4.44	0.68	
	(二)准则效度	1.指标科学性	认证指标体系科学合理,无遗漏交叉	4.78	0.42	
		2.标准适当性	认证标准难易程度适当,可行、可测	4.67	0.47	
	(三)策划效度	1.方法可行性	认证方法可行,程序设计合理	4.44	0.50	建议改成方案可行性
		2.配套完善性	认证提供了规范化、可操作的完善配套文件与工具	4.00	0.47	
		3.培训充分性	认证进行了充分的培训与宣传	4.44	0.50	
	(四)结构效度	1.结构系统性	认证系统各部分结构合理、配合顺畅,形成了完整的认证体系	3.89	0.57	
		2.纠错改进性	认证体系有自我纠错与改进功能	4.11	0.74	
		3.政策衔接性	认证设计与新时代教师队伍建设等政策有效衔接,获得了其他政策的有效支持	3.44	0.68	
二、过程有效性	(一)专家效力	1.建设充分性	师范类专业认证专家委员会、专门委员会充分发挥了规划、咨询、指导、审议、审定等职能	4.33	0.47	除了建设,还有管理
		2.构成合理性	认证考查专家组的人数和结构等配备合理	4.67	0.47	

续表

师范类专业认证有效性指标				指标重要性		修改建议
一级指标	二级指标	三级指标	指标内容	平均数	标准差	
二、过程有效性	（一）专家效力	3.专家胜任性	认证专家的知识储备和能力素质能够胜任认证工作	4.22	0.42	除了胜任,还要看其投入了多少精力
		4.评判依标性	认证专家严格按照认证标准而非其他因素作出评判,保证评判一致性	5.00	0.00	
	（二）评建效力	1.认识正确性	参评单位对认证有正确的理解和期望,评建态度端正	4.22	0.42	
		2.评建广泛性	师生、基地等相关主体广泛参与了参评单位的自评自建	4.67	0.47	
		3.评建深入性	参评单位自评自建工作开展深入,取得实效进展	5.00	0.00	
		4.评建主动性	相关主体积极主动参与自评自建	3.33	0.471	评建主动性建议改为评建投入度
	（三）审查效力	1.时间充裕性	认证日程安排合理、有序,时间充裕	3.89	0.57	进校前的准备也很重要
		2.审查真实性	认证过程能够深入了解参评单位的真实情况	3.89	0.31	
		3.过程促进性	认证过程中的交流与评判能够帮助参评单位总结与提升相关工作	3.89	0.74	
	（四）监管效力	1.信息准确性	认证过程中能保证获得和呈现的信息准确、真实	4.22	0.42	
		2.组织规范性	认证遵循"十不准"纪律,严格按照既定标准和程序进行,没有弄虚作假的现象	3.89	0.57	
		3.管控有效性	认证机构在过程中进行了有效的介入和监管	3.89	0.31	机构建设是很大的问题,增加认证机构建设性指标
三、结果有效性	（一）达成效能	1.目标实现度	认证的现阶段预定目标得到实现	5.00	0.00	
		2.理念贯彻度	认证理念得到较好贯彻	4.67	0.47	与目标实现度合并

续表

师范类专业认证有效性指标				指标重要性		修改建议
一级指标	二级指标	三级指标	指标内容	平均数	标准差	
三、结果有效性	（一）达成效能	3.标准达成度	认证的各项标准得到充分贯彻、达成	4.33	0.47	
		4.结果公正性	《认证报告》和认证结果等客观、公正、公开	4.33	0.47	加入主体的满意度
	（二）应用效能	1.结果应用度	认证结果在教师资格考试等事项中的应用得到落实	5.00	0.00	改为使用落实度更好一些
		2.认证效率性	认证结果反馈及时、有效，认证工作效率高	4.44	0.50	结果部分改为反馈效率性更好一些
		3.收益提升性	认证对参评单位有较大收益，竞争优势增强	4.89	0.31	
		4.结果采信度	政府部门在相关政策制定中采信了认证结果	4.78	0.42	
	（三）长效效能	1.改进持续性	认证后参评单位建立长效改进机制	4.78	0.42	还有跟踪服务
		2.结果提升性	《认证报告》等有助于今后的改进和提升	3.44	0.68	与收益提升性重复，建议进行合并
		3.衔接推动性	认证促进了师范教育与基础教育的衔接，对振兴教师教育、建设新时代教师队伍起到了积极推动作用	4.33	0.47	

在师范类专业认证有效性标准修改稿基础上，研究者编制了师范类专业认证有效性调查问卷初稿，并进行了试测。试测收回有效问卷 43 份，采用数据分析软件 SPSS V27.0 对问卷数据进行信效度检验和指标的探索性因子分析。试测数据标准化 Cronbach α 系数为 0.987，KMO 值为 0.634，Bartlet 检验拒绝零假设，适合进行因子分析。如表 3-13 所示，通过探索性因子分析，删除其中各因子载荷值小于 0.5 的不符合的内容，如"评建投入度""准备充分性""结果提升性"3 个因子，将标准体系三级指标由 40 个修改为 37 个，对载荷值较低的因子进行了语言描述的改变。通过问卷的开放性问题收集了部分关于标准语义、词语表述方面的建议并加以修改。

表 3-13　师范类专业认证有效性调查问卷试测中各因子可靠性和载荷检验表

一级维度	因子名称	变量名称	Cronbach α 系数	因子载荷值	KMO 值
体系有效性	目标效度	目的适切性	0.959	0.631	0.890
		诉求满足性		0.510	
		规划有序性		0.592	

续表

一级维度	因子名称	变量名称	Cronbach α 系数	因子载荷值	KMO值
体系有效性	准则效度	指标科学性	0.959	0.851	0.890
		标准适当性		0.698	
	策划效度	方案可行性		0.734	
		配套完善性		0.716	
		培训充分性		0.730	
		组织完备性		0.609	
	结构效度	结构系统性		0.574	
		纠错改进性		0.710	
		政策衔接性		0.645	
过程有效性	专家效力	建管充分性	0.972	0.733	0.877
		构成合理性		0.755	
		专家胜任性		0.657	
		专家投入度		0.779	
		评判依标性		0.889	
	评建效力	认识正确性		0.872	
		评建广泛性		0.828	
		评建深入性		0.856	
		评建投入度		0.407	
	审查效力	时间充裕性		0.738	
		准备充分性		0.443	
		审查真实性		0.652	
		过程促进性		0.695	
	管控效力	信息准确性		0.536	
		组织规范性		0.694	
		管控有效性		0.736	
结果有效性	达成效能	目标实现度	0.962	0.846	0.876
		标准达成度		0.695	
		结果公正性		0.705	
		主体认可度		0.617	
	应用效能	使用落实度		0.673	
		反馈效率性		0.541	
		认证收益性		0.732	
		结果采信度		0.592	

续表

一级维度	因子名称	变量名称	Cronbach α 系数	因子载荷值	KMO 值
结果有效性	长效效能	结果提升性	0.962	0.481	0.876
		改进持续性		0.703	
		跟踪服务性		0.700	
		衔接推动性		0.862	

通过问卷试测及数据分析,研究者对师范类专业认证有效性标准修改稿进行了调整,最后确定师范类专业认证有效性标准,如表 3-14 所示,其中包含有效性标准一级指标 3 个,二级指标 11 个,三级指标 37 个。按照定稿的师范类专业认证有效性标准正式编制了师范类专业认证有效性调查问卷,并对问卷进行了初测,初测收回有效问卷 196 份,采用数据分析软件 SPSS V27.0 对问卷数据进行了信效度检验和指标的探索性因子分析。初测数据标准化 Cronbach α 系数为 0.988,KMO 值为 0.959,Bartlet 检验拒绝零假设,适合进行因子分析。通过初步探索性因子分析,各因子载荷值大于 0.5。说明师范类专业认证有效性问卷的信效度较好,认证有效性标准各指标变量对相关因子的支撑度较好,可以进行正式数据采集与分析。

表 3-14 师范类专业认证有效性标准

一级指标	二级指标	三级指标
一、体系有效性	(一)目标效度	1. 目的适切性
		2. 诉求满足性
		3. 规划有序性
	(二)准则效度	1. 指标科学性
		2. 标准适当性
	(三)策划效度	1. 方案可行性
		2. 配套完善性
		3. 培训充分性
		4. 组织完备性
	(四)结构效度	1. 结构系统性
		2. 纠错改进性
		3. 政策衔接性
二、过程有效性	(一)专家效力	1. 建管充分性
		2. 构成合理性
		3. 专家胜任性
		4. 专家投入度
		5. 评判依标性
	(二)评建效力	1. 认识正确性
		2. 评建广泛性
		3. 评建深入性

续表

一级指标	二级指标	三级指标
二、过程有效性	（三）审查效力	1.过程充分性
		2.审查真实性
		3.过程促进性
	（四）监管效力	1.管控有效性
		2.信息准确性
		3.组织规范性
三、结果有效性	（一）达成效能	1.目标实现度
		2.标准达成度
		3.结果公正性
		4.主体认可度
	（二）应用效能	1.使用落实度
		2.反馈效率性
		3.收益提升性
		4.结果采信度
	（三）长效效能	1.改进持续性
		2.跟踪服务性
		3.衔接推动性

（二）师范类专业认证有效性标准的适用性

通过文献法、德尔菲法、探索性因子分析法等研究方法，虽然得出了比较科学合理的师范类专业认证有效性标准，但是，无论形式上多么科学和超前的标准，都有其适用范围，任何标准都有其社会性、历史性和局限性。

首先，师范类专业认证有效性标准不是一套亘古不变的标准，而是一套需要按照不同的认证阶段和环境要求进行不断更新的标准。师范类专业认证有效性标准需要适应甚至引领快速发展的师范类专业认证实践，并体现出利益相关群体广泛认同的认证有效性的观念、主张和期望。后期要不断更新这一标准，使其满足不断出现的认证新形势和未来需求，使师范类专业认证及师范类专业认证有效性研究能够获得更大的发展。

其次，师范类专业认证有效性标准在使用时不能停留于评价活动表象，必须放入其所属的实现情景和有效性价值构建过程中使用。也就是说，在标准使用过程中，不但要用此标准对师范类专业认证现状事实进行评判，更要挖掘这一标准评判结果背后的发展争议和价值主张，进而协商和引领有效的师范类专业认证实践。

最后，师范类专业认证有效性标准涉及一级指标 3 个，二级指标 11 个，三级指标 37 个，这些指标是一个具有逻辑关联的有机整体，而不是零散拼凑的标准，不宜单独使用其中某一个或某一部分标准衡量整体的认证有效性。这一有效性标准体系的构建逻辑基于第四代评价理论和元评价理论而来，是一种形成性元评价的标准体系。这一有效性标准体系是基于

"事实基础上的价值综合评价"思路的认证有效性分析框架构建的,是以测量认证有效性事实、发掘认证有效性价值、引领认证有效性提升为目的而设计的。只有充分地理解了这一标准体系的理论基础、设计思路和运用目的,并将其作为一个有机整体进行使用,才能得到较理想的评价结论。

第四章　有效性分析：专业认证有效性的问卷调查与分析

量化管理是第一步，它导致控制，并最终实现改进。——Harrington

我国师范类专业认证在如火如荼进行的同时，也面临着碎片化、形式化等诸多问题，以至于部分利益相关者对认证的有效性提出了质疑和批判。因此，对师范类专业认证有效性的真实情况进行大规模的实践调查显得十分必要。在构建科学合理的认证有效性评价标准的基础上，通过问卷方式对认证利益相关者进行大规模调查，运用模糊综合评价法对现阶段师范类专业认证有效性进行检验和呈现。

 ## 第一节　师范类专业认证有效性问卷调查方案设计

在企业质量管理体系认证领域，专家们早已对"认证有效性"给予了高度重视，他们认为定期的、全面的有效性检验是反映认证价值的"逻辑细胞"。但从企业认证行业发展实践来看，目前仍然缺乏量化的调查研究，有效性检验仍停留在理论探索和重要性论证层面。在师范类专业认证有效性研究中，有效性调查实践与有效性理论研究同样重要。只有通过大规模的实践调查和量化分析，才能对师范类专业认证进行较为直观的检验和呈现。

一、认证有效性问卷设计

(一)师范类专业认证有效性问卷设计思路

2011 年，JCSEE 在最新版教育项目评价标准中引入了"评价问责标准"。其中，包括项目文档评价、内部元评价、外部元评价 3 部分。在对这一标准的实施过程中，斯塔弗尔比姆认为"如果只有评价项目内部人员去选择、参与、资助及控制外部元评价的实施是不合适的。这样的实践容易导致元评价产生寻找'友善性批判'的偏见，产生只有正面评判的元评价报告"[①]。因此，在设计和实施师范类专业认证有效性调查方案时，应以学术研究的价值中立取向和第三方评价的客观身份进行，而不能运用认证实施者等内部身份行使调查之便，或通过某种方法操控认证有效性评价。

问卷法是实施师范类专业认证有效性调查的主要方式，师范类专业认证有效性问卷设计思路如下：查阅文献→历史与发展现状梳理→认证有效性内涵解析→小范围访谈→认证有效性判定因素分析→有效性分析框架建构→有效性标准初稿编制→德尔菲法调查→结果

---

① 斯塔弗尔比姆，科恩.评估理论、模型和应用[M].2 版.杨保平，杨昱，姬祥，等译.北京：国防工业出版社，2019：256.

汇总、调整标准→有效性标准修改稿与问卷初稿编制→问卷试测检验→数据分析、调整标准→有效性标准定稿与正式问卷编制→问卷初测检验→正式实施调查→收集材料、汇总→模糊综合评价法分析→呈现结论。

(二)师范类专业认证有效性问卷的编制阶段

师范类专业认证有效性问卷的编制与认证有效性标准设计基本上同步进行。有效性标准设计过程也是问卷编制的过程,这一过程主要分为 4 个阶段。

1.资料收集阶段

通过文献阅读、历史梳理、小范围访谈以及师门学术沙龙,讨论得出认证有效性问卷编制材料。

2.问卷初稿编制阶段

在通过德尔菲法对有效性判定标准进行调查的基础上,制定认证有效性调查问卷初稿。在初稿中,除 40 个有效性标准问题外,还加入了卷首语、10 个人口学等基本问题,"对师范类专业认证的总体了解程度"等 3 个整体问题、"对认证目标的重要性从高到低进行排序"等 6 个排序问题,以及 1 个开放性问题。问卷初稿共包含 60 个题目。

3.问卷试测修改阶段

对问卷初稿进行试测调查,通过对试测数据以及问卷开放性问题进行分析,可对问卷进行修改。除对 40 个有效性标准问题进行调整外,还将试测调查中普遍反映难度较大的"排序题"改为了"选出最重要的三项",并将这类题目数量从 6 个减少为 4 个。

4.问卷定稿阶段

通过试测修改,以及在咨询相关专家的基础上,形成了问卷定稿,对定稿的问卷进行了初测检验,保证其有良好的信效度。最后定稿的问卷包含基本情况问题 10 个、矩阵型问题 40 个、多选题 4 个、开放性问题 1 个,共 55 个题目。其中,矩阵型问题采取李克特 5 点量表法设置了 5 个选项,分别表示被调查者对现阶段师范类专业认证各方面的认同或符合程度非常小(差)、较小(差)、适中、较大(好)、非常大(好)。

二、认证有效性问卷的检测

首先是问卷调查群体的检测。师范类专业认证有效性的评价更接近于一种价值判断,因此会随着调查主体的不同而得到不同的判断标准和有效性结论。美国学者斯泰克认为,评价的内涵存在一个概念关系式,即评价=项目全面的观测值/不同人具有的复杂的项目期望和标准[1]。因此,在检测师范类专业认证有效性问卷时,要对所有的利益相关群体进行全面考虑。但根据前期小范围的访谈调查发现,师范类专业认证有效性评价属于对认证的元评价,是一种需要对认证有比较全面的了解才能进行的判断。在访谈中,师范生群体对认证的参与和了解程度不够,不足以对认证有效性进行全面的评价,因此在问卷调查中不对这一

---

① Stake R E. Evaluation Roots: A Wider Perspective of Theorists' Views and Influences[M]. California: Sage Publisher, 2013: 189-197.

群体进行调查。但可以通过深度访谈的调查方式了解这类群体对认证中某一部分有效性的看法和主张，作为对问卷调查的补充。综上所述，在问卷设计中，逐渐将咨询、调查与检验的重点对象集中在对认证比较熟悉的认证管理人员、专家、高校教师群体和基础教育教师群体。尤其是同时具有认证专家和接受认证专业教师等多重身份的人员，因为他们可以通过多重视角和多种经历对认证有效性调查问卷的科学性和合理性予以检测。

其次是问卷题目合理性的检测。问卷题目合理性的检测采用德尔菲法，着重选择了师范类专业认证的利益相关群体中对认证比较熟悉又身兼多种认证角色的9人进行咨询，结果显示，36项调查题目的重要程度有34项得分在3.5分以上，认可率在95%左右，说明专家对题目的合理性和科学性比较认同。在问卷定稿后，又重新对9人进行了重要性调查和权重赋值转换，此次调查题目的重要程度得分全部在3.5分以上，认可率100%，说明专家认为问卷题目合理性较好、效度较高。

最后是问卷调查数据的信效度检验。研究者采用SPSS对回收的43份试测数据进行信效度检验和指标探索性因子分析。试测数据标准化Cronbach α 系数为0.987，KMO值为0.634，Bartlet检验拒绝零假设，说明试测数据信效度符合使用标准。通过探索性因子分析，删除了3个载荷小于0.5且与所在维度内容不符合的因子。问卷定稿后，对初测回收的196份有效问卷进行了信效度检验和指标探索性因子分析。初测数据标准化Cronbach α 系数为0.988，KMO值为0.959，Bartlet检验拒绝零假设，各因子的维度载荷均大于0.5，说明问卷信效度达到了相关要求，可以进行正式发放。

在问卷正式发放后，从回收的545份问卷中选取482份有效问卷进行信效度检验。数据显示，问卷总的信度值为0.984，题目数37项，该问卷的信度表现为优秀。问卷分为体系有效性、过程有效性和结果有效性三个维度，对于三个分量表进行信度检验，结果如表4-1所示，体系有效性的Cronbach α 系数为0.962，题目数12项；过程有效性的Cronbach α 系数为0.964，题目数14项；结果有效性的Cronbach α 系数为0.964，题目数11项。根据KMO和巴特利球形检验可知，KMO值的结果为0.979，大于0.8，该问卷的效度表现很好。巴特利球形检验近似卡方值为5694.961，自由度为666，p 值小于0.01，无限接近于0，拒绝原假设，该问卷非常适合进行因子分析。

通过主成分提取可知，3个因子的累计解释方差百分比为71.953%，且3个因子的特征值都大于1，说明题目提取3个因子对原始数据的解释较为理想。其中，体系有效性因子的特征值为23.60，解释方差百分比为27.037%；过程有效性因子的特征值为1.878，解释方差百分比为25.433%；结果有效性因子的特征值为1.138，解释方差百分比为19.483%。根据旋转成分矩阵结果中的因子载荷判断各个题目的因子归属，题项C14~C25属于体系有效性维度，题项D26~D39属于过程有效性维度，题项E40~E50属于结果有效性维度，如表4-1所示，各题项对所属因子载荷值均大于0.5。

表4-1 师范类专业认证有效性探索性因子分析载荷矩阵及贡献率表

体系有效性		过程有效性		结果有效性		总体
问卷题项	载荷值	问卷题项	载荷值	问卷题项	载荷值	
C18	0.809	D31	0.742	E47	0.746	
C19	0.788	D33	0.719	E46	0.732	

续表

	体系有效性		过程有效性		结果有效性		总体
	问卷题项	载荷值	问卷题项	载荷值	问卷题项	载荷值	
	C17	0.752	D32	0.712	E48	0.719	
	C20	0.742	D30	0.701	E50	0.706	
	C23	0.741	D39	0.691	E49	0.703	
	C14	0.712	D35	0.686	E44	0.675	
	C15	0.700	D38	0.677	E45	0.570	
	C16	0.696	D28	0.642	E41	0.558	
	C22	0.695	D37	0.636	E43	0.550	
	C25	0.677	D34	0.618	E40	0.536	
	C24	0.651	D29	0.612	E42	0.501	
	C21	0.619	D27	0.590			
			D36	0.588			
			D26	0.585			
题目数(项)	12		14		11		37
Cronbach α 系数	0.962		0.964		0.964		0.984
KMO 值	0.957		0.961		0.955		0.979
特征值	23.60		1.878		1.138		
解释方差百分比(%)	27.037		25.433		19.483		71.953

从表 4-2 可以看出,师范类专业认证体系有效性与过程有效性具有显著的正相关($r=$ 0.842),相关分析结果在 0.01 水平上显著;体系有效性与结果有效性具有显著的正相关 ($r=0.825$),相关分析结果在 0.01 水平上显著;过程有效性与结果有效性具有显著的正相关($r=0.891$),相关分析结果在 0.01 水平上显著。

表 4-2 师范类专业认证有效性因子间相关性矩阵表

变量	相关系数	体系有效性	过程有效性	结果有效性
体系有效性	Pearson Correlation	1	0.842**	0.825**
过程有效性	Pearson Correlation	0.842**	1	0.891**
结果有效性	Pearson Correlation	0.825**	0.891**	1

注:** 表示 $p<0.01$。

第二节 师范类专业认证有效性问卷调查数据采集

在进行师范类专业认证有效性问卷调查时,需要覆盖所有利益相关者才能得出全面的调查结论。由于师范类专业认证的利益相关者类型较多,且水平各异,只有进行合理的调查对象抽样和数据选取,才能得出具有代表性,且科学、可靠的循证结论。因此,在认证有效性问卷调查数据采集和选取中,既要考虑调查对象的全面性,也要考虑调查对象的适当性及可行性。

一、认证有效性问卷调查的实施

为了全面调查我国师范类专业认证有效性,在调查对象范围的选择上,问卷发放样本必须覆盖师范类专业认证利益相关者的全部类型。按照"管办评"分离的原则,以及行业用人单位作为重要利益相关者的原则,在剔除对认证了解程度不足的师范生主体外,本研究将调查对象分为认证管理人员、认证专家组人员、参评单位人员、行业单位人员4类。2021年12月—2022年1月,本研究对全国范围内的这4类利益相关者实施了问卷调查。

在师范类专业认证实施过程中,上述4类人员可能存在身份重叠,例如,有的专家同时也是被认证专业的教师。因此,将调查对象所在单位类型划分为高校、行业单位、认证机构、教育行政部门4类,且只能进行单项选择,这样既保证了调查的全面性,也保证了调查数据筛选和分析的可行性。根据我国师范类专业所在高校实际布局及专业认证的实践进程,没有采取将高校分为双一流高校、非双一流高校,或重点高校、一般高校的层次分类方式,而是将高校分为了部属师范大学、部属综合大学、地方师范高校、地方非师范高校4类,以此更好地了解专业认证对于这几类高校在振兴教师教育和防止师范专业弱化中起到的作用。

截至2021年12月调查问卷发放时,我国师范类专业认证由15家具有资质的教育评估机构负责实施。因此,在进行调查对象区域划分时,可以按照全国15家教育评估机构进行划分,使问卷调查更有针对性,同时也方便分析各教育评估机构在认证实施过程中的不同特点,以及对认证有效性产生的影响。

判定师范类专业认证有效性需要调查对象对认证有整体性的了解。目前,全国范围内完整经历过一次专业认证流程(至少是完成进校考查环节)的调查对象十分有限,而足够数量的独立问卷调查样本是调查实施的关键。美国学者廷斯利认为,在进行因子分析的调查中,每个作为因子的项数与调查样本数的比例在1∶5以上就可以成立,如果总人数达到300人以上,那么就可以称为大样本,此比例可以忽略。也有的学者认为,在量表题目数量少于40题的调查中,样本数达到200份就可以称为较优样本。本问卷中的有效性判定标准量表题目数量为37个,实际回收问卷数量为545份,有效问卷为482份,达到了分析所需的样本数的要求。

调查中需要防止斯塔弗尔比姆所说的"因采取官方调查方式而产生只有正面评判的元评价结果"。这一点在访谈实施中深有体会,部分访谈对象往往因为作者曾经是专家组成员身份而始终带有"被认证者的下位思维"接受访谈,对访谈的问题不能够从事实角度出发,客观地表达自己的真实感受,而是思前想后地雕琢观点,以免对他们的认证结论产生影响。因此,在大面积问卷调查时,要将调查的学术属性与学术用途进行说明,以便得到更加真实、有效的调查数据。

二、认证有效性问卷调查的样本选取与统计

为了保证对我国师范类专业认证有效性能够进行较为科学的评价。本研究认为,至少要完整经历过一次专业认证流程(至少是完成进校考查环节),才能有效地进行评价。因此,在问卷中设计了前5道人口学统计题目之后,第6题设计了"您参与认证(现场考查阶段)的

专业个数"这一题目。在回收的 545 份问卷中,对这一题目选择"⑥未参加"的 63 份问卷数据进行剔除,得到有效问卷 482 份。确保了问卷中的调查对象都是在对认证有比较全面的了解的基础上进行作答的,以保证分析结果的可靠性。

(一)问卷调查对象的类型特征

通过对 482 份有效问卷进行身份和单位类别分析,得到表 4-3 和表 4-4。数据显示,在 482 份有效问卷中各类身份和各类单位的调查对象均有分布,比例适当。其中有 110 人在师范类专业认证中存在多重身份,例如,同时具有专家组人员和参评单位人员双重身份,或同时具有专家组人员和行业单位人员双重身份等。表 4-4 中的教育行政部门和教育评估机构的人员之和与表 4-3 中认证管理人员非常接近,表明认证中的管理人员基本上都是由教育行政部门和教育评估机构人员组成,成分比较单一。

需要特别注意的是,来自中小学(幼儿园)等行业单位的 71 人,在认证中作为行业单位人员的只有 46 人,还有 25 人在认证中的主要身份是认证专家组人员。这说明,有一半行业人员只参与了认证工作,而没有参与人才培养工作。换句话说,在调查中出现的行业人员,其中的一部分只是去当了认证专家,并没有作为中小学教师等参与具体的专业人才培养。这从侧面反映出,师范类专业的人才培养与行业人员联系还有所不足。

表 4-3　师范类专业认证有效性问卷调查对象的身份情况统计表

调查对象在认证中的身份(可多选)	频数	比例
认证管理人员	59	12.24%
认证专家组人员	256	53.11%
参评单位人员	239	49.59%
行业单位人员	46	9.55%

表 4-4　师范类专业认证有效性问卷调查对象的单位类别情况统计表

调查对象的单位类别(单选)	频数	百分比
部属师范大学	25	5.19%
部属综合大学	14	2.90%
地方师范院校	190	39.42%
地方综合院校	126	26.14%
中小学(幼儿园)等行业单位	71	14.73%
教育评估机构	40	8.30%
教育行政部门	16	3.32%

(二)问卷调查对象的人口学特征

通过对调查对象的人口学特征分析发现,调查对象的年龄、级别、职称等分布合理,比较适合对师范类专业认证有效性进行评价。具体的师范类专业认证有效性问卷调查对象人口学特征统计表如表 4-5 所示。

表 4-5　师范类专业认证有效性问卷调查对象人口学特征统计表

项目	类型	频数	百分比
年龄	30 岁以下	11	2.28%
	31～40 岁	60	12.45%
	41～50 岁	188	39.00%
	51～60 岁	205	42.53%
	61 岁及以上	18	3.73%
级别	厅局级及以上	33	6.85%
	县处级	235	48.76%
	乡科级	55	11.41%
	无职务	159	32.99%
职称	正高级	274	56.85%
	副高级	121	25.10%
	中级	67	13.90%
	初级	6	1.24%
	无职称	14	2.90%

(三)问卷调查对象的认证参与特征

从调查对象的认证参与特征进行分析,在剔除未完整参与一次认证的调查对象后,有效问卷中的 482 人都有较丰富的认证参与经验,其中部分非常有经验的调查对象参与了 5 个以上的专业认证。

如表 4-6 所示,从参与认证时间来看,调查对象的频数逐年呈现上升趋势,与图 2-1 展现出的认证实施趋势图相吻合。调查对象参与的认证类型包含了"三级五类"的师范类专业认证体系,且参与认证层次和参与认证类别与表 2-4 所呈现出的当前认证进展情况比较吻合,以中学教育和第二级认证居多。调查对象参与认证机构覆盖了我国具有资质的 15 家教育评估机构,分布数据与表 2-1 所呈现的各教育评估机构开展认证工作数量与覆盖面积基本对应。

表 4-6　师范类专业认证有效性问卷调查对象认证参与特征统计表

项目	选项	频数	比例
参与认证个数	1 个	204	42.32%
	2 个	72	14.94%
	3 个	41	8.51%
	4 个	32	6.64%
	5 个及以上	133	27.59%

续表

项目	选项	频数	比例
参与认证时间 （可多选）	2018 年以前	17	3.53%
	2018 年	46	9.54%
	2019 年	157	32.57%
	2020 年	232	48.13%
	2021 年	351	72.82%
参与认证级别 （可多选）	第二级	446	92.53%
	第三级	64	13.28%
参与认证类型 （可多选）	中学教育	365	75.73%
	小学教育	166	34.44%
	学前教育	91	18.88%
	职业技术师范教育	39	8.09%
	特殊教育	10	2.07%
参与认证机构 （可多选）	教育部高等教育教学评估中心	241	50.00%
	北京教育评估院	5	1.04%
	辽宁教育研究院 （辽宁省教育事务评价所）	72	14.94%
	上海市教育评估院	14	2.90%
	江苏省教育评估院	67	13.90%
	浙江省教育评估院	33	6.85%
	安徽省教育评估中心	46	9.54%
	福建省教育评估研究中心	66	13.69%
	河南省教育评估中心	58	12.03%
	湖北省教育评估院	104	21.58%
	重庆市教育评估院	186	38.59%
	黑龙江省教育评估院	24	4.98%
	云南省教育科学研究院 （云南省教育评估院）	40	8.30%
	陕西省教育考试与评价研究会 （陕西省教师教育指导中心）	15	3.11%
	山东省教育科学研究院	24	4.98%

如图 4-1 所示,在调查对象对师范类专业认证了解程度和认证参与程度中,"较高"和"非常高"选项之和均超过 80%,说明调查对象有较好的认证了解程度和认证参与程度,适合进行认证有效性评价。

综上所述,经过对问卷调查对象的认证参与特征与认证实施情况进行对比分析得出,调查对象的认证参与程度较高且与认证实施现状吻合,为本次调查数据具有较好的信效度提供了保障。

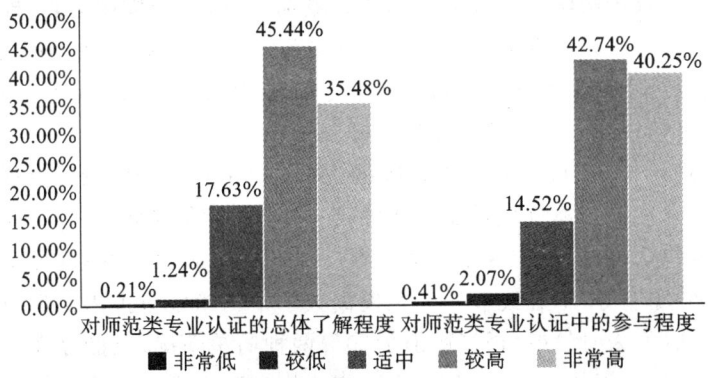

图 4-1 师范类专业认证有效性问卷调查对象认证了解程度和认证参与程度示意图

第三节 基于模糊综合评价法的认证有效性实证结果呈现

企业领域的质量体系认证自 1987 年 ISO 9000 标准发布开始,就已经进行了长期实践。在企业质量管理体系认证有效性检验领域,也有许多学者进行了深入研究,产生了丰硕的成果,深刻影响着教育评价领域的认证有效性检测研究。尤其是基于模糊数学理论产生的模糊综合评价法,已经成为企业质量管理体系认证有效性检验领域普遍采用的方法。在教育评价领域,也有一些学者尝试运用这一方法对本科教学审核评估有效性(周湘林,2010)、地方特色本科院校教育评估实例(汪泓,2013)、辅导员制度有效性(袁尚会,2014)、校企合作有效性(潘建华,2017)进行了探索和验证,说明这一方法值得在师范类专业认证有效性领域借鉴。

一、模糊综合评价法的选取

(一)模糊综合评价法的基本原理

在人类科学的发展历程中,精确数学在描述自然界许多现象中发挥了重要作用。但是,随着科学研究对象的日益复杂,人们发现在客观世界中同时也存在大量纷繁复杂的不确定性。尤其是 20 世纪 80 年代以来,在社会和人文学科的定量化研究过程中,经常遇到如"美丑"等没有明确边界、无法使用精确数学的数值去形容和描述的概念。一些学者提出了现实世界科学研究的"不相容原理",即在现实世界中,当一项系统的复杂性逐渐增大时,其精确性将逐渐减少。"当系统复杂性达到一定程度时,该系统中的复杂性与精确性将相互排斥,随之产生的就是系统的模糊性"[①]。近年来,随着计算机与脑科学等交叉学科的融合发展,人们更加发现,要想使计算机像人脑一般能够处理复杂社会事物,就离不开研究事物的模糊性。这也促使科学家们必须寻找一种能够处理模糊概念或现象的数学方法。

1965 年,美国学者扎德在其文章《模糊集》中首次提出,用精确数学方法描述模糊事物

---

① 张燕丽.基于模糊认知图的动态系统的建模与控制[D].大连:大连理工大学,2012:10-15.

的模糊数学概念。"模糊数学以精确数学的集合论为基础,采用模糊运算、模糊变换等方式构建出模糊数学集合,可以对模糊事物进行定量化运算"[①]。后来,学者们用模糊数学方法将哲学中的分解与综合思维引入社会事物分析研究中,使其成为分析复杂系统的新路径,从而使在复杂的社会事物中建立运算模型成为可能。

在模糊数学理论体系中,除了一分钟是 60 秒,水在 100 ℃会沸腾等这样的精确数学中的确定性概念,还存在许多模糊性概念。例如,"一捧"水是多少毫升,这一问题的答案没有明显的确定性,换句话说,"一捧"这个概念就是一种模糊性概念。"模糊数学中类似的概念还有很多,如漂亮、聪明等,不胜枚举"[②]。在模糊数学中,"给定范围内元素对它的隶属关系不一定只有'是'(赋值为'1')或'否'(赋值为'0')两种简单情况,可能存在介于 0 和 1 之间的实数表示隶属度的中间状态"[③]。正因如此,基于模糊数学理论的模糊综合评价法已经在心理学、教育学、医学等学科取得了广泛的研究成果。

模糊综合评价法是基于模糊数学理论运用模糊关系转换运算的方法。模糊综合评价法将现实世界中具有非量化特征的模糊性事物进行了数学量化处理,使其具备清晰的、量化的表达形式。它是一种能从多种复杂因素中对被评价事物隶属等级进行综合性评定的方法。自模糊综合评价法创立以来就得到了广泛应用,尤其是在含有较多模糊指标的社会科学评价事项中,模糊综合评价法相比精确评价法的优势明显,为提升社会科学领域评价的科学性、合理性提供了有效依据。

(二)传统评价法在认证有效性评价中的缺陷

在模糊综合评价法成为企业质量管理体系认证有效性检验领域普遍采取的方法之前,也有许多学者尝试运用其他方法对认证有效性进行评价。尽管这些评价方法为科学地进行认证有效性评价奠定了基础,但是也存在较多缺陷。

首先,早期学者曾尝试用简单定性评价方法对认证有效性进行评价。这种方法最大的缺陷就是评价标准的随意性较大,并且对于实施有效性评价人员的职业道德、工作能力、认证经验等要求较高,尤其是对其中模棱两可的指标进行判断时,往往取决于评价人员的经验和喜好,影响了认证有效性评价的准确性和公正性。

其次,有的学者对认证有效性评价采取指标符合性评价方法。这种方法比简单定性评价方法要先进一些,但还是没有克服定性评价方法中随机性较强、说服力较差的缺点。尤其是对某个有效性较差的认证进行评价时,只能评价出认证的哪几项指标不符合标准,但不符合程度如何,需要如何改进,往往还是要通过经验等方式进行定性判断。因此,这一方法得出的认证有效性评价结论经常存在没有确凿依据、说服力不强、被评价对象异议较多等问题。

最后,学者们对认证有效性评价普遍采用传统的精确量化评价方法。这种方法对于认证结果中既定事实可以进行较好判断,例如,认证效果如何可以用市场占有率进行量化。但对于认证中存在如"质量理念""企业特色"等模糊复杂事项却难以用精确数学的方法直接进行描述和判断。只能通过因子分析、相关性分析等传统数学方法推断认证有效性,而对于认

① 王英杰.认证体系与认证有效性量化评价[M].北京:中国质检出版社,2017:45.
② 刘应明.模糊性:精确性的另一半[M].北京:清华大学出版社,2000:6.
③ 史健勇.基于东方管理理论的应用型大学竞争力研究[D].上海:复旦大学,2012:36.

证过程中的大量模糊性指标难以有效评判。通过这一方法想要全面而科学地评价一项复杂的认证往往存在一定困难。

(三)模糊综合评价法在认证有效性评价中的优势

以上研究方法的局限性,一方面是主观判断的随意性造成的,一方面也反映出传统精确数学工具在评价模糊事物中的劣势。在模糊评价理论的发展过程中,荷兰学者范洛阿尔戈文在 1983 年尝试以三角模糊数学对系统工程评价领域进行探索。后来,模糊综合评价法充分吸收了系统论观点,采取定量和定性相结合的方法进行综合评价,逐渐在对现代社会复杂性事物的分析中体现出了优势。

首先,模糊综合评价法可以较好地把定性的问题转化为定量分析合集,如此就能评价不宜简单量化的定性事物。例如,在认证有效性评价中的"有效""科学""合理"等无法用精确的数字量化,模糊综合评价法则具有较好的转换性。模糊综合评价法的结果是一个合集,而不是点值,可以较为准确地描述复杂事物的模糊状况,在评价结果的信息质量上具有优越性。

其次,模糊综合评价法解决了不同量纲材料进行分析的难题,实现了评价材料的相容性。模糊综合评价法是一种定量和定性相结合的方法,在认证有效性评价的复杂系统中可以同时使用两种方法,并且可以通过定性和定量数据的归一化运算,最后得出较为直接的分析结果。

再次,模糊综合评价法中采取的定量运算的工作量相比于传统的因子分析、相关性分析等较少,但是却对认证有效性的内在关系分析得比较透彻、清楚。定性指标也能够以评价标准等级的方式,按照模糊数学的隶属度原则进行指标取值的量化运算,并且模糊综合评价法的评价过程较为简单,可塑性较强,可以直接修订指标和权重,直到结果符合认证有效性评价区分的要求。同时,也可以使用计算机进行模型化处理,更具操作性和可行性。

最后,模糊综合评价法在处理认证有效性这类包含多个因素的系统性问题时,可以建立多指标的分级运算体系,并将各指标按一定权重向量运算对评价过程因素产生影响。既可以表现传统精确数学的量化结果,又在研究过程中加入了合成、转换分析的方式,使有效性评价更具系统性和科学性。

二、认证有效性问卷调查数据的模糊综合评价分析

对事物的模糊综合评价实质上是一种模糊转换的过程。师范类专业认证有效性问卷调查数据的模糊综合评价可以分为确认评价因素论域、确认评语等级论域、确定模糊权重向量、建立模糊关系矩阵、确认模糊合成算子、单因素模糊评价、多级模糊综合评价、模糊综合评价结果点值转化等 8 个步骤。

(一)确认评价因素论域

模糊综合评价法分析的第一步是确认评价因素论域,也称评价因素集,一般用 $U = \{u_1, u_2, u_3, \cdots, u_m\}$ 表示。u 表示评价因素,一般为评价体系中的各个指标。m 表示评价指标的具体个数,由评价体系指标的具体数量确定。

在师范类专业认证有效性模糊综合评价中,问卷中的 37 个有效性判定标准题目代表 37

项评价指标,构成师范类专业认证有效性模糊综合评价的评价因素论域,可表示为:

$$U_{有效性} = \{u_1, u_2, u_3, \cdots, u_{37}\} \tag{4.1}$$

(二)确认评语等级论域

模糊综合评价法分析的第二步是确认评语等级论域,也称评语集,一般用 $V = \{v_1, v_2, v_3, \cdots, v_m\}$ 表示。v 表示评价等级结果,一般为问卷的选项作答结果。m 表示评价等级的具体个数,由评价量表选项设计数量确定。v_m 表示对评价的第 m 个等级,比如"好""较好""一般""较差""差"等。

在师范类专业认证有效性调查问卷中,评语等级采取 5 点量表的原理设计,每个题目又设定 5 个选择等级。5 个选项的评语分别为选项①代表非常差、选项②代表较差、选项③代表适中、选项④代表较好、选项⑤代表非常好。师范类专业认证有效性模糊综合评价的评语等级论域可表示为:

$$V_{有效性} = \{v_{选项①}, v_{选项②}, v_{选项③}, v_{选项④}, v_{选项⑤}\} \tag{4.2}$$

(三)确定模糊权重向量

权重代表各个因素在被评价事物总体中的相对重要程度量值,即反映各因素的重要程度,一般用 $a_j(j = 1, 2, 3, \cdots, m)$ 表示。a_j 代表第 j 个评价因素的权重。a_j 应同时满足非负性、归一化等条件,即 $a_j \geqslant 0$ 且 $\sum a_j = 1$。各权重的组合就是评价权重集,可以表示为:

$$\widetilde{A} = (a_1 \quad a_2 \quad a_3 \quad \cdots \quad a_m) \tag{4.3}$$

在师范类专业认证有效性模糊综合评价中,不同的权重赋值会对最终结论产生不同的影响。确定权重的方式有很多种,在有效性标准的重要利益相关者判定分析中认为,"实施元评价,需要元评价主体有一定的自觉意识和批判性思维,需要在元评价理论的指导下对评价活动进行全面深刻的反思"[1]。研制认证有效性评判标准,需要对认证有更高层次的把握才能进行。因此,在认证有效性评判标准研制时,应着重选择对师范类专业认证有全面了解、有丰富亲身实践的主体。因此,在师范类专业认证有效性模糊综合评价中,采取德尔菲法确认权重更加科学和可靠。在认证有效性标准定稿后,重新对 9 位具有深厚理论认识和多重认证实践的专家进行了指标重要性调查。在新一轮意见征询调查中,每个项目均采取 1~5 级对其重要程度进行评分,以表示其对每项指标应有权重的理解。各位专家对师范类专业认证有效性的指标权重赋分情况以及权重计算过程如表 4-7 所示。

表 4-7 师范类专业认证有效性指标权重专家赋分表

指标内容	指标权重专家赋分									均值	标准偏差	归一化权重
	专家1	专家2	专家3	专家4	专家5	专家6	专家7	专家8	专家9			
目的适切性	5	4	4	5	4	5	4	5	5	4.56	0.497	0.36
诉求满足性	4	4	3	4	4	4	3	4	4	3.78	0.416	0.30
规划有序性	5	3	5	4	4	5	4	4	5	4.33	0.667	0.34

① 霍国强. 我国教育元评价的实践缺失及对策思考[J]. 教育发展研究,2012(Z2):21-25.

指标内容	指标权重专家赋分									均值	标准偏差	归一化权重
	专家1	专家2	专家3	专家4	专家5	专家6	专家7	专家8	专家9			
指标科学性	5	5	5	5	5	4	5	5	5	4.89	0.314	0.52
标准适当性	5	5	4	5	4	5	4	4	5	4.56	0.497	0.48
方案可行性	4	5	4	5	4	5	4	4	5	4.44	0.497	0.27
配套完善性	4	4	4	4	5	4	4	3	4	4.00	0.471	0.24
培训充分性	4	4	5	4	4	5	4	5	4	4.33	0.471	0.26
组织完备性	4	4	3	4	3	5	3	3	4	3.67	0.667	0.22
结构系统性	4	3	4	3	4	4	4	5	4	3.89	0.567	0.34
纠错改进性	4	3	3	5	4	5	4	4	4	4.00	0.667	0.35
政策衔接性	3	3	4	3	4	3	3	4	3	3.44	0.685	0.30
建管充分性	4	4	5	4	5	4	4	5	4	4.33	0.471	0.20
构成合理性	5	4	5	4	4	5	4	4	4	4.44	0.497	0.20
专家胜任性	4	4	5	4	5	4	4	4	5	4.33	0.471	0.20
专家投入度	5	5	5	5	5	5	5	5	5	5.00	0.000	0.23
评判依标性	4	3	4	3	4	4	5	4	4	3.89	0.567	0.18
认识正确性	4	4	5	4	4	5	4	5	5	4.44	0.497	0.32
评建广泛性	4	5	5	5	4	5	4	5	5	4.67	0.471	0.33
评建深入性	5	5	5	5	5	5	4	5	5	4.89	0.314	0.35
过程充分性	4	5	3	4	3	4	5	4	3	3.89	0.737	0.34
审查真实性	4	4	3	4	4	3	4	4	4	3.78	0.416	0.33
过程促进性	5	4	3	4	3	4	5	3	4	3.89	0.737	0.34
管控有效性	4	5	4	4	5	4	5	4	5	4.44	0.497	0.37
信息准确性	4	3	4	3	4	4	3	5	4	3.78	0.629	0.31
组织规范性	4	4	4	3	4	4	3	4	4	3.89	0.567	0.32
目标实现度	5	5	5	5	5	5	5	5	5	5.00	0.000	0.27
标准达成度	5	4	5	5	5	4	5	5	5	4.78	0.416	0.26
结果公正性	5	4	4	5	4	4	4	4	5	4.33	0.471	0.23
主体认可度	4	5	4	5	5	4	3	4	5	4.33	0.667	0.23
使用落实度	5	5	5	5	5	5	5	5	5	5.00	0.000	0.26
反馈效率性	5	4	5	5	4	5	4	4	5	4.56	0.497	0.24
收益提升性	5	5	5	4	5	5	5	5	5	4.89	0.314	0.26
结果采信度	5	4	5	4	5	5	4	5	4	4.56	0.497	0.24
改进持续性	5	5	5	4	5	5	5	4	4	4.67	0.471	0.34
跟踪服务性	4	5	4	5	4	5	5	5	5	4.67	0.471	0.34
衔接推动性	4	4	5	4	4	5	4	4	4	4.22	0.416	0.31

将专家对指标的重要性赋值进行转化运算,得到指标的权重向量,然后对权重向量求和计算并进行归一化转化,得到各指标的最终权重。对标准中的所有一级指标、二级指标和三级指标进行编码,得到师范类专业认证有效性指标权重分配情况表,如表 4-8 所示。

表 4-8　师范类专业认证有效性指标权重分配情况表

一级指标 (编码)	一级权重	二级指标 (编码)	二级权重	问卷题目编号 (三级指标编码)	三级权重
设计效度(c)	0.32	目标效度(c_1)	0.25	14(c_{11})	0.36
				15(c_{12})	0.30
				16(c_{13})	0.34
		准则效度(c_2)	0.28	17(c_{21})	0.52
				18(c_{22})	0.48
		策划效度(c_3)	0.25	19(c_{31})	0.27
				20(c_{32})	0.24
				21(c_{33})	0.24
				22(c_{34})	0.22
		结构效度(c_4)	0.22	23(c_{41})	0.34
				24(c_{42})	0.35
				25(c_{43})	0.31
执行效力(d)	0.33	专家效力(d_1)	0.26	26(d_{11})	0.20
				27(d_{12})	0.20
				28(d_{13})	0.20
				29(d_{14})	0.22
				30(d_{15})	0.18
		评建效力(d_2)	0.28	31(d_{21})	0.32
				32(d_{22})	0.33
				33(d_{23})	0.35
		审查效力(d_3)	0.22	34(d_{31})	0.34
				35(d_{32})	0.33
				36(d_{33})	0.34
		监管效力(d_4)	0.24	37(d_{41})	0.37
				38(d_{42})	0.31
				39(d_{43})	0.32
成果效能(e)	0.35	达成效能(e_1)	0.33	40(e_{11})	0.27
				41(e_{12})	0.27
				42(e_{13})	0.23
				43(e_{14})	0.23

一级指标 （编码）	一级权重	二级指标 （编码）	二级权重	问卷题目编号 （三级指标编码）	三级权重
成果效能（e）	0.35	应用效能（e_2）	0.34	44（e_{21}）	0.26
				45（e_{22}）	0.24
				46（e_{23}）	0.26
				47（e_{24}）	0.24
		长效效能（e_3）	0.33	48（e_{31}）	0.34
				49（e_{32}）	0.34
				50（e_{33}）	0.32

例如,二级指标"目标效度"编码为 c_1,其中含有"目标适切性"等 3 项三级指标,三级指标"目标适切性"编码为 c_{11},权重为 0.36,其权重向量可以表示为:

$$\widetilde{A}_{c_1} = (a_{c_{11}} \quad a_{c_{12}} \quad a_{c_{13}}) = (0.36 \quad 0.30 \quad 0.34) \tag{4.4}$$

一级指标"设计效度"编码为 c,其中含有"目标效度"等 4 项二级指标,其权重向量可以表示为:

$$\widetilde{A}_c = (a_{c_1} \quad a_{c_2} \quad a_{c_3} \quad a_{c_4}) = (0.25 \quad 0.28 \quad 0.25 \quad 0.22) \tag{4.5}$$

最终的师范类专业认证有效性模糊综合评价结果包含"设计效度"等 3 项一级指标,其权重向量可以表示为:

$$\widetilde{A}_{有效性} = (a_c \quad a_d \quad a_e) = (0.32 \quad 0.33 \quad 0.35) \tag{4.6}$$

(四)建立模糊关系矩阵

在建立模糊等级论域并确认评价因素权重后,按顺序对 u_i 进行模糊量化处理,即每个因素在评价对象属于某个等级模糊集的隶属度的转化。首先要进行单因素模糊评价,即从某一因素开始进行评价对象在 V 中隶属度的转化过程[1]。这一过程也是建立一个从因素论域 U 到等级论域 V 模糊映射的过程,可以导出模糊关系矩阵 $\widetilde{R}$,计算公式为:

$$\widetilde{R} = \begin{bmatrix} r_{11} & r_{12} & \cdots & r_{1n} \\ r_{21} & r_{22} & \cdots & r_{2n} \\ \cdots & \cdots & \cdots & \cdots \\ r_{m1} & r_{m2} & \cdots & r_{mn} \end{bmatrix} \tag{4.7}$$

其中 $r_{ij}(i=1,2,3,\cdots,m;j=1,2,3,\cdots,n)$ 表示某个被评价对象从因素 u_i 来看在 v_i 等级中的隶属度,如师范类专业认证有效性调查问卷第 14 题"认证目标设置适切"对应的是"目标适切性"三级指标(编码 c_{11})。在问卷数据中,0.41% 的人选择了"选项①",2.9% 的人选择"选项②",22.82% 的人选择"选项③",47.51% 的人选择"选项④",26.35% 的人选择"选项⑤"。按四舍五入法保留小数点后两位数原则,c_{11} 的评价向量可以表示为:

---

① 李娟,邹浩.基于模糊综合法的智能仓储绩效评价[J].物流技术,2021(01):78-82.

$$r_{c_{11}} = \{0.00 \quad 0.03 \quad 0.23 \quad 0.48 \quad 0.26\} \tag{4.8}$$

同样，这一维度的其他指标 c_{12}、c_{13} 的评价向量分别可以表示为：

$$r_{c_{12}} = \{0.01 \quad 0.05 \quad 0.26 \quad 0.43 \quad 0.25\} \tag{4.9}$$

$$r_{c_{13}} = \{0.00 \quad 0.05 \quad 0.23 \quad 0.47 \quad 0.25\} \tag{4.10}$$

这 3 个三级指标都属于二级指标"目标效度"（c_1）。将上述 3 个评价向量合成目标效度（c_1）的模糊评价矩阵可以表示为：

$$\widetilde{R}_{c_1} = \begin{bmatrix} 0.00 & 0.03 & 0.23 & 0.48 & 0.26 \\ 0.01 & 0.05 & 0.26 & 0.43 & 0.25 \\ 0.00 & 0.05 & 0.23 & 0.47 & 0.25 \end{bmatrix} \tag{4.11}$$

同理，其他二级指标的模糊评价矩阵可以表示为：

$$\widetilde{R}_{c_2} = \begin{bmatrix} 0.01 & 0.04 & 0.26 & 0.48 & 0.21 \\ 0.01 & 0.05 & 0.28 & 0.45 & 0.21 \end{bmatrix} \tag{4.12}$$

$$\widetilde{R}_{c_3} = \begin{bmatrix} 0.01 & 0.04 & 0.23 & 0.47 & 0.25 \\ 0.01 & 0.04 & 0.22 & 0.49 & 0.24 \\ 0.01 & 0.04 & 0.18 & 0.44 & 0.33 \\ 0.00 & 0.04 & 0.16 & 0.44 & 0.36 \end{bmatrix} \tag{4.13}$$

$$\widetilde{R}_{c_4} = \begin{bmatrix} 0.00 & 0.03 & 0.17 & 0.51 & 0.19 \\ 0.01 & 0.07 & 0.21 & 0.46 & 0.25 \\ 0.02 & 0.06 & 0.21 & 0.46 & 0.25 \end{bmatrix} \tag{4.14}$$

$$\widetilde{R}_{d_1} = \begin{bmatrix} 0.01 & 0.03 & 0.21 & 0.45 & 0.30 \\ 0.00 & 0.04 & 0.22 & 0.47 & 0.27 \\ 0.00 & 0.03 & 0.19 & 0.50 & 0.28 \\ 0.01 & 0.01 & 0.18 & 0.44 & 0.36 \\ 0.00 & 0.02 & 0.19 & 0.47 & 0.32 \end{bmatrix} \tag{4.15}$$

$$\widetilde{R}_{d_2} = \begin{bmatrix} 0.01 & 0.03 & 0.17 & 0.49 & 0.30 \\ 0.01 & 0.07 & 0.24 & 0.44 & 0.24 \\ 0.00 & 0.04 & 0.21 & 0.50 & 0.25 \end{bmatrix} \tag{4.16}$$

$$\widetilde{R}_{d_3} = \begin{bmatrix} 0.01 & 0.07 & 0.27 & 0.42 & 0.23 \\ 0.00 & 0.04 & 0.22 & 0.49 & 0.25 \\ 0.00 & 0.02 & 0.15 & 0.50 & 0.33 \end{bmatrix} \tag{4.17}$$

$$\widetilde{R}_{d_4} = \begin{bmatrix} 0.00 & 0.03 & 0.16 & 0.48 & 0.33 \\ 0.00 & 0.02 & 0.21 & 0.51 & 0.26 \\ 0.00 & 0.02 & 0.18 & 0.46 & 0.34 \end{bmatrix} \tag{4.18}$$

$$\widetilde{R}_{e_1} = \begin{bmatrix} 0.01 & 0.03 & 0.19 & 0.51 & 0.26 \\ 0.01 & 0.05 & 0.23 & 0.46 & 0.25 \\ 0.00 & 0.03 & 0.17 & 0.46 & 0.34 \\ 0.01 & 0.04 & 0.18 & 0.50 & 0.27 \end{bmatrix} \tag{4.19}$$

$$\widetilde{R}_{e_2} = \begin{bmatrix} 0.05 & 0.06 & 0.23 & 0.40 & 0.26 \\ 0.01 & 0.03 & 0.19 & 0.45 & 0.32 \\ 0.01 & 0.04 & 0.18 & 0.46 & 0.31 \\ 0.02 & 0.06 & 0.26 & 0.41 & 0.25 \end{bmatrix} \qquad (4.20)$$

$$\widetilde{R}_{e_3} = \begin{bmatrix} 0.00 & 0.06 & 0.21 & 0.46 & 0.27 \\ 0.01 & 0.06 & 0.24 & 0.43 & 0.26 \\ 0.01 & 0.03 & 0.17 & 0.46 & 0.33 \end{bmatrix} \qquad (4.21)$$

（五）确认模糊合成算子

模糊合成算子是在模糊矩阵乘法运算时所采用的不同运算规则，常用的模糊合成算子主要有 $M(\wedge,\vee)$、$M(\cdot,\vee)$、$M(\wedge,\oplus)$、$M(\cdot,\oplus)$，这 4 种模糊合成算子的特点如表 4-9 所示。运用不同的模糊合成算子会得到不同的模糊评价结论。在一般应用中，采取 $M(\wedge,\vee)$ 和 $M(\cdot,\oplus)$ 两种算子的实例较多。$M(\wedge,\vee)$ 算子又称"Zadeh 算子"，适用于相对简单，且对主影响因素偏重的模糊评价中。$M(\cdot,\oplus)$ 算子符合先相乘，再求和的运算规则，适用于无突出主影响因素，且需要进行多层次分析，对综合评价要求较高的评价中。

在师范类专业认证有效性模糊综合评价中，按照表 4-8 中的权重分配情况分析，其中没有突出主影响因素，并且认证有效性需要进行三层次的模糊综合评价分析，因此，本研究采取 $M(\cdot,\oplus)$ 算子进行模糊运算。

表 4-9　模糊合成算子特点分析表

特点	模糊算子			
	$M(\cdot,\vee)$	$M(\wedge,\vee)$	$M(\cdot,\oplus)$	$M(\wedge,\oplus)$
类型	主因素突出方式	主因素突出方式	加权平均方式	加权平均方式
权重体现	比较显著	不显著	比较显著	不显著
R 信息利用	不充分	不充分	充分	比较充分
综合程度	较弱	较弱	较强	较强

（六）单因素模糊评价

在确认了合适的模糊合成算子后，就可以将模糊权重向量 $\widetilde{A}$ 和模糊关系矩阵 $\widetilde{R}$ 合成模糊综合评价结果向量 $\widetilde{B}$。"$\widetilde{B}$ 表示总体各等级模糊子集的隶属度，其计算过程可以用模糊权重向量 $\widetilde{A}$ 将模糊关系矩阵 $\widetilde{R}$ 中不同行的数值进行综合转换"[①]。求解公式为：

$$\widetilde{B} = \widetilde{A} \cdot \widetilde{R} = (a_1 \quad a_2 \quad a_3 \quad \cdots \quad a_m) \cdot \begin{bmatrix} r_{11} & r_{12} & \cdots & r_{1n} \\ r_{21} & r_{22} & \cdots & r_{2n} \\ \cdots & \cdots & \cdots & \cdots \\ r_{m1} & r_{m2} & \cdots & r_{mn} \end{bmatrix} = (b_1 \quad b_2 \quad b_3 \quad \cdots \quad b_m)$$

$$(4.22)$$

---

① 沈克慧.知识整合视角下企业动态能力对企业绩效影响的评价模型与实证研究[D].武汉:华中科技大学,2012:56-60.

其中，$b_j(j=1,2,3,\cdots,n)$ 是由 $\widetilde{A}$ 与 $\widetilde{R}$ 的第 j 列运算矩阵相乘得到的结果，表示整体上 V_j 等级模糊字节的隶属度。例如，在师范类专业认证有效性模糊综合评价中，二级指标"目标效度"（c_1）的模糊综合评价结果向量 $\widetilde{B}_{c_1}=\widetilde{A}_{c_1}\cdot\widetilde{R}_{c_1}$，代入权重数值和模糊矩阵数值，采用 $M(\cdot,\oplus)$ 算子运算可得如下结果：

$$\widetilde{B}_{c_1}=\widetilde{A}_{c_1}\cdot\widetilde{R}_{c_1}=(0.36\quad0.30\quad0.34)\begin{bmatrix}0.00&0.03&0.23&0.48&0.26\\0.01&0.05&0.26&0.43&0.25\\0.00&0.05&0.23&0.47&0.25\end{bmatrix}\quad(4.23)$$

计算过程如下：

$$\widetilde{B}_{c_1}=(0.36\cdot0.00)+(0.30\cdot0.01)+(0.34\cdot0.00)$$
$$(0.36\cdot0.03)+(0.30\cdot0.05)+(0.34\cdot0.05)$$
$$(0.36\cdot0.23)+(0.30\cdot0.26)+(0.34\cdot0.23)$$
$$(0.36\cdot0.48)+(0.30\cdot0.43)+(0.34\cdot0.47)$$
$$(0.36\cdot0.26)+(0.30\cdot0.25)+(0.34\cdot0.25)$$
$$\approx(0.003\quad0.043\quad0.239\quad0.462\quad0.254)$$

归一化运算：$0.003+0.043+0.239+0.462+0.254=1.001$

$$\therefore\widetilde{B}_{c_1}=\left(\frac{0.003}{1.001}\quad\frac{0.043}{1.001}\quad\frac{0.239}{1.001}\quad\frac{0.462}{1.001}\quad\frac{0.254}{1.001}\right)$$
$$\approx(0.00\quad0.04\quad0.24\quad0.46\quad0.26)\quad(4.24)$$

从模糊综合评价结果来看，被调查者认为师范类专业认证的目标效度（c_1）为"非常差""较差""一般""较好"和"非常好"的比例分别为 0%、4%、24%、46% 和 26%。其中，"较高"的比例占 46%，说明约有 46% 的被调查者认为师范类专业认证的目标效度较好。

同理，可以求解其他二级指标的模糊综合评价结果向量，分别为：

$$\widetilde{B}_{c_2}=\widetilde{A}_{c_2}\cdot\widetilde{R}_{c_2}=(0.52\quad0.48)\begin{bmatrix}0.01&0.04&0.26&0.48&0.21\\0.01&0.05&0.28&0.45&0.21\end{bmatrix}\quad(4.25)$$
$$\approx(0.01\quad0.04\quad0.27\quad0.47\quad0.21)$$

$$\widetilde{B}_{c_3}=\widetilde{A}_{c_3}\cdot\widetilde{R}_{c_3}=(0.27\quad0.24\quad0.24\quad0.22)\begin{bmatrix}0.01&0.04&0.23&0.47&0.25\\0.01&0.04&0.22&0.49&0.24\\0.01&0.04&0.18&0.44&0.33\\0.00&0.04&0.16&0.44&0.36\end{bmatrix}$$
$$(4.26)$$
$$\approx(0.01\quad0.04\quad0.20\quad0.46\quad0.29)$$

$$\widetilde{B}_{c_4}=\widetilde{A}_{c_4}\cdot\widetilde{R}_{c_4}=(0.34\quad0.35\quad0.31)\begin{bmatrix}0.00&0.03&0.17&0.51&0.19\\0.01&0.07&0.21&0.46&0.25\\0.02&0.06&0.21&0.46&0.25\end{bmatrix}\quad(4.27)$$
$$\approx(0.01\quad0.05\quad0.21\quad0.49\quad0.24)$$

$$\widetilde{B}_{d_1} = \widetilde{A}_{d_1} \cdot \widetilde{R}_{d_1} = (0.20 \quad 0.20 \quad 0.20 \quad 0.22 \quad 0.18) \begin{bmatrix} 0.01 & 0.03 & 0.21 & 0.45 & 0.30 \\ 0.00 & 0.04 & 0.22 & 0.47 & 0.27 \\ 0.00 & 0.03 & 0.19 & 0.50 & 0.28 \\ 0.01 & 0.01 & 0.18 & 0.44 & 0.36 \\ 0.00 & 0.02 & 0.19 & 0.47 & 0.32 \end{bmatrix}$$

$$(4.28)$$

$$\approx (0.00 \quad 0.03 \quad 0.20 \quad 0.46 \quad 0.31)$$

$$\widetilde{B}_{d_2} = \widetilde{A}_{d_2} \cdot \widetilde{R}_{d_2} = (0.32 \quad 0.33 \quad 0.35) \begin{bmatrix} 0.01 & 0.03 & 0.17 & 0.49 & 0.30 \\ 0.01 & 0.07 & 0.24 & 0.44 & 0.24 \\ 0.00 & 0.04 & 0.21 & 0.50 & 0.25 \end{bmatrix} \quad (4.29)$$

$$\approx (0.01 \quad 0.04 \quad 0.21 \quad 0.48 \quad 0.26)$$

$$\widetilde{B}_{d_3} = \widetilde{A}_{d_3} \cdot \widetilde{R}_{d_3} = (0.34 \quad 0.33 \quad 0.34) \begin{bmatrix} 0.01 & 0.07 & 0.27 & 0.42 & 0.23 \\ 0.00 & 0.04 & 0.22 & 0.49 & 0.25 \\ 0.00 & 0.02 & 0.15 & 0.50 & 0.33 \end{bmatrix} \quad (4.30)$$

$$\approx (0.00 \quad 0.04 \quad 0.22 \quad 0.47 \quad 0.27)$$

$$\widetilde{B}_{d_4} = \widetilde{A}_{d_4} \cdot \widetilde{R}_{d_4} = (0.37 \quad 0.31 \quad 0.32 \quad) \begin{bmatrix} 0.00 & 0.03 & 0.16 & 0.48 & 0.33 \\ 0.00 & 0.02 & 0.21 & 0.51 & 0.26 \\ 0.00 & 0.02 & 0.18 & 0.46 & 0.34 \end{bmatrix}$$

$$(4.31)$$

$$\approx (0.00 \quad 0.03 \quad 0.18 \quad 0.48 \quad 0.31)$$

$$\widetilde{B}_{e_1} = \widetilde{A}_{e_1} \cdot \widetilde{R}_{e_1} = (0.27 \quad 0.27 \quad 0.23 \quad 0.23) \begin{bmatrix} 0.01 & 0.03 & 0.19 & 0.51 & 0.26 \\ 0.01 & 0.05 & 0.23 & 0.46 & 0.25 \\ 0.00 & 0.03 & 0.17 & 0.46 & 0.34 \\ 0.01 & 0.04 & 0.18 & 0.50 & 0.27 \end{bmatrix}$$

$$(4.32)$$

$$\approx (0.01 \quad 0.03 \quad 0.19 \quad 0.48 \quad 0.29)$$

$$\widetilde{B}_{e_2} = \widetilde{A}_{e_2} \cdot \widetilde{R}_{e_2} = (0.26 \quad 0.24 \quad 0.26 \quad 0.24) \begin{bmatrix} 0.05 & 0.06 & 0.23 & 0.40 & 0.26 \\ 0.01 & 0.03 & 0.19 & 0.45 & 0.32 \\ 0.01 & 0.04 & 0.18 & 0.46 & 0.31 \\ 0.02 & 0.06 & 0.26 & 0.41 & 0.25 \end{bmatrix}$$

$$(4.33)$$

$$\approx (0.02 \quad 0.05 \quad 0.21 \quad 0.43 \quad 0.29)$$

$$\widetilde{B}_{e_3} = \widetilde{A}_{e_3} \cdot \widetilde{R}_{e_3} = (0.34 \quad 0.34 \quad 0.32) \begin{bmatrix} 0.00 & 0.06 & 0.21 & 0.46 & 0.27 \\ 0.01 & 0.06 & 0.24 & 0.43 & 0.26 \\ 0.01 & 0.03 & 0.17 & 0.46 & 0.33 \end{bmatrix} \quad (4.34)$$

$$\approx (0.01 \quad 0.05 \quad 0.21 \quad 0.45 \quad 0.28)$$

（七）多级模糊综合评价

"在模糊综合评价时，如果指标体系有两级以上，就需要采取多级模糊综合评价模型，由低到高逐级对指标模糊评价进行分析"[①]。在评价等级论域不变的情况下,$\widetilde{B} = \widetilde{A} \cdot \widetilde{R}$。权重向量 $\widetilde{A}$ 随每一级指标权重赋值变化,模糊评价矩阵 $\widetilde{R}$ 由前一次的模糊评价结果 b 组成。以此类推,直至达到最高级的模糊综合评价。为了能够系统分析师范类专业认证有效性,本研究在指标设计中设计了三个层次指标,在模糊综合评价中也需要进行三级模糊综合评价。评价过程如图 4-2 所示。

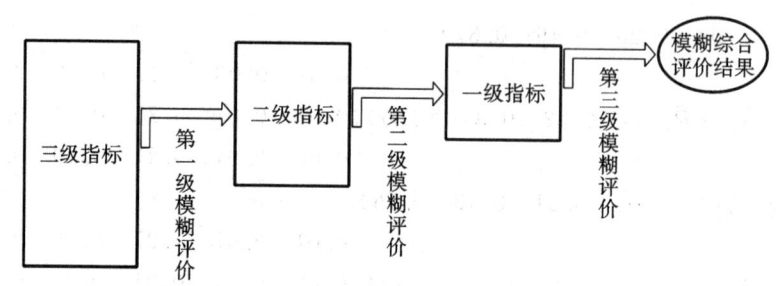

图 4-2　师范类专业认证三级模糊综合评价过程示意图

1. 第二级模糊综合评价

师范类专业认证有效性模糊综合评价中,一级指标"设计效度"(c)由 4 个二级指标构成,即目标效度(c_1)、准则效度(c_2)、策划效度(c_3)、结构效度(c_4),可以用公式表示为:

$$U_c = \{u_{c_1}, u_{c_2}, u_{c_3}, u_{c_4}\} \tag{4.35}$$

因此,"设计效度"(c)的模糊综合评价结果向量可以用公式表示为:

$$\widetilde{B}_c = \widetilde{A}_c \cdot \widetilde{R}_c = (a_{c_1} \quad a_{c_2} \quad a_{c_3} \quad a_{c_4}) \cdot \begin{bmatrix} b_{c_1} \\ b_{c_2} \\ b_{c_3} \\ b_{c_4} \end{bmatrix} \tag{4.36}$$

$$\widetilde{B}_c = (0.25 \quad 0.28 \quad 0.25 \quad 0.22) \begin{bmatrix} 0.00 & 0.04 & 0.24 & 0.46 & 0.26 \\ 0.01 & 0.04 & 0.27 & 0.47 & 0.21 \\ 0.01 & 0.04 & 0.20 & 0.46 & 0.29 \\ 0.01 & 0.05 & 0.21 & 0.49 & 0.24 \end{bmatrix} \tag{4.37}$$

具体计算过程为:

$\widetilde{B}_c = (0.25 \cdot 0.00) + (0.28 \cdot 0.01) + (0.25 \cdot 0.01) + (0.22 \cdot 0.01)$

$(0.25 \cdot 0.04) + (0.28 \cdot 0.04) + (0.25 \cdot 0.04) + (0.22 \cdot 0.05)$

$(0.25 \cdot 0.24) + (0.28 \cdot 0.27) + (0.25 \cdot 0.20) + (0.22 \cdot 0.21)$

$(0.25 \cdot 0.46) + (0.28 \cdot 0.47) + (0.25 \cdot 0.46) + (0.22 \cdot 0.49)$

$(0.25 \cdot 0.26) + (0.28 \cdot 0.21) + (0.25 \cdot 0.29) + (0.22 \cdot 0.24)$

$\approx (0.008 \quad 0.042 \quad 0.232 \quad 0.469 \quad 0.256)$

归一化运算:$0.008 + 0.042 + 0.232 + 0.469 + 0.256 = 1.007$

---

① 王建军.移动环境角色权限机制改进[D].成都:电子科技大学,2014:3-15.

$$\therefore \widetilde{B}_c = \left(\frac{0.008}{1.007} \quad \frac{0.042}{1.007} \quad \frac{0.232}{1.007} \quad \frac{0.469}{1.007} \quad \frac{0.256}{1.007} \right) \tag{4.38}$$

$$\approx (0.01 \quad 0.04 \quad 0.23 \quad 0.47 \quad 0.25)$$

从"设计效度"(c)的模糊综合评价结果来看,被调查者认为师范类专业认证的设计效度为"非常差""较差""一般""较好"和"非常好"的比例分别为 1%、4%、23%、47% 和 25%。其中,"较好"的比例占 47%,说明约有 47% 的被调查者认为师范类专业认证的设计效度较好。

同理,可以求解其他二级指标的模糊综合评价结果向量,分别为:

$$\widetilde{B}_d = \widetilde{A}_d \cdot \widetilde{R}_d = (a_{d_1} \quad a_{d_2} \quad a_{d_3} \quad a_{d_4}) \cdot \begin{pmatrix} b_{d_1} \\ b_{d_2} \\ b_{d_3} \\ b_{d_4} \end{pmatrix} \tag{4.39}$$

$$\widetilde{B}_d = (0.26 \quad 0.28 \quad 0.22 \quad 0.24) \begin{bmatrix} 0.00 & 0.03 & 0.20 & 0.46 & 0.31 \\ 0.01 & 0.04 & 0.21 & 0.48 & 0.26 \\ 0.00 & 0.04 & 0.22 & 0.47 & 0.27 \\ 0.00 & 0.03 & 0.18 & 0.48 & 0.31 \end{bmatrix} \tag{4.40}$$

$$\approx (0.00 \quad 0.04 \quad 0.20 \quad 0.47 \quad 0.29)$$

$$\widetilde{B}_e = \widetilde{A}_e \cdot \widetilde{R}_e = (a_{e_1} \quad a_{e_2} \quad a_{e_3}) \cdot \begin{pmatrix} b_{e_1} \\ b_{e_2} \\ b_{e_3} \end{pmatrix} \tag{4.41}$$

$$= (0.33 \quad 0.34 \quad 0.33) \begin{bmatrix} 0.01 & 0.03 & 0.19 & 0.48 & 0.29 \\ 0.02 & 0.05 & 0.21 & 0.43 & 0.29 \\ 0.01 & 0.05 & 0.21 & 0.45 & 0.28 \end{bmatrix} \tag{4.42}$$

$$\approx (0.01 \quad 0.05 \quad 0.20 \quad 0.45 \quad 0.29)$$

2. 第三级模糊综合评价

师范类专业认证有效性由 3 个一级指标"设计效度""执行效力""成果效能"组成,整体的师范类专业认证有效性模糊综合评价结果向量可以用公式表示为:

$$\widetilde{B}_{有效性} = \widetilde{A}_{有效性} \cdot \widetilde{R}_{有效性} = (a_c \quad a_d \quad a_e) \cdot \begin{pmatrix} b_c \\ b_d \\ b_e \end{pmatrix} \tag{4.43}$$

$$\widetilde{B}_{有效性} = (0.32 \quad 0.33 \quad 0.35) \begin{bmatrix} 0.01 & 0.04 & 0.23 & 0.47 & 0.25 \\ 0.01 & 0.04 & 0.20 & 0.47 & 0.29 \\ 0.01 & 0.05 & 0.20 & 0.45 & 0.29 \end{bmatrix} \tag{4.44}$$

具体计算过程为:

$$\widetilde{B}_{有效性} = (0.32 \cdot 0.01) + (0.33 \cdot 0.01) + (0.35 \cdot 0.01)$$
$$(0.32 \cdot 0.04) + (0.33 \cdot 0.04) + (0.35 \cdot 0.05)$$
$$(0.32 \cdot 0.23) + (0.33 \cdot 0.20) + (0.35 \cdot 0.20)$$

$$(0.32 \cdot 0.47) + (0.33 \cdot 0.47) + (0.35 \cdot 0.45)$$
$$(0.32 \cdot 0.25) + (0.33 \cdot 0.29) + (0.35 \cdot 0.29)$$
$$\approx (0.010 \quad 0.044 \quad 0.210 \quad 0.463 \quad 0.278)$$

归一化运算: $0.010 + 0.044 + 0.210 + 0.463 + 0.278 = 1.005$

$$\therefore \widetilde{B}_{有效性} = \left(\frac{0.010}{1.005} \quad \frac{0.044}{1.005} \quad \frac{0.210}{1.005} \quad \frac{0.463}{1.005} \quad \frac{0.278}{1.005} \right) \tag{4.45}$$
$$\approx (0.01 \quad 0.04 \quad 0.21 \quad 0.46 \quad 0.28)$$

从整体模糊综合评价结果来看,被调查者认为师范类专业认证的有效性为"非常差""较差""一般""较好"和"非常好"的比例分别为1%、4%、21%、46%和28%。其中,"较好"的比例占46%,说明约有46%的被调查者认为现阶段师范专业认证的有效性较好。按照最大隶属度原则,这一评价结果隶属于"较好"。

(八)模糊综合评价结果点值转化

使用模糊综合评价法进行评价的结果不是一个确切点值,而是一个表示隶属度的向量。为了能够更方便、直观地对评价对象进行计算,或者使多个对象之间的评价结果具有可比性,可以在一定条件下对模糊综合评价结果进行点值转化,也就是计算综合评价分值。

模糊综合评价结果的点值转化方法一般有加权评价法、累计隶属法等。在师范类专业认证有效性模糊综合评价结果的点值转化中采取加权评价法进行转化,可以更好地保证模糊综合评价分值的准确性。

师范类专业认证有效性模糊综合评价的点值转化公式可以表示为:

$$S = \frac{\sum\limits_{i=1}^{n} u_i \cdot b_i^k}{\sum\limits_{i=1}^{n} b_i^k} \tag{4.46}$$

本研究在计算时将每个评语论域 u_i 中的等级按"非常差=1""较差=2""适中=3""较好=4""非常好=5"进行赋值。可以得到:

$$S_{有效性} = \frac{\sum\limits_{i=1}^{n} u_i \cdot b_i^k}{\sum\limits_{i=1}^{n} b_i^k} = \frac{(1 \cdot 0.01) + (2 \cdot 0.04) + (3 \cdot 0.21) + (4 \cdot 0.46) + (5 \cdot 0.28)}{0.01 + 0.04 + 0.21 + 0.46 + 0.28} = 3.96$$

$$\tag{4.47}$$

$$S_c = \frac{\sum\limits_{i=1}^{n} u_i \cdot b_{c_i}^k}{\sum\limits_{i=1}^{n} b_{c_i}^k} = \frac{(1 \cdot 0.01) + (2 \cdot 0.04) + (3 \cdot 0.23) + (4 \cdot 0.47) + (5 \cdot 0.25)}{0.01 + 0.04 + 0.23 + 0.47 + 0.25} = 3.91$$

$$\tag{4.48}$$

$$S_d = \frac{\sum\limits_{i=1}^{n} u_i \cdot b_{d_i}^k}{\sum\limits_{i=1}^{n} b_{d_i}^k} = \frac{(1 \cdot 0.00) + (2 \cdot 0.04) + (3 \cdot 0.20) + (4 \cdot 0.47) + (5 \cdot 0.29)}{0.00 + 0.04 + 0.20 + 0.47 + 0.29} = 4.01$$

$$\tag{4.49}$$

$$S_e = \frac{\sum\limits_{i=1}^{n} u_i \cdot b_{e_i}^k}{\sum\limits_{i=1}^{n} b_{e_i}^k} = \frac{(1 \cdot 0.01) + (2 \cdot 0.05) + (3 \cdot 0.20) + (4 \cdot 0.45) + (5 \cdot 0.29)}{0.01 + 0.05 + 0.20 + 0.45 + 0.29} = 3.96$$

$$(4.50)$$

　　综上所述,经过点值转化后,调查对象对师范类专业认证有效性的模糊综合评价分值为"3.96",介于"一般"(评价值为"3")和"较好"(评价值为"4")之间,偏向于"较好",与根据最大隶属度原则 $\tilde{B}_{有效性}$ 得出的结论基本一致。

第五章　有效性挖掘：专业认证有效性价值的二次挖掘与论证

价值论证源于准实验研究项目的有效性讨论。——Frank Fischer

海德格尔曾说过，"用天平测量石头的重量，能得到精确的数字，但是石头的沉重却不见了。用光波的长度可以衡量颜色，但颜色却逃逸了。"[①]用单纯量化的方法评价师范类专业认证有效性可以得到一串结果数字，但是认证在师范教育改革发展中究竟发挥什么样的"有效"或"无效"作用，却不能得到全面了解。因此，在对认证有效性进行问卷调查的基础上，还需通过深度访谈等方法，从价值层面对认证有效性进行二次挖掘，揭示数字背后的故事。

 ## 第一节　师范类专业认证有效性访谈调查设计与实施

对于师范类专业认证有效性的研究，在实证调查与量化分析的基础上，还应对通过深度访谈得到的材料从价值层面进行二次挖掘，使师范类专业认证有效性研究突破"冰冷"的评价数字，还原和确认一个个"活生生"认证过程与情景，探寻"鲜活"而全面的认证有效性。尽管深度访谈法在方法论的术语层面明显没有问卷法精确，但其对于认证有效性研究的全面性和深入性却是非常必要的。

一、认证有效性访谈调查的缘起与设计

(一)认证有效性访谈调查的理论缘起

美国学者弗兰克·费希尔提出了超越传统政策评价狭隘的"事实—价值"两分法的"实证辩论"评价模式，"实证辩论"评价模式提出了公共政策评价的二维顺序逻辑，即在对公共政策进行评价时，除对结果的有用性等进行第一顺序评价外，还应该注重从价值层面，如公共政策对整个社会发展和问题改进作出的贡献，进行第二顺序评价[②]。

"实证辩论"评价模式对公共政策评价包含"项目验证、情景确认、社会论证、社会选择"4个部分。项目验证是通常所讲的政策实施结果的有用性验证，一般可以通过量化方式考查公共政策的实施成效，也是师范类专业认证有效性的问卷调查与分析所进行的主要内容。公共政策具有高度的社会相关性，师范类专业认证有效性的判定标准与社会情景有很强的相关性。甚至可以说，师范类专业认证有效性可能不是一个既定的"事实"，而是来自大多数利益相关群体的一种"社会观念"。因此，对于师范类专业认证有效性的全面分析，还需要通

①　海德格尔.林中路[M].孙周兴，译.北京：商务印书馆，2018:13.

②　弗兰克·费希尔.公共政策评估[M].吴爱明，李平，等译.北京：中国人民大学出版社，2003:81-84.

过寻找社会研究的"现象学"方法进行指导。"现象学"方法的社会研究可以获得社会角色在进行有效性评价时的内部情景，并且可以更好地理解社会角色对有效性评价具体情景的主观解释。所有师范类专业认证的利益相关者，无论是群体，还是个人，都拥有独特的"经历"和"思想"，这些经历和思想使其从各个不同的角度去关注认证这一社会政策情景。他们在有效性调查中作出选择和判断，表面上看似相同，但实际上却存在并不相同的期望和理由。在"实证辩论"评价模式分析中，在对这些复杂的社会政策进行评价时，需要进行"情景确认"，而在进行"情景确认"时，特别需要一种非结构形式的分析方法，如直接观察、局部调查、案例研究、详细描述、现场记录和深入访谈等，这些都是常用的情景确认方法。尤其是深度访谈法，它是收集关于认证有效性评价情景逻辑和个体特殊目标信息的一种重要方法。

综上所述，以"实证辩论"评价模式对师范类专业认证有效性进行深层次研究，不仅要进行技术层面的认证成效量化分析，更要进入具体的社会情景及宏大社会系统，确认和论证专业认证的社会价值层面的贡献。为了实现这一研究构想，在师范类专业认证有效性研究中，除采取问卷法对利益相关群体进行调查外，还要着重采取深度访谈法，二次挖掘师范类专业认证与具体的社会情景及宏大社会系统发展的关联。

（二）认证有效性访谈调查的设计思路

在师范类专业认证有效性访谈设计中，最主要的问题是进行多少访谈和访谈哪些内容。从访谈数量来讲，访谈所有与认证有关的利益相关者是最理想的，但却又是不容易实现的。由于访谈时间、成本、精力有限，没有必要获得这么全面的材料。

因此，在师范类专业认证有效性访谈设计中，应采取从认证利益相关群体中抽取具有代表性的相关群体进行访谈。现阶段，师范类专业认证的利益相关群体包括认证的管理者、认证的实施者、接受认证者、行业人员及社会公众等。虽然社会公众的访谈有助于认证有效性的全面研究，但经过前期了解发现，一般社会公众对于认证的了解程度有限，他们大多是从直觉上评价认证有效性，并且经常将认证有效性与师范教育有效性混淆，可能会对研究带来干扰，加之其与师范类专业认证的利益相关性较弱，因此，其不足以进入认证有效性学术研究的访谈对象中。

经过综合考虑，本研究中将访谈对象分为"认证管理与实施者""接受认证者""行业代表"3大类。为了弥补在问卷调查时没有将师范生纳入的问题，在访谈中专门将"接受认证者"分为"高校教师与管理者"和"师范生"两类群体。

从访谈内容来讲，针对每类访谈群体，分别设计了认证专家与管理部门卷、高校教师与管理人员卷、实践基地与用人单位卷、师范生卷4种不同的访谈提纲，各类提纲包括8～11个不等问题，以保证按照各主体不同的经验、视角、诉求为基础，形成对认证有效性的大致评价框架，合理挖掘各类主体在认证有效性评价时的不同评价情景逻辑和个体特殊目标信息。

深度访谈法还需要着重注意的一点是，在实施过程中需要以学术研究者的身份和眼光进行访谈。如果采取较为官方的身份进行访谈，虽然有利于成功预约访谈对象，但容易导致访谈内容变为"友善性批判"和"只有正面评判的报告"。在对认证专家和认证管理部门进行访谈时，也要格外注意强调访谈的学术行为。因为美国学者斯克列文曾指出，元评价中容易产生"分离主义悖论"，即"那些以评估别人工作为生的评估人员，因为人性的价值恐惧缺陷

（即一种被评估的时候会产生的普遍性恐惧），通常会抵制对他们自身的评估或服务"[①]。

二、认证有效性访谈调查的实施

在制定了 4 类不同访谈提纲的基础上，2021 年 9 月—2022 年 2 月，研究者以各种身份与师范类专业认证的利益相关者进行了 51 场访谈，访谈对象详细情况统计表如表 5-1 所示。从访谈形式上来讲，90%以上采取了面谈的方式，并依据访谈笔记和录音整理成了相应的访谈摘要单。

表 5-1　师范类专业认证有效性访谈对象详细情况统计表

序号	编号	形式	专业认证中的身份	序号	编号	形式	专业认证中的身份
1	H1	面谈	高校处长	23	A8	面谈	专家、专家委员会委员
2	H2	面谈	高校专业教师	24	J1	面谈	市基础教育行政管理部门人员
3	H3	面谈	高校副校长	25	A9	面谈	专家、专家委员会委员
4	H4	面谈	高校专业负责人	26	A10	面谈	专家、高校校长
5	H5	面谈	高校专业教师	27	A11	面谈	专家、高校院长
6	H6	面谈	高校院长	28	J2	面谈	基础教育研究人员、专家
7	A1	面谈	专家、专家委员会委员	29	H12	面谈	高校院长、专业负责人
8	H7	面谈	高校辅导员	30	H13	面谈	高校副院长、专业负责人
9	S1	面谈	师范生	31	H14	面谈	高校副院长
10	H8	面谈	高校副院长	32	S5	面谈	师范生
11	A2	面谈	认证机构负责人	33	S6	面谈	师范生
12	H9	面谈	高校副院长、专业负责人	34	S7	面谈	师范生
13	A3	面谈	专家、专家委员会委员	35	S8	面谈	师范生
14	H10	面谈	高校副院长、专业负责人	36	H15	面谈	高校副院长、专业负责人
15	S2	面谈	师范生	37	H16	面谈	高校院长
16	A4	面谈	专家、专家委员会成员	38	J3	面谈	小学校长、专家
17	A5	面谈	认证机构负责人、专家委员会委员	39	A12	面谈	专家、高校处长
18	A6	面谈	认证机构人员	40	J4	面谈	中学教科研处主任
19	A7	面谈	教育行政部门负责人、专家委员会委员	41	A13	面谈	认证机构管理人员
20	S3	面谈	师范生	42	J5	面谈	中学教师
21	S4	面谈	师范生	43	H17	面谈	高校院长、专业负责人
22	H11	面谈	高校院长	44	S9	面谈	师范生

① Scriven M. Evaluation Thesaurus[M]. 4th ed. California：Sage Publications Inc，1991：230.

续表

序号	编号	形式	专业认证中的身份	序号	编号	形式	专业认证中的身份
45	H18	语音	高校处长、专家委员会委员	49	A15	语音	认证机构管理人员、专家
46	J6	语音	中学校长、专家	50	A16	语音	认证机构人员、专家委员会秘书处成员
47	H19	语音	高校院长、专业负责人	51	A17	面谈	认证机构管理人员
48	A14	面谈	专家、高校院长				

在访谈结束后,研究者将研究的对象按照不同访谈提纲进行编号,分别将认证专家与管理部门人员编号为 A、高校教师与管理人员编号为 H、师范生编号为 S、基础教育实践基地与用人单位人员编号为 J 进行区分整理。部分访谈对象在认证中具有多重身份,着重按照其某一种身份进行了访谈,以访谈提纲问题不同加以区别。

在师范类专业认证的利益相关者中,"接受认证专业所在高校"作为接受认证的主体,其在现实中的分布最广泛,并且高校中的人员类型多种多样,因此在访谈对象中数量最多。本研究访谈对象涵盖了部属综合院校、部属师范院校、地方综合院校、地方师范院校中的校领导、管理部门人员、学院领导、专业负责人、专业教师、辅导员等共 19 位相关人员。

师范生是认证中的一类特殊的利益相关者,他们是认证有效性的最终体现者。由于这一群体对认证的整体流程等不够了解,通盘考虑之后将他们排除在问卷调查之外,但在访谈中着重访谈了 9 批次不同学校、不同专业的 100 多位师范生,按照批次分别编号为 S1—S9,以全面了解学生视角中的师范类专业认证有效性。

认证机构人员与认证专家是对师范类专业认证全过程最熟悉的人员,他们对师范类专业认证的有效性评价也最有发言权。本研究访谈了不同区域、不同身份、不同专业背景的 17 位相关人员,包括 8 位认证管理人员和 9 位认证专家。

中小学和幼儿园等基础教育单位作为师范专业的实践基地与用人单位,是师范类专业认证的重要利益相关者,也是重点访谈对象。因此,本研究对包括基础教育行政管理部门人员、基础教育研究人员、基础教育学校领导(中小学)、基础教育学校教科研处主任、基础教育教师等对认证较为了解的 6 人进行了访谈。通过访谈可以明显感受到,他们对参与认证及师范人才培养普遍缺乏动力。他们也提到,基础教育中的普通教师,普遍没有参与过专业认证,对于认证的感知程度较低。如果连协同认证都做不到,那么需要合作的协同培养更难实现,这是师范类专业认证应注意的问题。

 ## 第二节 师范类专业认证有效性价值二次挖掘思路

"有效性的评价始于价值,终于价值"[①]。认证有效性的评价结论更接近认证有效性对各利益相关主体需要满足程度的价值判断。也可以认为,实证分析是师范类专业认证有效性研究的基础,而价值性分析体现了认证有效性研究的目的性和深刻性,两者结合在一起构成

① 周作宇.元评价问题:评价的循环与价值原点[J].大学与学科,2020(01):47-57.

了师范类专业认证有效性的全貌。本节主要通过访谈材料从价值层面对认证有效性进行二次挖掘,总结师范类专业认证有效性"好"在哪里,也就是通常讲的师范类专业认证发挥了什么作用,在什么方面"有效"。

一、认证有效性价值二次挖掘需从客观事实和主观建构两个层面进行

对认证有效性价值进行两个层面挖掘的分析思路源于第四代评价理论中通过评价建立价值协商机制的建构主义评价范式。对师范类专业认证有效性价值进行二次挖掘的过程,其实就是一个在实证调查分析的基础上将各利益相关者在访谈材料中对认证有效性产生的不同主张、争议进行协商融合,最终形成具有共识的认证有效性价值观的过程。

对师范类专业认证有效性的研究,从本质上来讲是一种评价研究,其不同于纯科学研究活动的鲜明特征在于评价中的"价值判断"。利益相关者对于认证有效性"好"和"坏"的评价结论,在一定程度上都是基于主体的价值判断。然而,作为有效性研究中的价值判断并不是纯粹的主观判断,要以事实为依据。可以认为,师范类专业认证有效性带有事实评价和价值评价的双重属性特征。双重属性就如同DNA的双重螺旋般交织在一起,只有对两个方面都进行了分析,才能得到全面的有效性,只研究任意一方都不能达到理想的效果。按照第四代评价理论的观点,在价值评价中,不仅要采取问卷法从客观事实层面直接进行分析,面对师范类专业认证这类复杂的社会领域事务,也要通过深度访谈等方法从主观建构层面理解、批判和协商,以尽可能寻求到或建构出价值共识。也就是说,想要将师范类专业认证有效性中的价值进行全面展现,就需要从客观和主观两个层面进行,尤其是需要在实证调查结果基础上将各利益相关者访谈材料中呈现出来的有较高公认度和主体间一致性的认证价值进行深入挖掘、归纳和呈现。

通过深度访谈发现,各利益相关主体因对认证需求和认识的不同,所以其对认证有效性判断确实存在一定区别。例如,在访谈中,有的主体基于自己的经历认为认证的"有效"主要在于对师范教育教学理念的更新层面。同时,也有的主体通过观察认为认证对教学理念的影响只限于表面,而并未深入大部分教师的日常教学实际中,因此认证在这一方面是"无效"的。部属高校的大部分访谈对象基于自身环境认为,认证的"有效",集中体现在课程与教学理念改革方面,使他们受益较多。省属高校的大部分访谈对象根据他们的感受认为,认证的"有效"更多地体现在师范专业办学条件与投入方面的提升。综合性高校的访谈对象则认为,认证的"有效"更倾向于体现在师范专业在校内地位和受重视程度的提升。对于师范类专业认证有效性价值的分析,需从客观事实和主观建构两个层面进行,从这些代表客观或主观的问卷、访谈材料中挖掘既有事实基础又有较高公认度和一致性的认证价值。尤其是在主观建构方面,需要将各利益相关者对认证有效性产生的不同主张、争议进行协商融合,最终形成具有共识的认证有效性价值观。

二、认证有效性价值二次挖掘可按情景确认与社会论证两部分进行

价值的客观性问题是进行二次挖掘的底层逻辑。价值客观性的判断涉及主体对现实世界的认识。卡尔·波普尔曾将世界三分化,世界Ⅰ是客观世界,世界Ⅱ是主观世界,世界Ⅲ

是客观知识世界①。对师范类专业认证有效性价值的全面分析，是在事实基础上的综合价值客观判断，应在客观世界中进行，是一种基于主体进行主观建构的客观世界。在这一世界中，通过协商、交流等方式，各主体之间可以形成一致性较高的公认价值，也就是一种具有客观性的价值。

根据弗兰克·费希尔提出的政策评价的二维顺序逻辑观点，除项目结果验证所代表的第一顺序层面有效性评价以外，还应该注重从社会论证所代表的第二顺序层面进行有效性评价，发掘项目对社会整体的价值贡献和为解决社会问题提供的合理基础②。本研究为了更好地从"实证"与"建构"两个层面进行分析，将费希尔提出的社会论证和社会选择系统整合为第二顺序层面更广义的"社会论证"。因此，可以将师范类专业认证有效性价值分为两个部分进行分析，第一部分是代表实证主义视角的有效性价值，为师范类专业认证有效性框架下的认证价值"情景确认"。第二部分是代表建构主义视角的有效性价值，更加关注师范类专业认证有效性的"社会论证"。情景确认和社会论证都建立在客观世界之上，又从两种不同的逻辑层面对认证的有效性价值进行了挖掘，两者的结合形成了比较完整、全面的师范类专业认证有效性价值。

正如卡尔·波普尔所说，"情景确认"是一种社会学上的解释逻辑逼近过程，因为"情景确认不是仅仅再次展现过去经历，而是系统整合基于个体推测的情景分析的客观论据，得到一个很好的逼近并且优于某些试验的解释"③。"社会论证"是认证有效性研究的另一项重要内容，要获得全面的师范类专业认证有效性价值，不能仅仅分析师范生或师范专业是否达标这一"个体"层面的有效性，更要发掘认证在促进教师教育振兴、深化教育评价改革等"社会"层面的价值贡献，以及理解师范类专业认证为有效实现"办好人民满意的教育"等社会精神追求所提供基础支撑的更深层面社会价值。可以说，师范类专业认证有效性的"社会价值"是在特定的历史时期通过一种系统方式在宏大社会系统发展层面产生独特意义，并为某些更宏大的社会系统发展所奠定的理念和行动基础。

 ## 第三节　师范类专业认证有效性价值的情景确认与社会论证

师范类专业认证有效性调查的模糊综合评价分值为"3.96"，偏向于"较好"等级，表明调查对象对认证有效性在个体定量评判层面给予了较好的肯定。通过对50多位认证利益相关者访谈发现，虽然各主体对于认证有效性价值判断的关注点有所不同，但调查总体呈现出"肯定性答复"多于"问题性反馈"。不但印证了问卷调查数据的分析结论，也反映出我国师范类专业认证作为一项基于多轮本科教学评估和工程教育专业认证经验基础上建立起来的认证制度，以其在推动师范教育改革等方面的独特价值获得了利益相关者对其有效性较好的认可。

① 卡尔·波普尔.客观知识：一个进化论的研究[M].舒炜光，卓如飞，周柏乔，等译.上海：上海译文出版社，2015：6-12.
② 弗兰克·费希尔.公共政策评估[M].吴爱明，李平，等译.北京：中国人民大学出版社，2003：17-19.
③ 卡尔·波普尔.客观知识：一个进化论的研究[M].舒炜光，卓如飞，周柏乔，等译.上海：上海译文出版社，2015：35-36.

一、认证有效性分析框架下的价值情景确认

目前,我国师范类专业认证还处于铺展实施阶段,对其从体系设计、过程、结果等方面进行价值"情景确认",比单纯对认证结果进行"项目验证"更有意义。"作为一个规范的推理过程,'情景确认'将有效性辩论的重点从项目验证的终结性评价转向了证明目标、过程及结果衡量标准的正当性上"[①]。"情景确认"将事实置于标准和规则的规范背景下,对事实与价值之间的逻辑关系进行实质性判断,为公共政策执行评价领域提供了一种有效的解释方式。为了达到价值"情景确认"的目的,认证有效性评价应该将实证主义定量研究转化为规范分析与定性讨论相结合的阐述方法,尤其是在采取深度访谈法时,要对利益相关者的评价情景逻辑和个体特殊目标信息进行"情景确认"。

冯平在《评价论》中认为,"要把握评价活动的有效性,就不能停留在分析评价活动本身上,必须要将其放入其所属的那个发现价值、实践价值和创造价值的情景中,判断评价活动对其所发挥的作用"[②]。因此,本研究按照有效性价值在认证各个方面的不同体现,沿着"体系有效性—过程有效性—结果有效性"的分析框架,对师范类专业认证有效性进行价值"情景确认"。考虑篇幅原因,由于 37 个三级指标过于复杂,因此,仅从分析框架中的"目标效度、准则效度、策划效度、结构效度、专家效力、评建效力、审查效力、监管效力、达成效能、应用效能、长效效能"11 个二级指标维度进行价值"情景确认",结合问卷数据与访谈资料解释有效性事实与价值之间的判断逻辑关系,探寻师范类专业认证在认证设计、认证实施、认证成果中的公认价值,以反映师范类专业认证到底在哪些方面有效,如何有效。

(一)体系有效性:认证设计中价值有效概念化的情景确认

师范类专业认证体系有效性的模糊综合评价分值为"3.91",比过程有效性和结果有效性的综合评价分值低。这一分值表明在体系设计方面,调查对象意见较大。通过访谈发现,各利益相关主体对认证体系设计方面持有一定的肯定态度。但因为认证执行过程和结果应用的种种问题,弱化了其对体系有效性的理性感知。这并不妨碍师范类专业认证通过目标、策划、结构等制度设计对教师教育振兴和师范教育改革进行概念化的建构,并在一定程度上有效地促进教师教育振兴和引导师范类专业的改革。按照荀振芳对于教育评价的价值分类,其认为教育评价存在教育价值、管理价值、社会价值等三种价值[③],师范类专业认证体系有效性中的价值更倾向于教育价值。通过教育价值的引导功能,使评价中的各主体形成一定的理念,进而使评价成为一种可能发现价值、实现价值、创新价值的自觉意识。

1. 认证目标设计吹响了教师教育振兴号角

面对开放化背景下的教师教育质量滑坡和综合化背景下的师范教育特色危机等问题,国家对于实现教师教育振兴出台了一系列政策,打出了一套组合拳。例如,相继发布了《关于全面深化新时代教师队伍建设改革的意见》《教师教育振兴行动计划(2018—2022 年)》等

---

① 弗兰克·费希尔.公共政策评估[M].吴爱明,李平,等译.北京:中国人民大学出版社,2003:74.
② 冯平.评价论[M].北京:东方出版社,1997:289.
③ 荀振芳.大学教学评价的价值反思[M].青岛:中国海洋大学出版社,2006:71.

文件①。上述文件是对教师教育振兴的总体把握和基本遵循，立意宏观。但教师教育振兴亟须一个突破口加以落实，这个突破口需要找准成为攻破教师教育多年积弊的着力点，这个着力点需要有足够的分量撬动教师教育改革，以实现教师教育振兴的目标。而师范类专业认证在设计之初就具备这些条件的"大动作"。

要切实振兴教师教育，就必须对教师教育中最关键的师范专业地位弱化和人才培养质量下降等关键问题进行扭转。在师范类专业认证目标设计中，师范类专业认证以人才培养质量达标为切入点，推动高校以认证理念和标准的眼光看待师范类专业的发展，倒逼高校加大对师范类专业发展的支持，使师范类专业在校内有机会与工程、医学等专业以同等的认证赛道竞争资源，能够对综合化办学后高校中的师范专业地位的弱化起到扭转作用。

访谈中，某地方综合院校的院长认为，"专业认证是一种在高校或者社会层面上为师范类专业争取平等待遇的政策选择，是振兴教师教育的有力之举"（H17）。大部分访谈对象认为，认证所设计的目标正在逐步实现，表现为师范类专业得到了相应重视，在校内地位有所提升，教师教育振兴的号角已经吹响。有的教育行政部门负责人认为，"从各高校的'十四五'规划中也可以看出，很多综合类院校纷纷建立起了师范学院，重新擦亮了师范底色，教师教育正在认证设计的轨道中实现振兴的目标"（A7）。

2. 认证理念设计引领了师范教育体系重塑方向

师范类专业认证引导的师范教育改革是一种体系重塑式的系统工程。师范类专业认证以"学生中心""产出导向""持续改进"为设计理念，以此来引领师范教育体系重塑的方向②。"学生中心"的认证理念引导教育观更新方向，"将教学从'以教定学'转向'以学定教'，从关注教师教什么转向关注学生学什么和为什么而教"③。"产出导向"的认证理念引导培养观更新方向，"将培养重心从'知识输入'转向'能力输出'，从关注学生学什么知识到关注学生应具备哪些能力和能做什么"④。"持续改进"的认证理念引导质量观更新方向，将质量保障从"只评不改"转向"评改闭环"，从关注评价结论到关注常态化评价机制的建立，以及根据评价结果改进了什么⑤。

认证的三大理念为师范类专业建设与师范教育改革指明了新的方向，纠正了师范教育在过去办学中的理念偏差，为师范类专业提供了规范且目标明确的发展思路。目前，认证的理念正在被师范类专业和其他利益相关者广泛接受，甚至许多非师范类专业也开始按照师范类专业认证的理念修改人才培养方案和改革教学方式。访谈中有的认证专家认为，"办学和教学理念的转变是认证中最大的胜利，因为这是一种颠覆性的胜利，所以会出现阵痛期"（A1）。

---

① 刘珊.农村学校定向音乐师范生培养研究[D].长沙：湖南师范大学，2021：26-30.

② 赵强，王丽丽，张炜.师范类专业认证推进理路：沿革、误区与转向[J].华南师范大学学报（社会科学版），2022（01）：53-60.

③ 路书红，黎芳媛.专业认证视角下的师范专业发展探析[J].教育发展研究，2017（22）：65-69.

④ 周晓静，何菁菁.我国师范类专业认证：从理念到实践[J].江苏高教，2020（02）：72-77.

⑤ 鲍洁.专业认证：促进高校人才培养质量提升的重要途径[J].北京联合大学学报（自然科学版），2013（02）：19-23.

3. 认证标准设计构建了师范教育改革方法

师范类专业认证最核心的设计内容是其认证标准,在认证标准的设计中将认证的目标、理念等进行具体化和可操作化的转变。认证标准是教育评估机构组织开展认证的方针指南,是专家考查评判的重要依据,也是专业自评自建的核心遵循。国外认证实践表明,"通过落实认证标准可以促进教师教育专业从经验化办学走向标准化办学"[①],在师范类专业认证的指引下,我国师范专业也正在从经验办学的 1.0 时代转向标准化办学的 2.0 时代。"师范类专业认证标准可以认为是我国教师教育标准体系中的职前教师培训标准"[②],认证标准整合了教师教育专业标准、教师教育课程标准等教师教育相关标准,形成了统一意义的师范人才培养质量标准,引导专业设定合理、明确、清晰的师范生培养标准。通过建立认证标准要求的"三个三(三个产出、三个支撑、三个达成)体系",将师范人才培养分解成若干可以实施的内容,为师范教育改革提供切实可行的方法。具体来讲,认证标准设计中的"三个产出"包含培养目标、毕业要求和课程目标,是师范人才培养全过程目标制定的分解方法。"三个支撑"是毕业要求对培养目标的支撑、课程体系对毕业要求的支撑和课程教学对课程目标的支撑,是师范人才培养过程体系设置的分解方法。"三个达成"包含课程目标达成评价、毕业要求达成评价和培养目标达成评价,是师范人才培养目标实现路径的分解方法。

在访谈中,有的认证专家委员会委员通过亲身参与认证标准的制定和实施认为,"认证对于师范类专业犹如一缕春风,为其送来了专业办学和教育改革的方法论层面的工具"(A5)。师范类专业认证标准体系设计有效地将认证的目标和理念转化为可实践的内容,为师范类专业如何进行改革提供了方法论上的指导和可持续的改革路径。在访谈中,许多师范类专业负责人对认证标准所提供的改革方法感触颇深,他们认为,"认证标准所提供的改革方法有效解决了多年来经验办学惯性造成的专业培养目标与社会需要相脱离、教师因人设课造成的课程体系与培养目标相脱离、课程内容随意性较大造成的课程内容与课程目标相脱离等根本问题,保证了专业培养目标与科学培养目标之间、专业培养目标与培养过程之间的逻辑一致性,因此保障了专业产出的是外界所认可的师范类人才"(H9)。

4. 认证结构设计协调了师范教育与外部的逻辑关系

专业认证与专业评估最大的区别就是专业认证这一制度本身具有较高行业属性和行业参与度。专业认证的"专业"范围是社会职业中专业化程度较高并与社会重大事项紧密相关的专业[③]。如图 5-1 所示,在师范类专业认证的结构设计中,通过认证的"三个三"要求,对师范教育与外部的逻辑关系进行协调,将师范类专业办学与行业的岗位需求进行对接。在认证设计中,师范专业逐步通过建立 UGS 协同培养机制等方式与外界形成培养共同体,解决师范教育与国家、区域社会经济发展和基础教育改革发展要求相脱离的症结,提高师范专业人才培养的有效性[④]。

---

① 周钧.美国教师教育认可标准的变革与发展——全美教师教育认可委员会案例研究[M].北京:北京师范大学出版社,2009:244.

② 张松祥.我国师范专业认证需要关注的若干问题及其对策研究[J].教育发展研究,2017(Z2):41.

③ 范爱华.专业认证与专业评估之辨析[J].黑龙江教育(高教研究与评估版),2007(11):91.

④ 赵强,王丽丽,张炜.师范类专业认证推进理路:沿革、误区与转向[J].华南师范大学学报(社会科学版),2022(01):53-60.

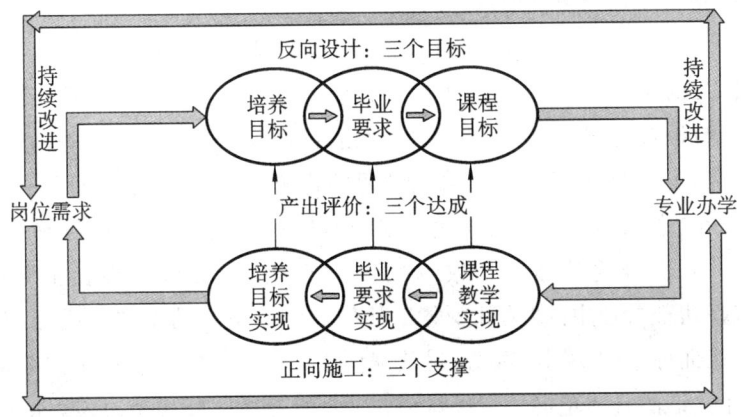

图 5-1　师范类专业认证设计中专业办学与岗位需求对接示意图

注：本图来源于评估中心在重庆举办的 2021 年师范类专业认证第一期专家培训会中宋冬生教授的"把准认证标准重点，提高认证专业化水平"课件。

　　师范类专业认证吸纳了超过 40% 的高校之外的其他领域专家参与认证的设计、评建、考查与审议工作中，吸纳了外部基础教育对于师范教育的优秀建议和合理需求。访谈中有的专家认为，"师范类专业认证让外界的需求进入师范教育中，缓和了师范教育与外部需求的逻辑冲突，改变了师范教育与外界的关系，师范专业在制定人才培养方案时更加注重多元化需求了"（A4）。有的中学教师反馈，"在人才培养方案修订会上，我们把基于基础教育视角对课程与教学改进的意见反馈给了专业负责人，专业负责人吸纳了人才培养方案，这让我们觉得自己真正成了师范专业的相关者"（J5）。

　　专业认证在引导师范教育关注外部需求的同时，也引导行业界等相关利益者更加关心并全面参与师范教育中。有的基础教育学校校长反馈，"近几年来，我们受邀到高校参加人才培养方案修订、讲座授课和学术会议的次数越来越多，专业对实习生指导的要求也越来越多，这在一定程度上也促进了我们自己的改革，并将这些改革运用到师范实习生培养中"（J3）。专业认证通过其结构设计搭建了师范教育与外部连通互动的平台，协调了师范教育与外部的逻辑关系，为解决师范类专业人才培养与外界需求脱离、教学内容与基础教育改革缺乏融合、理论学习与教育实践脱节等问题提供了方向指引，使师范教育越来越得到外部的认可。

（二）过程有效性：认证过程中价值有效具体化的情景确认

　　认证"过程有效性"模糊综合评价分值为"4.01"，在三大一级指标中得分最高，表明认证的过程有效性价值得到了广泛认可。在师范类专业认证有效性中，相比于结果，其实过程更重要，只要在认证过程中真正对认证理念与标准进行了领会与落实，其收获就远比"通过认证"这一认证结论带来的收获更加重大与深远。各类主体在认证过程中，将认证的理念、标准等概念化的价值转化为专业指导、专业评建、专业审查、认证监控等具体化的认证行为，使师范类专业认证的有效性价值得到直观和具体的情景体现。

1. 专家以指导与审查传递认证价值

在师范类专业认证有效性问卷调查中，认证"过程促进性"指标的模糊综合评价分值为"4.13"，在所有三级指标中得分最高。专家投入度分值为"4.12"，在所有三级指标中得分排名第二。这两项数据都表明，在认证过程中专家通过对专业的指导与审查，把认证的理念与标准较好地传递给了专业，得到了专业和行业界的普遍认可，使认证的价值得以扩展。

毛泽东同志在《中国共产党在民族战争中的地位》中指出，"政策路线确定之后，干部就是决定的因素"①，以此强调了"关键少数"对于一项事业执行的重要性。在师范类专业认证中，认证专家就是认证事业中的"关键少数"，他们对师范教育的见解与涵养、对师范专业的关心与情怀、对认证理念的认同与践行、对认证埋头苦干的热情及坚持正派公道的作风都深刻地影响着专业认证的具体走向。可以认为，"认证专家的工作质量决定着认证的质量"②。

调查显示，总体而言，专家们对于认证的理念和价值的传递是比较到位的，专家们用自己的实际行为践行着认证理念与标准，也将这一信念有效传递给了师范专业，使认证的理念与标准得以深入人心，使认证的价值得以更加广泛地彰显。具体表现在专家们基本能够聚焦认证"两线"的考查重点，对专业对标建设的关键点进行整体把关与指导，能够从学校、学院、专业及师生等不同层面审查与促进专业认证工作的开展与落实。特别是能从历史、定位、特色发展等方面为专业问诊把脉，促进专业长远发展，使专业对于专家工作的总体认可度较高。有的专业负责人在访谈中表示，"从自评指导环节开始，专家们就指导专业领会认证的理念与标准，使专业认识到如何正确开展自评自建，并在认证结束以后的长久发展过程中都能运用这些理念持续提升专业质量"（H10）。

2. 高校以自评自建践行认证价值

专业认证的有效性很大程度上是在专业自评自建过程中得以体现的。有学者认为，在认证评建过程中，"以评促建"的促进作用才是认证最大的价值。可以说，专业自评自建的有效性对于专业认证整体的有效性具有决定性作用。自评自建是专业在将认证的理念、理论中的概念化的价值变成实实在在的培养标准和教学行为的过程，是将认证标准践行到培养目标设计、教学方法改革等具体事项中的过程。

从具体成效来讲，目前，大多数师范类专业在自评自建过程中能够按照认证中反向设计、正向施工的"主线"思路，将基础教育改革及新时代教师队伍建设的需求纳入专业人才培养目标中，初步建立了由相关行业专家、校内教师和专家、在校生和毕业生等利益相关方共同参与培养目标制定的多元评价机制；按照认证要求，重新修订了人才培养方案，并按认证标准对课程与教学、合作与实践、条件与保障进行了相应的配置改革；建立了面向产出的内部评价机制和质量监控体系，制定了各教学环节质量标准，确保师范类人才培养质量③。通过认证理念与认证标准的实践，师范专业走出了传统的经验型教学范式，从整体上规范化了专业建设。将认证的优秀理念转化为逐步提升的人才培养质量。

---

① 毛泽东.毛泽东选集第二卷［M］.北京：人民出版社，1991:36.

② 杨昆昆.产出导向下高师院校教师教育课程评价改革研究——以 D 大学为例［D］.长春：东北师范大学，2021:53-59.

③ 周建华，银海强.以师范类专业认证为突破口 做强做优教师教育［N］.湖南日报，2020-09-24(15).

以某个接受认证的专业为例,通过对比表 5-2 与表 5-3 中该专业认证前后人才培养方案修订中的教师教育部分课程设置的变化,可以清晰地发现,"学生中心,产出导向,持续改进"的认证理念改变了该专业人才培养的理论基础。这一专业正在按照认证的理念与标准,对过去专业办学中的问题进行改正,不但修订了人才培养的目标,而且对人才培养中尤为重要的课程体系进行了重塑式的修订,使专业人才培养更加规范化与科学化。例如,去掉了"毕业论文写作与指导""专业创新、创业训练"等因人设课等明显不合理、与培养目标逻辑联系不紧密、对毕业要求支撑作用不强的课程。通过认证强化了师范类专业的"师范性",在课程体系中对教师教育课程进行了加强,增加了"教师职业道德""班主任工作艺术与班级管理""中学生心理发展与学习"等对接教育需求的课程。通过认证,强化了师范类专业的"实践性",在课程设置中将"教学实习"的时间从 10 周拉长到 18 周,加入了"教育研习"内容,强化了实践教学。

表 5-2　某专业认证之前人才培养方案中教师教育部分课程表

课程类别	课程性质		课程编号	课程名称	学分数	课内总学时				实践学时
						小计	理论	实验	上机	
专业教育课程	选修课	选修模块	ZX01101	专业导论	0.5	8	8			
			ZX01102	书法	1	32				32
			ZX01103	中国文化概论	2	32	32			
			ZX01104	文体写作	1	32				32
			JY07001	当代教育学	2	32	32			
			JY07002	学与教的心理学	2	32	32			
			JY17001	现代教育技术	1	32			32	
			ZX01105	毕业论文写作与指导	0.5	16				16
			ZX01106	专业创新、创业训练	1	32				32
			ZX01107	应用写作	1	32				32
			ZX01108	教师口语	0.5	16				16
				小计	12.5	296	104		32	160
	必修课	集中综合实践课	ZB01121	专业见习	2	2 w				2 w
			ZB01122	专业综合实践训练	2	2 w				2 w
			ZB01123	专业实习	10	10 w				10 w
			ZB01124	毕业论文	8	8 w				8 w

表5-3　某专业按认证要求修订后人才培养方案中教师教育部分课程表

课程类别	课程性质	课程编号	课程名称	学分数	课内总学时					实践学时
					小计	理论	实验	上机	实训	
教师教育课程	必修课、选修课、综合实践课	ZB220101020	书法	1.5	32	8			24	
		JY220100001	教师口语	0.5	12				12	
		JY220700001	学与教的心理学	2	32	32				
		JY220700002	当代教育学	2	32	32				
		JY221700001	现代教育与信息技术应用	1.5	32	8			24	
		ZB220101021	教师职业道德	1	16	16				
		ZB220101022	中学生心理发展与学习	2	32	32				
		ZB220101023	班主任工作艺术与班级管理	2	32	32				
		ZB220101024	中学语文教学技能训练	1.5	32	8			24	
		ZB220101025	研究性学习指导与管理	1	16	16				
		ZB220101026	朗诵与朗读训练	1	24				24	
		ZB220101027	演讲与口才训练	1	24				24	
		ZB220101028	中学语文名师研究	2	32	32				
		ZB220101029	中学语文教学热点与疑难问题研讨	1.5	24	24				
		ZB220101030	教师礼仪	1	24				24	
		ZB220101031	专业综合训练	2	2 w					2 w
		ZB220101032	教育见习	2	2 w					2 w
		ZB220101033	教育实习	6	13 w					13 w
		ZB220101034	教育研习（教育调查、教育训练等）	1	3 w					3 w
		ZB220101035	专业技能训练（练讲、书写、课件等）	4	4 w					4 w

　　以另一个接受认证的专业为例，如表5-4所示，通过对这个专业《教育学》大纲中教学方法修订内容进行对比可以发现，随着专业认证评建的深入，专业已经将认证的理念与标准深入融合教学手段与教学方法的改革中，对于教学方法设计的层次性更加明显，而且按照"学生中心"的理念倡导学生自学与发展，加入了"线上学习、课外阅读、课堂讨论、教育见习、问题式、案例式、探究式"等较多与时俱进的新型教学方法。将教学方法与认证要求的"教育意识""教育观""教育情怀"等联系起来，使教学方法有了"存在的逻辑和理由"，保证了从培养目标到课程体系，再到教学实施的逻辑一致性。通过贯彻践行认证标准要求，以教学理念与教学方法的改革落实教学质量的提升，践行认证价值。

表 5-4　某师范专业《教育学》大纲中教学方法修订内容对比表

	教学方法要求
修订前	《教育学》是一门理论与实践高度结合的学科。从教学方法上来讲，以讲授为主，辅之以讨论、自学、调查、看录像、听报告等方法进行教学；充分利用多媒体辅助教学，紧密结合教育教学的实践，阐明教育学的基本知识和基本理论；注意实践性教学环节，培养学生从事教育、教学工作的技能；通过教育论文的写作，培养学生进行教育科研的兴趣和能力
修订后	《教育学》是一门理论与实践高度结合的学科。从教学方法上来讲，以讲授为主，倡导学生自学，辅之以线上学习、课外阅读、课堂讨论、教育见习、问题式、案例式、探究式等方法进行教学；充分利用指定教材和多媒体辅助教学，紧密结合教育教学的实践，阐明教育学的基本知识、基本理论和基本原理，形成教育意识和正确的教育观；通过课外阅读、文献查阅、教育问题提问、课堂交流讨论，培养学生进行教育思考和教育研究的兴趣和能力，形成学生的教育情怀

在访谈中，高校师生普遍反映，虽然在认证自评自建时的材料梳理和教学改革做得很辛苦，但同时也有较大收获，对自身以后发展有非常大的帮助。可以说，只要专业在评建过程中认真准备，付出了行动，就会有所收获。有的专业负责人深有感触地讲到，"认证是一套有效的工具，认证在自评自建过程中有真的投入就有真的收获"（H4）。师范生们也认为，"通过认证，使自己对本专业更加了解，通过参与专业人才培养方案的制定，使自己更加具有主人翁的意识，提升了自己的专业归属感和认同度。人才培养方案和教学方法改革后，虽然学习很辛苦，但也提升了专业自信心"（S1）。实践基地负责人认为，"高校按照认证的标准对教育实习进行了规范要求，最明显的变化就是实习指导老师来基地的次数变多了，基地老师的报酬也有所上涨，这些改变促进了师范生实习质量的提升，这些改变就是认证最好的价值体现"（J3）。

3. 认证组织机构以管控与监督坚守认证价值

教育行政部门与认证机构是专业认证的掌舵人，他们控制着认证进程的总体方向。这些认证组织机构对认证过程中碎片化、形式化、评估化、功利化等问题的纠正，保障着认证价值传递的不偏离。通过这些认证组织机构的规范实施，形成了良好的认证行业声誉，提高了社会民众对师范类专业认证及师范教育的信心。

以评估中心为代表的认证机构在认证实施过程中，通过对认证进行有效管控，使认证的价值传递得以更好实现。例如，对认证标准的考查重点从最开始的八大一级指标均面面俱到，到后来聚焦"主线"和"底线"相关的五大重点指标，引导解决认证过程中的碎片化问题，使认证更有方向感，集中精力解决现阶段问题，有效实现认证的阶段性目标。又如，通过取消二级指标评判结论 ABC 个数与整体认证结论的挂钩关系，力求减少专业对于评判结论 ABC 个数的追求和攀比，引导解决认证过程功利化问题，扭正认证中的不良现象。通过运用信息技术，使教师教育质量监测系统、认证管理信息系统与本科教学状态数据对接，保证认证信息的准确性，防止数据造假等行为损害认证的公平性。访谈中有的认证机构管理人员认为，"认证机构对于认证过程的把控非常重要，除认证纪律这些明面上的管控以外，当专家出现不按标准评判或者专家评判前后逻辑不对的时候，需要认证机构对其进行扭正，保证认证结论的科学性与一致性，以坚守认证结论的权威与公正"（A15）。

(三)结果有效性:认证结果中价值有效优化的情景确认

虽然认证过程是推动师范类专业内涵建设及质量提升的重要环节,但师范类专业认证的有效性更直观的体现还是在认证结果有效性中。认证结果的有效性,不但是认证工作的落脚点,而且是认证的动力源泉,是使认证充满生机、活力地持续开展下去的重要保障。正是通过有效的认证结果及其应用,才能将专业认证所构建出来的价值体系在具体化为认证行动的基础上使专业和师生进一步获益,优化认证价值。根据有效性调查显示,认证结果有效性模糊综合评价分值为"3.96",偏向于"较好",表明认证结果的有效性价值在一定程度上得到了调查对象的认可。

1.专业在认证标准达成中提升质量

师范类专业认证最显著的成果就是专业按照认证的理念与标准进行自评自建,提升了专业办学水平和人才培养质量,最终达到了认证标准要求。认证结论向社会传递出的主要信息就是该专业人才培养质量达到认证标准。与结果应用等外在衍生型价值不同,认证的专业达标价值属于认证结果中的内在价值。如果说师范类专业认证最应该达到什么效果,就应该是通过认证的专业都达到了认证标准,而不是通过认证使专业拨款得到提升等。

如表5-5所示,在师范类专业认证有效性调查中,调查对象因认证带来的专业变化感受比较明显。尤其是与认证标准要求紧密相关的课程体系建设方面,52.90%的人认为,认证为此带来了巨大改变。除此以外,专业受重视程度、专业办学条件都有较大改变,并最终促进了专业人才培养质量的提升。在访谈中,有的专业负责人指出,"以我所在的英语专业为例,通过统计该专业学生在2018年认证后三年的专业英语四级通过率显示,2018年为87%,2019年为93%,2020年为95%,呈逐渐上升的趋势。我明显感受到,通过认证理念指引下的培养模式重塑与教学方法改革,学生的学习质量在某些方面是有所提升的"(H19)。

表5-5 调查问卷中"认证开展以来师范类专业最大的三项改变"结果统计表

认证开展以来最大的三项改变	小计	比例
专业受重视程度	187	38.80%
专业办学条件	139	28.84%
专业办学理念	194	40.25%
专业管理制度	152	31.54%
课程体系建设	255	52.90%
教学理念方法	162	33.61%
人才培养质量	112	23.24%
学生学习方式及氛围	56	11.62%
协同育人效果	93	19.29%
师资队伍建设	96	19.92%

值得注意的是,很多时候人们认为师范类专业认证"无效",是因为无意中放大了现阶段认证所应具备的能力,把认证当成了改革专业发展的特效药。对于专业认证的有效性,不应将其神化,应用合理的眼光和目标看待认证,这样认证的有效性价值才能真正浮出水面。师

范类专业的人才培养和专业发展是一个复杂的体系型问题，不能也不会通过一次专业认证就解决所有问题。专业认证作为现阶段师范教育改革的抓手，在认证自评自建过程中对于专业办学的规范化、科学化、标准化起到了巨大推动作用。问卷与访谈调查材料都显示，专业认证确实在这些方面取得了一定的改革成果，这便是现阶段认证结果有效性价值的一种有力体现。

师范类专业认证作为新兴事物，每个阶段的意义与价值不同。师范专业的办学传统和认证的新理念在接触、融合的过程中有一个适应期，这种适应理论上需要通过一轮甚至几轮认证的时间进行磨合。因此，在专业改革的过程中存在一定的阵痛期与不适应，这在理论上是合理的。有的认证机构管理人员认为，"第一轮师范类专业认证的意义在于'入轨上船'，用规范的轨道（也就是认证标准）改变师范类专业长久以来办学过程中的一些问题。第一轮认证搭好专业改革发展的架子，解决'形似'的问题，等到第二轮认证的时候，就可以逐渐深入改革，从'形似'走向'神似'。现阶段的认证结果达到现阶段的认证标准就够了，使师范类专业'入轨'就是现阶段认证的价值"（A5）。

2. 专业在认证结果使用中实现发展

"使用落实度"指标的模糊综合评价分值为"3.77"，在所有三级指标中得分最低。但以专业认证为契机，各地确实出台了一些对于认证结果使用的政策，将在未来一段时间中逐步得到实现，并影响师范教育的发展。

除《实施办法》中提出将认证结果作为师范类专业建设相关政策制定、资源配置、经费投入等方面的重要参考依据的总体性规定以外，各地也相继出台了一些具体的政策，通过认证结果的使用助推师范专业发展。例如，《安徽省普通高等学校师范类专业认证实施方案（试行）》提出，通过认证（包含有条件通过）的专业将被纳入安徽省质量工程品牌专业项目重点建设，其中通过第三级认证（包含有条件通过）的专业直接列为一流专业建设，由省教育厅予以奖补。《湖北省教师教育振兴行动计划实施意见》提出，根据师范类专业认证结果提高省属高校师范类专业生均经费。在教师招聘中，对通过第三级认证专业的应届毕业生可不进行笔试①。《中共广东省委 广东省人民政府关于全面深化新时代教师队伍建设改革的实施意见》提出，建立与师范专业认证结果挂钩的师范专业生均拨款标准动态调整机制②。《陕西普通高等学校师范类专业认证实施方案》提出，对于通过师范专业认证的高校给予经费支持。《中共贵州省委 贵州省人民政府关于全面深化新时代教师队伍建设改革的实施意见》和《云南省教师教育振兴行动计划（2020—2022年）》都提出，对未通过认证的专业，实行限时整改和退出机制等措施。

从认证结果的使用实际效果来讲，各地经过对认证结果的初步使用，在一定程度上确实实现了对专业发展的助推作用。例如，有的省份将通过认证作为申报教师教育综合改革试验区的前置条件之一，通过认证的专业实现了在项目申报时的优势。有的省份在已通过认

① 湖北省教育厅.湖北省教师教育振兴行动计划实施意见[EB/OL].(2020-08-28)[2022-03-11].https://www.eol.cn/hubei/hubwj/202008/t20200828_2003373.shtml.

② 中共广东省委 广东省人民政府.关于全面深化新时代教师队伍建设改革的实施意见[EB/OL].(2018-08-26)[2022-03-11].http://www.moe.gov.cn/jyb_xwfb/xw_zt/moe_357/jyzt_2018n/2018_zt03/zt1803_ls/201810/t20181018_351997.html.

证的 16 个专业中,有 13 个专业成为国家一流专业建设点,2 个专业成为省一流专业建设点,通过认证专业的专业地位和竞争优势得以提升。有的省份对通过认证的专业在承担地方"优师计划"时予以优先考虑,目前,该省"优师计划"承担的专业全部为通过认证的专业,通过认证结果的使用为该专业的招生和就业提供了优势。

3. 专业在认证整改推动中长效改进

"持续改进"是认证结论的另一种使用方式,也是将认证结果有效性价值进行优化的主要表现方式之一。有的学者认为,"认证结论既是结果,又是过程。作为结果,其是该专业教育质量已经达到认证标准的证明。作为过程,其是整改和持续发展的新起点"①。专业通过认证整改能够促进其持续提高教育教学质量。已有研究表明,专业认证不但对理念转变、课程改革等具有积极影响,而且促使高校从被动接受外部评价逐渐形成为主动开展内部改革的持续改进机制和质量文化,从而推动专业能够享受认证带来的长久效果②。

目前,师范类专业在认证理念和监控办法的指导下,普遍对认证进校考查结束后的持续改进有了新的认识,在一定程度上改变了之前"只评不改"的弊端。按照认证结论进行有效整改,对专业的质量提升产生了持久影响力。专业在整改过程中扭正前期缺陷,不断发挥认证的引领作用,实现专业的健康发展。访谈中有的专家认为,"目前,许多专业的工作重点正在从认证评建的'上半场'转移到认证整改的'下半场'。许多专业出台了整改办法,召开了整改大会,每年对整改情况进行梳理和报备。只要这股劲儿不松,专业就会长久受益,认证也就愈发能够体现其价值"(A3)。

二、认证有效性的社会价值论证

直接体现在事实中的有效性仅仅是师范类专业认证有效性的冰山一角,师范类专业认证的整体价值犹如一座冰山,主体都在水下。对师范类专业认证有效性的分析不应仅局限于事实本身,而应站在更广阔的社会系统整体角度论证。我国学者刘志军用"超规范性评价"的概念来表述一项评价活动,即不仅要从规范性角度判断现实中的已有价值,而且要以超规范性的视角发现那些评价主体在依据各自观点进行充分、有效的交流磋商中逐步达成共识而产生的新社会价值内涵③。国外学者弗兰克·费希尔也提出了要超越传统的政策评价狭隘的"事实—价值"两分法的"实证辩论"评价模式,他认为在对公共政策进行评价时,除关注第一顺序评价即现实层面的有用性以外,更要从价值层面关注公共政策对社会生产生活在方法性或者贡献性方面的价值,又或者是公共政策的基本理念与行动为解决社会问题提供合理基础的价值④。这一点类似于我国学者荀振芳所提出的教育评价价值三重属性中的社会价值属性⑤。

① 路书红,黎芳媛.专业认证视角下的师范专业发展探析[J].教育发展研究,2017(22):65-69.
② 赵悦,吴红斌,谢阿娜,等.国际医学专业认证有效性研究的现状与思考[J].中华医学教育杂志,2021(07):656-660.
③ 刘志军.教育评价的反思和建构[J].教育研究,2004(2):59-64.
④ 弗兰克·费希尔.公共政策评估[M].吴爱明,李平,等译.北京:中国人民大学出版社,2003:74.
⑤ 荀振芳.大学教学评价的价值反思[M].青岛:中国海洋大学出版社,2006:71.

马克思·韦伯将社会行为分为工具理性的、情绪理性的、传统理性的、价值理性的 4 类。对此,学者张红伟认为,"工具理性"关照社会行为的目的价值,而"价值理性"关照社会行为的终极价值①。师范类专业认证有效性的社会价值分析中,也需要从终极价值层面思考师范类专业认证的有效性到底是什么? 在目前特定的历史阶段中,专业认证的有效性价值不仅体现在潜移默化地改变着师范类专业的办学观念和办学实际本身,还应看到通过专业认证这种方式在师范教育外部评价领域中推进了"管办评"分离改革的深入程度,对于实现教育治理体系与治理能力现代化方面有着重要贡献。同时,师范类专业认证提升了整个社会对新时代教师队伍建设的认同和信心,为实现"办好人民满意的教育"的社会精神提供了合理基础。因此,从关照师范类专业的终极社会价值层面进行延伸和挖掘,可以呈现出师范类专业认证在更宏观的社会公共政策链中的有效作用。

(一)专业认证是实现教育治理能力与治理体系现代化的重要方式

有学者认为,"社会治理体系现代化过程就是领导、培育、规范社会组织,发挥其在配置社会资源中的决定性作用的过程"②。随着我国教育管理体制改革的推进,教育评估在引领教育资源配置中日益发挥出重要作用。教育评估这一局部性的治理活动因其广泛的影响而具有全局性的意义。也有的学者指出,"从专业评估到专业认证的制度设计变革,是治理思维在高等教育评估制度中逐渐明晰的标志,使教育领域治理能力与治理体系现代化建设向前推进了一步"③。

在社会治理体系现代化进程中,在培育社会组织时要充分考虑社会环境的生态契合问题。在我国社会市场尚未成熟的转型期,采取由教育行政部门直属的教育评估机构实施专业认证的方式具有一定的合理性。"在探索中前进,摸着石头过河",是我国社会政治经济改革中的重要经验。在我国教育治理体系改革过程中,不可能照搬西方的完全由社会中介机构来组织认证的模式,也不可能等到所有"管办评"逻辑关系都分离得清清楚楚后,再建立完全独立的社会中介机构来组织师范类专业认证。在目前特定的历史阶段中,介于政府与高校之间的体制内第三方教育评估机构的认证实践,在一定程度上推动着政府职能的转变,是实现"管办评"分离的阶段性尝试,是发挥社会性组织在配置社会资源中重要作用的改革尝试,为构建更优化的高等教育治理体系奠定了基础。

"随着社会转型的到来,价值多元动态流变与冲突交融日益显现,在教育评价领域内也面临着诸多矛盾与争议,已超出了单纯的技术与方法层面的范围,需要从治理理念与治理方式上进行突破"④。教育领域治理体系现代化建设需要从管理模式变为治理模式,使公共权力结构优化。从管理到治理的转变中,最重要的就是要使利益相关的多元主体都参与社会治理中⑤。但通过什么样的方式实现这一转变,如何使高等教育外部的其他利益相关主体有

① 张红伟.中国高等教育评估管理机制研究[M].北京:北京师范大学出版社,2014:173.
② 李锡炎.治理能力现代化与领导思维领导方式创新[J].中国浦东干部学院学报,2014(03):52-57.
③ 赵强,王丽丽,张炜.师范类专业认证推进理路:沿革、误区与转向[J].华南师范大学学报(社会科学版),2022(01):53-60.
④ 别敦荣.治理体系和治理能力现代化与高等教育现代化的关系[J].中国高教研究,2015(01):29-33.
⑤ 周光礼.中国高等教育治理现代化:现状、问题与对策[J].中国高教研究,2014(09):16-25.

效参与教师教育治理中,这是一个难题。在此情况下,师范类专业认证以其独特的行业属性特征,为促进高等教育外部的多元化主体参与教师教育治理中提供了一条切实可行的路径。在师范类专业认证的设计中,中央、地方两级的组织方式,教育行政部门、认证机构、专家组织、参评高校的组织体系,认证专家中多种类型身份的构成,这些都是进一步落实多元主体参与教师教育治理的具体方式,也是教师教育领域中教育治理体系和治理能力的现代化的具体体现。

在我国治理体系改革中,各行各业要按照社会和市场的逻辑深化体制改革。专业认证比专业评估等制度更加注重行业的参与和融合,更加注重按照行业市场的逻辑深化教师教育改革。通过认证中"产出导向"的理念,将师范类专业的办学从学科思维变为产出思维,使师范类专业能够按照社会和行业市场的需求进行办学。使专业办学由围绕师范教育学科办学的"小逻辑"主动融入社会发展的"大逻辑"中。尤其是认证要求将基础教育行业岗位需求纳入师范教育的人才培养目标中,解决了师范专业办学脱离社会发展需求的问题,并且通过认证标准为专业提供了一套对接外部需求的路径和方法,从而推进了教师教育治理体系的改变,也提升了教师教育治理能力。认证中的"学生中心"理念,让师范生作为重要的利益相关者参与师范教育的治理中,将师范生的学习和发展需求等纳入师范教育的人才培养目标和教育方式改革中,提升了学生的满意度和参与感。学生的学习从获取知识范式变为了培养能力范式,通过认证专业的毕业生能较快地适应社会行业市场的岗位能力要求。这些认证举措都在一定程度上减少了利益相关主体对师范教育闭门造车的原有印象。认证将师范类专业的改革引入治理模式的轨道中,同时也将社会公众等对师范教育的信任与认同引领到新的高度。

在治理能力的现代化进程中,专业认证要求各主体对自身定位明确以后进行更深入、有效的改革,需要从粗放型的发展模式变为精细型的发展模式。在高等教育领域治理能力的现代化过程中,本科教学水平评估对高校教学规范起到了保障作用,审核评估走出了分类评价的经验,专业认证则将教育教学改革重心下沉到了专业层面,这是教育质量理念从宏观到中观转变的体现。"从院校评估到专业认证,体现了教育评估制度设计思路逐渐细化、层次逐渐深入的发展过程。高校和专业从过去的宏观粗放式的质量评估思维转到中观甚至微观层面的精细化质量评估思维,以提升自己的治理能力"[①]。

同时,认证也在不断贯彻落实《深化新时代教育评价改革总体方案》等新要求,扭转专业办学中"重科研,轻育人"等不科学的教育评价导向问题,以提升专业的育人能力和内涵式发展能力,使专业能够融入国家战略和区域经济社会发展的全局谋划中,激发专业办学的内生动力、发展活力和治理能力。这些转变在一定程度上引导着师范类专业治理能力和治理水平的提升,也为实现高等教育领域内的现代化治理能力打下基础。

(二)专业认证是服务国家实现"教育强国"战略的重要保障

党的二十大报告将"教育、科技、人才"三位一体部署,强调"要坚持教育优先发展、科技自立自强、人才引领驱动,加快建设教育强国、科技强国、人才强国"。从国家战略上看,当今

---

① 赵强,王丽丽,张炜.师范类专业认证推进理路:沿革、误区与转向[J].华南师范大学学报(社会科学版),2022(01):53-60.

时代,科技是第一生产力,人才是第一资源,创新是第一动力,教育成为连接三者的纽带和途径。2023 年 5 月 29 日,在二十届中央政治局第五次集体学习中,习近平总书记对于我国建设什么样的教育强国作出精辟论述,他认为,"我们要建设的教育强国,是中国特色社会主义教育强国,必须以坚持党对教育事业的全面领导为根本保证,以立德树人为根本任务,以为党育人、为国育才为根本目标,以服务中华民族伟大复兴为重要使命,以教育理念、体系、制度、内容、方法、治理现代化为基本路径,以支撑引领中国式现代化为核心功能,最终是办好人民满意的教育"①。加快建设教育强国、加快推进教育现代化,将是未来一段时期内我国教育改革发展的主要任务,也是我国的一项重要战略部署。

建设教育强国是一项复杂的系统工程。教育兴则国兴,教育强则国强。教育是强国建设、民族复兴之基。强教必先强师,强教师优先强师范。师范类专业认证正是在一步步回应和落实教育强国的国家重大战略需求。因为教师队伍建设是教育强国建设最重要的基础工作,是筑牢教育强国建设的根基所在。健全中国特色教师教育体系,是教育强国经久不衰、引领世界教育发展的关键要求。师范类专业认证的主要目标之一就是解决新时代高水平教师队伍最重要的来源及师范教育这一源头的质量。师范类专业认证正在推动加强师范院校和师范专业建设,引导更多高水平大学开展教师培养,夯实新时代高水平教师队伍的质量源头基础。师范类专业认证对教师教育的规模、层次、结构、布局起到了一定的超前规划和决策参考作用,对于推进教师教育的育人方式、办学模式、管理体制、保障机制改革等起着标准引领和底线保障的作用,是支撑高水平师资培养和教师教育质量整体提升的关键一招。2024 年 8 月 26 日,《中共中央　国务院关于弘扬教育家精神加强新时代高素质专业化教师队伍建设的意见》中提到,要实施教育家精神铸魂强师行动,培养新时代高水平教师队伍,并具体提出了优化师范院校评估指标,改革师范类专业认证,全面提升师范教育水平,健全中国特色教师教育体系等举措。可以看出,师范类专业认证是培养新时代高水平教师队伍一揽子政策中的关键一环,从外部质量保障的角度在一步步督促、引领、保障新时代高水平教师队伍的培养。

除此之外,推进教育强国建设,还要着力解决全面提升人才自主培养质量这一原点问题。师范类专业认证正在逐步引导高校和专业坚持人才培养中心地位,并从认证理念、认证标准等层面引导和要求高校和专业加大本科教学的精力和投入。将部分学校从"重科研、轻教学,重论文、轻育人"导向转到以人才培养为重点,强化以人为本,强调教书育人是教师的第一职责。在师范类专业认证引导专业中,教师将精力更多地放在人才培养上,引导教师潜心教书、安心育人,以此提高师范教育质量,加大优质教师供给,加强新时代高水平教师队伍建设。师范类专业认证对人才培养质量从制度上进行了保障,使高校对人才培养的重视从制度上有了抓手,便于"人才培养中心地位"从口号突破到行动,有力地推进人才培养的质量提升。

同时,师范类专业认证作为构建中国特色教师教育体系组合拳中的一招,与其他政策之间形成了有效互动,共同为了培养德智体美劳全面发展的社会主义建设者和接班人而努力。习近平也一直要求"要把立德树人内化到大学建设和管理各领域、各方面、各环节,做到以树

---

① 习近平.加快建设教育强国 为中华民族伟大复兴提供有力支撑[EB/OL].(2023-05-29)[2024-08-12].http://www.moe.gov.cn/jyb_xwfb/s6052/moe_838/202305/t20230529_1061907.html.

人为核心,以立德为根本"①。在师范类专业认证标准中,将践行师德放在首位,强化立德树人,通过培育师德,让立德树人在师范教育领域落地生根,落实立德树人根本任务,为师范生践行教育家精神提供指引。

并且,从教育强国的内涵上来讲,"教育强国是指教育综合实力、教育创新能力、人才培养和教育服务贡献能力、教育治理能力、教育国际竞争力和教育影响力强大且显著的国家"②。师范类专业认证分为三级,第三级认证致力于建立、健全基于产出的人才培养体系和运行有效的质量持续改进机制,以赶超教师教育国际先进水平为目标,以评促强,追求卓越,打造一流质量标杆,提升教师教育的国际影响力和竞争力。师范类专业认证从内涵上推进着教育强国在教育国际竞争力上的目标实现,对标国家要求,建立师范生培养质量标准,在深入推动教育对外开放方面,要将"统筹'引进来'和'走出去',不断提升我国教育的国际影响力、竞争力和话语权"。

(三)专业认证是社会实现"办好人民满意的教育"作出的战略选择

美国学者威廉·N·邓恩在《公共政策分析导论(第四版)》一书中提出了公共政策分析的混合扫描理论,他认为,"公共政策在一种情况下是理性的,而在另一种情况下未必就是理性的。因此要采取混合扫描的方式,有选择性地综合全面理性和非连续渐进主义的要素,以全面体现出公共政策在战略性选择和操作性选择两个层面的不同价值"③。战略性选择价值是一项公共政策为确定基本的政策方向而具有的价值,操作性选择价值是为解决这一方向中的问题打下基础,有助于实现这一目的而具有的价值。按照混合扫描理论分析,师范类专业认证同时具有操作性选择和战略性选择双重价值。目前,学者们对师范类专业认证从操作性选择价值层面分析得较多,而对其战略性选择价值亦需要进行深入分析。

认证需要承担一定的社会责任。世界卫生组织提出,医学专业认证所具备的社会责任是"为解决社区、地区或国家的重要健康问题打下基础"④。那么,师范专业与师范类专业认证的社会责任是什么呢?在思考这个问题之前,还应认真思考:我国为什么会在某个时间节点上推行师范类专业认证?为什么在大多数师范类专业按照新人才培养方案培养的毕业生还没有满3届的情况下,却要在2017年就发文推行认证?为什么认证实施的过程中要将认证指标评判结果与认证结论脱钩?为什么目前所有接受认证的专业,其认证结论都是"有条件通过,有效期6年"?这些问题无疑都显示出我国推行师范类专业认证的急迫性,也反映出了国家想要"造就党和人民满意的高素质专业化创新型教师队伍,办好人民满意的教育"的急迫性。师范类专业认证的社会责任,除要解决师范专业办学水平低等操作性选择问题以外,还要解决国家优质教师资源稀缺,缓解教育公平问题,落实"办好人民满意的教育"等社会重大事项所作出的具有突破意义的战略性选择问题。

教育是人类传承文明和知识、培养年轻一代、创造美好生活的根本途径。优秀的教育资

---

① 习近平.在北京大学师生座谈会上的讲话[N].人民日报,2018-05-03(02).
② 周洪宇,李宇阳.建设教育强国:内涵特征、本质要求与实践路径[J].人民教育,2023(05):6-11.
③ 威廉·N·邓恩.公共政策分析导论[M].4版.谢明,伏燕,朱雪宁,译.北京:中国人民大学出版社,2011:38.
④ 赵悦,吴红斌,谢阿娜,等.国际医学专业认证有效性研究的现状与思考[J].中华医学教育杂志,2021(07):656-660.

源是民生福祉,教师是教育中的"纽带性概念"①。教师与教育共生共荣。百年大计,教育为本;教育大计,教师为本,而教育昌明首在师范。当今世界正处在大变革大调整之中。"目前我国的教师教育体系带来的优质教师资源缺失问题,不能支撑办好人民满意的教育的需要。这深刻地制约着我国教育事业的发展,已成为制约建设教育强国、加快教育现代化、办好人民满意的教育的瓶颈,同时也深刻地制约着我国国民素质和人力资源质量"②。进入新时代,党和国家对全面提高教育质量和"办好人民满意的教育"比以往任何时候都更加重视。师范类专业认证作为解决上述问题所作出的战略性选择,有着时不我待的急迫性,因此师范类专业认证只能"边改边推,边推边改",而不能等到万事俱备再开始推行。"边改边推"的师范类专业认证制度推行方式符合公共政策中的逻辑渐进主义。正如罗斯玛丽·汤(Rosemarie·Tong)指出,"知道怎样做正确,不一定做得就正确,但是知道怎样做正确,一定会引导一个人朝正确的方向前进"③。我国学者也认为,"师范类专业认证绝非仅是针砭教师教育时弊的治标之举,而是昭示着对教师教育事业发展的长期关注,注定其一定会成为一项重要制度"④。"好老师是民族的希望",我们应站在战略性选择的高度审视师范类专业认证在解决优质教师资源短缺,实现"办好人民满意的教育"等社会重大事项方面的社会价值与贡献。

实现"办好人民满意的教育",需要顶层设计、综合施策、因地制宜、群策群力。在当今重要的历史交汇期,师范类专业认证作为振兴教师教育的关键一招被设计出来,有着时不我待的急迫性,有着突破瓶颈的使命感。振兴教师教育需要一个突破口和着力点加以落实,这个突破口需要找准要害,能够攻破教师教育多年的积弊;这个着力点需要足够的分量,能够撬动教师教育的改革。师范类专业认证因具备这些条件,在一定程度上奠定了教师教育改革的基本方向,这就是国家和社会在教师教育改革政策方向上作出的战略性选择,也是为实现教育强国,最终实现"办好人民满意的教育"作出的战略性选择。

师范类专业认证强调"一践行三学会"。首先就是践行师德。通过强调师德养成,涵养教育情怀,促进师范生热爱教师行业,使师范生能够扎根地方或服务边远地区,而不是都向大城市聚集,扩大优质教育资源受益面,形成区域、地方、国家均衡共赢的师资布局,在一定程度上缓解优质教师资源不均的教育公平问题,有利于推动义务教育优质均衡发展,逐步缩小城乡、区域、校际、群体差距,让教育改革发展成果更多,更公平地惠及全体人民,实现"办好人民满意的教育"。

师范类专业认证与《关于全面深化新时代教师队伍建设改革的意见》《教师教育振兴计划(2018—2022年)》等政策相互支持、相互强化。师范类专业认证制度是造就党和人民满意的高素质、专业化、创新型教师队伍所作出的历史选择,为提升新时代教师质量,解决"办好人民满意的教育"中的问题提供了合理性选择的基础。加快师范类专业认证的步伐,也就是加快培养大国良师的步伐,也就是加快扩大优质、均衡的教育资源民生福祉的步伐。师范类专业认证也为有效实现"办好人民满意的教育"指明了细化方向和落实路径,体现出了独特的社会价值。

① 卡尔·维克.组织社会心理学[M].贾宁瑞,高隽,译.北京:中国人民大学出版社,2009:73.

② 世界教育信息编辑部.新时代教师队伍建设的政策与策略——访教育部教师工作司司长王定华[J].世界教育信息,2018(01):3-8.

③ 弗兰克·费希尔.公共政策评估[M].吴爱明,李平,等译.北京:中国人民大学出版社,2003:85.

④ 张松祥.我国师范专业认证需要关注的若干问题及其对策研究[J].教育发展研究,2017(Z2):38-44.

第六章 有效性发挥:影响专业认证 有效性发挥的问题反思

> 问题反思就是对思想进行思想,从而使思想能够成为思想。——黑格尔

叶澜教授认为,"一门学科要想摆脱发展过程中的盲目与幼稚,就需要对自己进行及时、深刻的反思,形成自我意识"。同样,师范类专业认证要想摆脱发展过程中的盲目与幼稚,也需要对认证本身进行及时、深刻的反思,形成专业认证的自我意识。边沁在《政府片论》中讲到,"一种新型的制度,如果不勇敢地接受批评,就永远也找不到毛病,也永远无法得到改进与完善。如果我们对每一件事物或者是作出的每一项决定都一味地赞成,而不加指责,那么将来这些决定一旦实行,必然会成为一种妨碍我们得到期望中的幸福的有效障碍"[①]。在世界高等教育评价发展过程中,每一次危机意识与质疑运动的出现,几乎都伴随着高等教育评价质量的升华,正是不断进行反思、质疑与超越,才促进了高等教育评价的进步。为此,对于师范类专业认证也要敢于持质疑的眼光和批判的精神。

师范类专业认证在我国毕竟是一种新生事物,虽然参考了国外教师教育认证和国内工程教育专业认证的实践经验并进行了前期试点与改进,但是在全面实施过程中仍会产生许多问题,这些问题涉及认证的方方面面,但却不一定都影响了认证的有效性。为了探寻影响认证有效性发挥的问题,可以将问卷与访谈调查中利益相关主体所提出的观点放在本文构建的"体系—过程—结果"有效性分析框架中加以分析、总结,从"目标效度、准则效度、策划效度、结构效度、专家效力、评建效力、审查效力、监管效力、达成效能、应用效能、长效效能"11项二级指标维度剖析和呈现影响师范类专业认证有效性发挥的问题。

第一节 影响师范类专业认证体系有效性发挥的主要问题

问卷调查结果显示,认证"体系有效性"的模糊综合评价分值为"3.91",比认证过程有效性和认证结果有效性的模糊综合评价分值都要低。其中,"标准适当性""指标科学性"2项三级指标的得分在37项三级指标中排在倒数第4位和第5位,调查对象认为这2项问题对认证有效性的影响较大。通过对50多位认证利益相关者的访谈资料分析也发现,认证体系有效性方面确实存在许多影响有效性发挥的问题,需要深入总结。

一、认证规划不足与进度不均影响了认证目标效度

不少访谈对象认为,在体系重塑式的师范类专业认证中,如何将新的认证理念与师范教育悠久的传统历史进行有效融合,是影响认证目标实现的重要问题,也是优化认证时需要深

---

① 边沁.政府片论[M].沈叔平,等译.北京:商务印书馆,2009:239.

入思索的重大问题①。但在认证目标效度方面,目前最明显的问题还是规划不足和进度不均对认证有效性带来的影响。

(一)规划不足使认证证据源头合理性受到质疑

师范教育面临质量滑坡和特色危机的现实问题,推行师范类专业认证有着时不我待的急迫性。在师范类专业认证的设计中,没有像工程教育专业认证一样,要求必须使用按照认证标准修订后的新版人才培养方案培养的毕业生数据进行培养目标和毕业要求达成的评价和举证。因此,很多接受认证专业的达成情况举证材料还是旧版人才培养方案的相关数据,这使现阶段师范类专业认证的证据源头合理性受到质疑。

从师范类专业认证规划思路来讲,认证政策的推行符合"边试、边做、边改"的逻辑渐进主义思路。但是"一边下标准,一边进行认证"的做法,并没有给师范类专业按照新的认证理念转变人才培养模式预留足够的时间。在现阶段认证中,许多专业的达成评价是在新旧培养模式交替中进行混合举证的,甚至有很多专业举证的材料还是旧版人才培养方案培养的毕业生数据。如此只能证明在原有的理念和方案下培养的毕业生已经达到了新版人才培养方案中的培养目标和毕业要求,要不要按照认证标准进行体系重塑式的人才培养模式改革就显得不那么重要了。

师范类专业认证,除前期规划不足以外,整体进度规划也不够充分,虽然已经以省级单位上报了"十四五"期间的认证规划,但是到目前为止,全国始终没有一个统一的认证规划任务书或时间点,对于大致多久完成第一轮认证,始终没有明确的计划公布。这使许多师范类专业选择观望等待,甚至部分地区的教育行政部门迟迟未动,这样大大阻碍了认证进度及认证目标的实现。

(二)进度不均使认证加剧了专业发展的差距

师范类专业认证有长期和近期目标,长期目标是构建教师教育质量保障体系,助力教师教育振兴;近期目标是全面、专业、有序、高质量地开展全国各地、各类、各层次的师范类专业认证工作,从制度上破解师范类专业发展不平衡、不充分等瓶颈问题②。如第二章图2-2、表2-3、表2-4分析所示,目前,师范类专业认证在区域、类型、层次等多个方面存在推进不均衡的问题,在没有充分调研各地师范类专业的发展情况及各地基础教育师资改革需求的基础上,统筹布局推进认证工作,从而使认证对解决各地师范教育实际需求与师范专业发展不平衡性问题的有效性不足。

现阶段,认证对部分基础较差的院校和专业的关注度和覆盖面不足。在本书第二章中,对已通过认证专业名单进行分析,浙江、江苏、山东、福建等东部地区省属高校通过认证专业数量合计169个,占全国省属高校通过认证数量的比重超过40%。青海、内蒙古、宁夏、甘肃、新疆、陕西等西部地区通过认证专业均不超过5个,截至2022年3月,甚至有的地区还没有一所省属高校专业出现在已通过认证名单中。这显示出我国师范类专业认证在各地区存在较大进度差异。在教育资源本来就存在区域分布不均的情况下,由认证呈现出的公平

---

① 辛治洋.师范类专业认证的线性思维及实践超越[J].教育发展研究,2021(21):63-68.

② 教育部教师工作司,教育部高等教育教学评估中心.普通高等学校师范类专业认证工作指南[S].2018:2.

性问题日益成为社会各界关注的焦点。值得注意的是,数据分析显示,重庆、贵州、广西等西部地区通过认证专业数量并不在少数,这说明认证进度不均并不是由各地教育资源、经济发展程度等原因导致的,而与认证总体规划和各地重视程度有很大关系。

师范类专业认证是对师范教育培养机构进行的准入资格评价,认证并不是一项高级别的外部评价,更不是一种选优评价。访谈资料显示,目前,部属高校的师范类专业已经基本完成了一轮认证,并且通过第三级认证的专业只存在于部属高校中。部属高校与地方高校发展本就不均衡,这种不均衡在认证中有进一步扩大的趋势。

研究者对已通过认证专业名单分析显示,地方师范类高校是目前认证的主体,3 年中通过认证的专业数为 295 个,占通过认证专业总数的 61% 以上。地方综合类本科高校通过认证专业数约为 120 个,进度较为缓慢。民办高校和高职院校只有零星几个专业进行了认证,但这类高校中的师范生人数并不少。在专业层面,近年来接受认证的专业主要是国家级或省级一流专业及重点建设专业,这样的认证推进方式导致各类师范专业之间发展的差距进一步拉大,不仅没有实现"从制度上破解师范类专业发展不平衡"的目标,而且进一步加深了这种不平衡的状态。

虽然师范类专业认证是一种自愿申请的认证,但中国师范类专业认证的目标是保障师范教育质量,助力教师教育振兴。如果在招生规模庞大的民办高校和高职院校不进行有规划的认证安排,我国师范教育质量如何能得到全面提升?目前,各地区都推选办学实力比较强的高校和专业进行认证,剩下的那些实力不强的高校中的弱势专业将来如何认证?如果这些专业不进行认证的话该如何处理?如果不处理的话对那些参加认证却又没有通过的专业是否公平?如果不处理的话中国师范教育质量如何保障?这些问题不解决,长期下去,我国师范类专业认证覆盖面和均衡性不足所加剧的教育不公平问题就会凸显出来,这将深刻影响师范类专业认证目标的实现。

二、认证标准针对性不足与可操作性不强影响了认证准则效度

在认证有效性模糊综合评价中,"标准适当性""指标科学性"2 项三级指标分值分别为"3.82"和"3.84",在 37 项三级指标中排在倒数第 4 和第 5 位,表现出调查对象对部分标准的有效性认可度较低。在整个认证系统中,认证标准处于最核心的地位,既是专业评建的指南,又是专家评判的依据,更是整个专业认证工作的"硬核"纲领,认证工作素有"标准为王"的说法。我国师范类专业认证的标准体系经过研制、试点、修订等程序,总体体现出了新时代对于师范教育改革的要求和在国际上教师教育发展的新趋势,标准体系的逻辑性较好,为重构新时代师范教育体系提供了系统工具。但部分认证标准已经发布了一段时间,其中的内容与"信息技术等对师范教育日新月异的快速渗透"相比已稍显落后。认证标准体系更是在大面积实施运用过程中暴露出了一些问题,影响了师范类专业认证的有效性。

(一)部分标准的针对性不足,忽视了专业的差异性和多样化

1. 部分标准的专业类别针对性不足,忽视了专业差异性特点

我国师范类专业认证之所以冠名"师范类",是因为认证标准体系从类别上对师范专业进行了分类处理。"三级五类"认证标准的划分情况已经在第一章中进行了详细分析,在此

不作赘述。从分析中可以发现,5 种类别的认证标准所涵盖的专业数量是极不平衡的。学前教育、特殊教育两类标准涵盖专业类别较少,小学教育、职业技术教育和中学教育三类标准涵盖专业类别较多。尤其是中学教育类标准,涵盖了马克思主义理论类、教育学类、中国语言文学类、外国语言文学类、历史学类、数学类、化学类、物理类、地理科学类、生物科学类、体育学类、心理学类、音乐与舞蹈学类、美术学类等 14 个专业类别,包含了 30 种左右的师范专业。小学教育类在专科层次也包含了小学教育、小学语文教育、小学数学教育、小学英语教育、小学科学教育、音乐教育、美术教育、体育教育、小学道德与法治教育、舞蹈教育、艺术教育、特殊教育、现代教育技术、心理健康教育等 14 种专业。

师范类专业认证的合理开展,需要建立有针对性的标准进行指导认证实践。中学教育类专业涵盖面广,有理工科类的专业,也有文科类的专业,还有艺术体育类的专业。这些特性差异巨大的专业在培养目标、课程教学、实习实践等方面的要求上有着不同特征,但中学教育类专业只有一个认证标准。"这个统一的标准考虑到了各中学教育专业办学规范的共性特征,但是对理工、人文、艺术、体育等不同类别专业的人才培养规律差异和个性发展特色的彰显有所忽略"①。例如,汉语言文学等文科类专业与物理学等理科类专业的人才培养方式有很大区别。音乐、美术这些艺术类专业的人才培养更是以技能训练为主,这类专业的教学对琴房、画室等场馆要求不同,学生的教学能力除理论讲解外,还要通过示范、训练、临摹等实践方式进行。这些是师范专业之间的差异性,也应该成为认证标准的差异性,而不能简单地统一为一个中学教育专业认证标准,否则认证标准将不能较好地指导这些不同类别专业的评建工作。并且有的学者认为,在实际中,音乐、体育、美术等中学教师几乎不会担任班主任,但这些专业对于"班级指导"认证标准内容却要与其他主科专业一样进行规划,明显不符合这类专业人才培养和行业需求的实际情况,认证标准中至少应该在程度上是有差别的②。

总体来讲,如中学教育类专业认证采用同一套标准去衡量不同特点的各类专业,表现出了认证标准对专业类别针对性的不足,忽视了不同专业类别之间的差异性。这样的认证标准设计与专业办学实际的不适应性是客观存在的,这不仅降低了师范类专业认证标准设计的合理性和达成的有效性,也制约了各专业按照自身规律办学的步伐。

2. 部分标准的专业类型针对性不足,忽视了专业多样化规律

在分析这个问题之前,首先要解决一个问题:师范类专业认证标准究竟是一种什么标准,即用什么样的价值观制定和看待师范类专业认证标准? 师范类专业认证标准是一种最低标准还是一种引领标准? 如果师范类专业认证标准是一种最低标准,那么这个最低标准就是师范类专业办学的基本要求,意味着只有达到这个标准才能成为合格的培养机构,没有达到这个标准的专业,其办学资质就要受到怀疑。在认证过程中就应该不折不扣、一量到底执行这个最低标准,对于没有通过认证的专业,就应该停止其办学资格。如果师范类专业认证标准是一种引领标准,那么认证标准中就会设置一些相对较高的要求,引领我国师范教育的发展。在认证过程中就可以适当放松要求,按情况网开一面,让综合实力较强或者准备较

---

① 曹玉珠.工程教育专业认证与师范教育专业认证比较研究[D].绵阳:西南科技大学,2020:45-51.
② 胡永红,吴邵兰,艾安丽.我国体育教育专业认证工作存在的问题与优化路径[J].体育学刊,2021(02):72-79.

为积极、充分的专业全部通过认证,以引领和激励所有师范类专业。

经分析发现,在我国师范类专业认证标准的制定与实施中,这两种思想是同时存在的。可以说,我国的师范类专业认证标准理论上是一种最低标准,而实际执行中是一种引领标准。之所以说认证标准是一种最低标准,是因为国内外其他专业认证的标准都是按照最低标准的模式制定的。而之所以说认证标准是引领标准,是因为不但在标准设计上引领性要求较多,在标准的执行过程中,也确实存在放松要求和网开一面的情况。例如,认证标准对导师队伍指标中的"双导师"要求、实践经历指标中的"一年中学教育服务经历"要求、持续发展指标中的"分类评价制度"要求等都有较为详细的规定,我国的大部分专业在这些方面还处于"搭架子"的建章立制阶段,距离真正执行还存在一定差距。对于这些指标的达成,许多专业仅仅是存在于学校的红头文件中,如果真的要查"双导师"的财务往来记录、"中学教育服务经历"的授课或出勤记录、"分类评价"的课程与教学类教师单独评聘记录等深入性材料,许多专业恐怕都存在问题。如果严格按照最低标准规定要求考查我国师范类专业实际办学情况,而不是查书面材料,那么大部分接受认证专业在这些指标上的评判结果应该是"C未达成"。但根据目前通过认证专业的指标评判结论数据统计,认证结论的"C未达成"主要集中在"3.5 课程评价"指标、"4.5 管理评价"指标、"7.3 外部评价"指标、"7.4 持续改进"指标中。这反映出认证标准在实际考查过程中并未按最低标准的要求严格执行,对上述建章立制阶段指标的鼓励性评判结论,在某种程度上是将认证标准按照"引领标准"使用和评判,以此指导和引领我国师范类专业的改革和发展。

我国师范类专业认证标准参考了国外教师教育认证标准、工程教育专业认证标准、教师专业标准、基础教育新课程标准等,在标准制定时的立意具有国际性、前瞻性、引领性。但是这些具有国际视野的标准却可能与国内师范专业的现实情况差距太大,这些具有国际性、前瞻性、引领性的标准可能使专业认证与专业评估、专业评优产生混淆。有学者认为,"我国师范类专业认证标准的立意过高,很多标准很难真正达到,制定者忽视了认证标准是一种'基本要求'的合格原则。"[①]

我国师范类专业不但类别较多,类型也复杂多样,不但有"双一流"研究型大学的师范专业,也有应用型地方综合学院的师范专业,更有大面积技能型高职院校的师范专业。这些不同类型的师范专业,其人才培养规格和定位、专业特点和发展方向也有所不同。不同类型的专业需要用不同类型的认证标准去规范或引领其发展,用统一的标准去规范或引领这么多不同类型专业的发展显然是不合适的。目前,我国高等教育外部评价的总体改革方向已经从统一型评价逐渐变为分类型评价,例如,我国在院校评估领域从原来统一标准的水平评估分成了合格评估和审核评估两种,在新一轮审核评估中,又按高校类型分为了两大类四小类,每一类型的高校都以不同的标准进行评估。

虽然我国师范类专业认证标准体系有三级之分,但三级标准体系针对的对象类型不定。从某种意义上说,所有类型的专业可能对应一个标准。另外,虽然在第一级标准中对专科类师范专业作了个别指标调整,但在第二级标准和第三级标准中对不同类型的本、专科师范类专业的要求都是一样的。

我国师范类专业认证中的第二级标准和第三级标准的设计是偏向于引领标准的,其中

① 张松祥.我国师范专业认证需要关注的若干问题及其对策研究[J].教育发展研究,2017(Z2):41.

大部分标准是按照对层次较高的专业类型要求设计制定的，没有充分细致地考虑其他类型专业的实际水平和特殊情况。例如，针对绝大部分专业都要面对的第二级标准，访谈中的许多地方师范高校中的专业表示，如果严格对照第二级认证标准进行建设，则会非常吃力。由此可以推断，这一标准可能远超某些地方综合院校和民族地区高校的师范专业的实际水平，高职院校中的师范专业实际水平则更难以达到这一标准。

目前，所有师范专业都面临巨大的发展压力。通过认证的专业可以在一流专业、品牌专业、卓越教师计划、优师计划、教师教育综合改革试验区等项目申报中占得先机。所有师范类专业不可能无视认证这种获取外部认可和资源的好机会。采用统一化的高标准衡量不同类型的师范专业，会对多样化的师范专业发展生态布局产生影响。一方面，不同类型的专业只能按照统一的认证标准对其人才培养方式等作出调适，为了高标准办学，甚至舍弃其地方性、技能型、区域性等特色，造成同质化办学的危害。另一方面，有些专业与认证标准存在不小差距，但在巨大压力和强烈的期望下，专业已经不能基于实际情况循序渐进地发展，只能采取对标建设的方式实现"跨越式"突破。这样急功近利的突破，往往只是突破了指标中"数字"，这样拔苗助长的跨越式突破，丢失了专业应有的发展生态规律，就算在短时间内能够达到高标准，也只是暂时性的。很多专业只是在认证进校考查那一年想方设法地达到了这个标准，而不能一直保持这个标准，因为前期用力过猛导致发展后劲不足。甚至有些急于求成的专业采取材料造假、公关专家等失信方式突围达标，严重损害了认证的有效性。

在访谈中，有的认证专家讲到，"我在对某个生物科学专业进行自评指导时，发现这个生物科学专业的很多材料还带有物理学专业的字样，明显是参考了其他专业的材料，甚至不加修改。更典型的是，有一个民族地区的专业材料照搬了某个部属高校的材料，专业人才培养目标和实习方式明显不适合这个类型的专业。在专业认证刚开始的时候，大家都不知道怎么做，所以抄标准。现在有一些专业通过了认证，大家又开始抄这些通过了认证的专业的材料，但是从未认真分析过这些专业的培养目标和课程设置的设计背景及原因。如果专业真的按照材料上的情况进行建设，恐怕问题会更大"（A4）。

（二）部分标准可操作性不强，设计过于机械化、模糊化和理想化

师范类专业认证标准在指引人才培养体系重塑中发挥了重要作用，但是也存在部分标准可操作性不强的技术瓶颈问题，为专业评建过程带来了一些困惑。

1. 标准中的部分达成评价设计过于机械化

认证是一种特别讲求证明达标的评价制度。为此，师范类专业标准在"二、毕业要求"中提出了"专业应通过评价证明毕业要求的达成"，在"3.5课程评价"中提出了"定期评价课程体系的合理性和课程目标的达成度"，在"7.3外部评价"中提出了"对培养目标的达成度进行定期评价"[1]等要求。但目前大多数专业对认证标准中的"达成"和"达成度"评价见仁见智，未形成统一的方法和认识，对认证标准有效执行和有效达成产生了较大影响。

在师范类专业认证早期实践中，因标准解读不足等问题，在认证中较少区分"达成"与

① 中华人民共和国教育部. 教育部关于印发《普通高等学校师范类专业认证实施办法（暂行）》的通知［EB/OL］.（2017-10-26）［2022-03-11］. http://www. moe. gov. cn/srcsite/A10/s7011/201711/t20171106_318535.html.

"达成度"的区别,很多时候直接用"达成度"代替了"达成",导致很多专业"证明毕业要求的达成"变成了"证明毕业要求的达成度",因此采取了机械量化的方法进行证明。目前,这种错误观念已经有所纠正,但是强调量化的"达成度"评价方式依然是毕业要求"达成"评价的主流,并且在认证标准 3.5 和 7.3 中明确提出的"达成度"评价应该怎样评判、具体怎么测量、用什么方法测量、如何全面覆盖或全面支撑、如何有效证明,都是专业评建中的一大难题。例如,"3.5 课程评价"中的课程目标达成度评价需要进行量化处理,"怎么通过学分和成绩等直接、定量的有形评价方式,将人才培养中如师德和情怀等间接、定性的无形要素进行客观、合理的解析并科学地赋值而计算出来,已成为各专业在认证评建过程中最大的困惑和难点"[①]。在具体的课程达成度评价实施过程中,如果整个专业多门课程全部依靠手工处理,细节过程烦琐,则存在很大的实现困难。

在访谈提纲中,专门提出了一个问题:"您在专业认证中的精力主要放在了什么地方"。通过总结 19 位高校相关人员的访谈资料发现,除撰写《自评报告》外,"达成度"计算是他们在专业认证中花费精力第二多的地方。有的部属高校专业负责人认为,"对于文科类专业,感觉达成度等计算有些机械,不清楚该如何分解,并且过程性的内容也比较少,所以达成度的计算只是增加了很多工作量而意义有限。我们专业投入了很多财力、物力,还花费大价钱请了外面的公司来做,但是我们都认为这些达成度的计算结果并不科学,财力、物力都花费在这个上面,有些本末倒置的感觉。目前的达成度计算都比较主观,赋值随意,结果可控。从评价机制上来讲有些牵强,特别是文科的专业,很多事项不太好量化。因为我所在的专业接受认证时间较早,仍采用的是修改前的培养方案,即用毕业生成绩去计算毕业要求的达成情况,这本身在科学性方面就存在很大问题"(H10)。

访谈中有的专家坦言,"课程目标达成度评价和毕业要求达成评价对于教育评价学的知识和技能有很高的要求,要成为这方面的顶尖专家,才能做得好。专业教研室和专业负责人要好好思考后才能做,还不一定做得好。对于未受过专业训练,教育评价素养不高的普通高校老师做起来确实有些吃力"(A12)。有的专家认为,"目前达成评价时普遍采取的平均值计算的方式不够科学,比方说,驾照考试时有科目一和科目二。师范生的培养也有知识和技能。在达成度评价的时候,不是知识和技能各占 50%,就像驾照考试中科目一挂了是不能考科目二的,这不是一种平均的关系"(A15)。有的认证机构管理人员在看过多份专业自评材料后感慨,"目前很多专业将精力放在了达成度算分和搞模型上,为了计算而计算,导致认证标准在指导专业建设方面的作用有所偏移,没有进行充分教育教学改革的达成度评价就是一种形式化的算分,这是一种本末倒置。认证对专业办学的规范化不能演变成机械化和复杂化"(A6)。

2. 师德等部分标准评价设计过于模糊化

认证标准是认证顺利开展的基础,作为指导专业评建和指导专家评判的认证标准,一定要清晰具体、可操作性强,不能模糊不清、模棱两可。目前,师范类专业标准中存在部分标准模糊化的问题,使标准的使用者和判定者都感到迷茫,降低了认证评建和判定的有效性。例如,认证标准"2.1 师德规范""2.2 教育情怀"等指标对于师范生培养十分重要,但是"师德"

① 向福,王锋,项俊.师范类专业认证背景下课程目标达成度评价及持续改进策略[J].中国大学教学,2021(07):74-79.

和"情怀"如何测量、如何落实、如何证明、如何支撑是认证中的一个难点,其中过程性支撑材料的呈现更难。"如何判定未来教师是否具有'师德''情怀'等品质不甚清晰,'情怀'无法割裂成某几个模块后又通过几个课程分割检验出去,对其达成度评价更是难以操作"[1]。可以说"师德""情怀"这类标准的模糊化使其评价和达成存在很大的主观性,这类标准有效落实成为课程目标操作性难度很高。目前的所有专业评建中,在"师德"和"情怀"等方面因为标准的模糊化,普遍做得不实,比较空泛。

再如"7.4 持续改进"中"能够有效使用分析结果"这一要求,只有描述性的阐述,没有明确的子指标及可操作性数据,何为有效使用?多少频次,什么程度才是有效使用?这类概念模糊、可操作性不强的标准使专业在评建中只能按照各自的理解主观实施,在专家评判中只能按照以往的经验主观评判,导致认证工作具有很大的随意性,影响了认证标准的有效性。

3. 外部评价等部分标准设计过于理想化

有些认证标准的设计过于理想化,例如,关于外部评价所强调的利益相关方合议机制设计,因为利益相关方合议并不足以成为培养目标、课程体系等修订的依据,利益相关方对专业培养目标达成情况的评价可能存在偏差,需要进行合理性分析之后才能斟酌使用。师范教育需要与社会发展同向同行,但不意味着对社会需要都"有求必应",甚至"唯命是从"。美国教育学家弗莱克斯纳认为,"大学不是风向标,不能什么流行就迎合什么,大学应不断满足社会的需要,而不是它的欲望"[2]。师范教育有其自身的办学规律,在遵循师范教育的外部规律办学的同时,也要按照师范教育的内部规律办学。

首先,在利益相关方合议机制中,因现实原因,部分专业的培养目标与专业类型、区域需求等存在不匹配性。例如,一些发达城市的中学,需要具有研究生学历才能入职。这一区域的中学教育类师范专业的普通本科毕业生大多数只能去别的区域或向下延伸去当地小学任教。在外部评价时,专业不知应该选取小学教师还是中学教师对其进行评价,也不确定是选取学校所在区域的单位还是选取就业区域的单位作为调查对象。不同地区的师范教育发展水平和人才需求不一致,但认证标准对专业类型的规定明显不能照顾到这些实际问题,利益相关方合议机制面对这样复杂的实际问题显得过于理想化和机械化,给相关专业评建过程带来了困扰。

其次,在利益相关方合议机制中,毕业生和用人单位在正式座谈会中出于人情和面子提出的意见"要么泛泛而谈、浅尝辄止,要么天马行空、大而化之"[3]。这类外部评价意见不足以成为师范类专业修订人才培养方案的依据。

再次,用人单位中的大多数利益相关者,虽然接受过高等教育,但对高校中如何进行人才培养的政策和规律没有深入了解和实践。许多基础教育的一线教师反馈的意见是其感性认识,很难在高校人才培养改革中进行实践。甚至还有一些观点具有一定的主观性和片面性,很难代表区域基础教育的要求。

最后,毕业生、用人单位等利益相关者的意见即使有其合理性,也可能并不完全正确。

① 辛治洋.师范类专业认证的线性思维及实践超越[J].教育发展研究,2021(21):63-68.
② 亚伯拉罕·弗莱克斯纳.现代大学论:美英德大学研究[M].徐辉,陈晓菲,译.杭州:浙江教育出版社,2001:10-21.
③ 梅雪,曹如军.高校师范专业认证省思[J].高教探索,2019(12):36-41.

认证标准本身按照产出导向的理念设计,需要多参考和听取社会的需求和行业的声音,但社会部门、用人单位的许多意见可能是基于其重视应试教育的逻辑起点提出的,不能直接用来当作专业培养目标修订的直接依据。

三、认证组织场域依从问题与认证工具可用性有限影响了认证策划效度

(一)认证组织场域依从问题,易产生"家长式干预"

1. 场域理论及其对认证组织的适用

场域理论(field theory)是法国社会学家皮埃尔·布尔迪厄(Pierre·Bourdieu)提出的理论术语。他认为在某一场域空间中,拥有不同类型、不同结构和不同资本或权力的行动者占据了空间中的对应位置。"这些不同的行动者遵循各自的立场和逻辑偏好,为实现特定利益目标而在场域中采取不同策略进行活动。在这种活动中竞争或提升其在某一场域的优势地位"①。在场域某一位置上的行动者因其所掌握的权力与资本,使他们能够把持乃至控制某一场域内的利益分配和秩序话语权。布尔迪厄同时指出,在运用场域理论观点分析实际社会问题和现象的过程中,"惯习"是一个极具解释力的概念。他借用组织行为学的思想,将"惯习"界定为"一种类似于结构意义的组织化行为"②。"惯习"概念最主要的意义是"确定了一种立场","惯习"在很大程度上决定着那些具有不同价值偏好和迥异利益诉求的行动者在处理问题时将采取何种策略。

按照场域理论的观点,师范类专业认证也可以看成是一种认证行动者为实现特定认证目的和利益而形成的复杂关系场域。在师范类专业认证中,行动者由行政部门、认证机构、认证高校,以及以行业为代表的其他利益相关者等不同类型人员组成。他们共同构成了认证场域共同体,共同参与并形成了专业认证的运作法则。师范类专业认证的官方定义是"专门性地评估认证机构依照认证标准对师范类专业人才培养质量状况实施的一种外部评价活动"。从场域属性来讲,师范类专业认证本质是一种评价场域的活动。专业认证的运行依赖于具有专业评价态度、专业评价资源、专业评价能力等这些特定"资本"的"专门性认证机构"来组织实施。

场域理论认为,在某一场域中各种活动的设定应该遵循这么一个原则:"每一个场域均由一种特殊的场域法则定义,这种法则涉及某种属性界定和分工的原则,同时是不可化约为任何场域的关于某种客观实在性的构成原则"③。这表示,法则是规定和运作这个相对独立的场域的最重要标志,法则属性凸显和维持了场域的属性。因此,在师范类专业认证中应该由"专门性认证机构"组织以专业评价责任、专业评价规范等评价场域"惯习"来维持认证活动,使认证保持评价场域中应有的独特"法则"。通过认证机构的"专业性"使"管办评"各类主体在认证场域中保持一种动态的张力,避免因场域中"管办评"不同主体之间的立场和逻

---

① 皮埃尔·布尔迪厄,华康德.实践与反思:反思社会学导引[M].李猛,李康,译.北京:中央编译出版社,1998:133-134.

② Bourdieu P. Outline of a Theory of Practice[M]. Cambridge:Cambridge University Press,1977:214-216.

③ 张斌.仪式、象征权力与学术秩序——学术会议过程的社会学分析[J].高等教育研究,2012(01):24.

辑偏好不同而带来冲突和争议,最终得到以行业人员为代表的其他利益相关者和认证共同体的认可。

2. 我国师范类专业认证组织场域依从问题剖析

在国外,专业认证多由行业协会发起,因为行业界最能及时反映社会对某一领域的需求,最能够了解某一社会专业领域的最新变化与发展状况。国外的教师教育项目认证是由教师行业协会等社会组织开展的,与其不同的是,现阶段我国师范类专业认证的组织架构中存在教育行政部门、教育评估机构(认证机构)、专家等 3 种组织。在这 3 种组织中,"师范类专业认证专家委员会"等专家组织虽然吸纳了部分行业人员的参与,但目前还不是一个实质性的社会组织,只是一种临时机构。因此,现阶段我国师范类专业认证中主要的认证实体组织是教育行政部门和教育评估机构,其中最重要的实施主体是教育评估机构,也就是官方文件中定义的"专门性认证机构"。

我国的"专门性认证机构"大多是教育行政部门分离出来的教育评估组织,其本身与国外发起并组织认证的行业协会在"行业属性"上有较大差距。目前,这些教育评估机构大多依然是教育行政部门的下属,一般是行政单位或者是公共事业单位,受教育行政部门的管理与领导,属于体制内的第三方教育评估机构。教育评估机构因身份所属和认证授权委托关系,在认证活动中对教育行政部门存在比较严重的依从关系,其身份兼具"评价属性"和"行政属性",而不是应有的"评价属性"和"行业属性"。目前我国师范类专业认证的行业属性因组织机构的行业属性不足而被弱化,造成认证维持评价场域"惯习"和"法则"的能力不足。

具体来讲,由于教育评估机构基本上是行政部门的下属,存在身份上的依从关系,教育行政部门凭借这种独特的权力和资本优势,在认证活动中占据"支配者"的位置,能够使认证的开展和运作按照教育行政部门的"法则"和"惯习"方式进行,甚至可能对其中的行动者处处施加"家长式干预"[1],这样不但可以控制认证进程,还可以控制认证结果。在认证过程中,教育评估机构与高校等其他行动者为了获取最大的认证份额资源等资本,不得不接受这种"家长式干预"。但这种干预问题会在其他社会活动中表达出不满,例如,受到干预的认证结果可以宣布所有通过认证的专业培养质量合格,但这些专业的毕业生能否在教师招聘中得到用人单位的承认,却不是认证结果能够操纵的。教育评估机构的这种组织场域依从关系,在很大程度上干扰了我国认证的自由实施和专业化发展方向,专业认证所应有的职业性和专业性难以体现,甚至可能使专业认证由"评价场域"活动转化为"行政场域"活动,冲击了认证应共守的专业信念和公正精神,进而丧失公信力并危及其有效性。[2]

师范类专业认证在何种场域中进行,对其有效性具有非常大的影响。场域属性代表着不同的行动立场、逻辑偏好及背后的利益目标。教育评估机构的依从问题的本质是权力与资本的依从关系,带来的后果是"法则"的依从和"惯习"的改变,甚至是社会活动属性的改变。一个行政场域的组织机构是无法将认证活动固定在评价场域中的,也无法从评价场域的思维维持认证活动。正因如此,认证的活动"法则"可能从评价场域的"标准为王"变为行政场域的"听命而行",甚至可能完全将认证演变成一种高等教育体系内部的行政行为,导致认证应有的行业性、专业性与透明度缺失,影响认证在其他社会场域内的可信度和有效性。

① 丹·艾瑞里.怪诞行为学:可预测的非理性[M].赵德亮,夏蓓洁,译.北京:中信出版集团,2017:12-20.
② Mulkay M. The Mediating Role of the Scientific Elite[J]. Social Studies of Sciences,1976(34):445-470.

(二)认证工具的配套开发不足,可用性有限

1. 认证工具配套开发的重要意义

认证工具的配套开发,对于师范类专业认证的有效开展十分重要。认证工具能帮助专家在短时间内采集到有价值的认证信息并进行有效评判,这也是认证工具设计的出发点和落脚点。目前,在师范类专业认证中,认证专家主要是使用师范类专业认证管理信息系统中导出的《自评报告》《数据分析报告》等材料进行实地询证考查,在完成"双二双十"等规定动作的情况下,按照《专家组考查报告》的要求对专业进行评定。专家在认证中的可用工具基本上只有《自评报告》《数据分析报告》《专家组考查报告》,以及师范类专业认证管理信息系统。虽然少数认证机构尝试自行研发一些专家工作手册等认证工具,为专家采集资料和评判提供便利,但目前我国师范类专业认证工具的配套开发明显不足,并且这些工具使用效果离预期也有不小差距。访谈中有专家认为,"目前认证专家可用的工具比较缺乏。在企业管理体系认证中,有相应的设备工具检测产品是否合格。而在师范类专业认证中,我们的专家很多时候是靠主观判断来对一个专业进行评判的"(A4)。

2. 认证工具配套开发不足及可用性有限的具体表现

《数据分析报告》反映的是接受认证专业办学情况的量化分析结果,是专家重点使用的认证工具。但有的学者认为,"《数据分析报告》这把'尺子'看似刻度清晰,但实际上并不好把握。因为报告中的数据在采集和分析时基本以专业为分割单位,这与现阶段我国大多数高校以学院为分割单位的内部管理与运行方式存在冲突。因为这种冲突,报告中的有些数据并不能作为认证参考依据"[①]。例如,细化到专业层面的生师比与高校现实师资管理情况不符,因为高校中有些教师的专业归属并不明朗。"以专业为单位分割师资,违背了高校中教师跨学院、跨学科、跨专业授课的办学事实"[②],这使公共类通识课、教师教育课程无法计算到专业生师比中,但是这些教师确实又对该专业学生进行了非常重要的教育教学。生师比是本科教学评估时产生的测量工具,在测量一所高校总体数据时比较有效,但要下沉到专业层面,对专业进行评价的话,这一工具就显得不那么科学和好用了。同样的数据分析问题还存在于经费领域,目前在高校中学院是办学主体,而并非专业,经费下拨一般以学院整体为单位,某个专业具体用了多少经费,分割不清,在用来当作评判专业的工具时可用性有限。

《自评报告》虽然经历了版本更新,在主线和底线要求上更加明确,但还是存在一些问题,使其可用性受限。

首先,师范类专业认证的《自评报告》要求每个指标的撰写都分为达成情况、存在的主要问题、采取的改进措施3个部分,并要求"对主要问题和改进措施的描述不少于1/3",这种撰写模式与《工程教育认证自评报告》和《临床医学专业认证自评报告》要求的主要撰写"达成情况"的模式明显不同,却与本科教学工作审核评估自评报告中每一点都分为主要表现、原因分析、改进措施的撰写模式相似。有人认为,师范类专业认证《自评报告》的撰写模式不是认证模式,而是评估模式。《自评报告》的这种撰写模式也反映出目前我国师范类专业认证

---

① 梅雪,曹如军.高校师范专业认证省思[J].高教探索,2019(12):36-41.
② 辛治洋.师范类专业认证的线性思维及实践超越[J].教育发展研究,2021(21):63-68.

标准是一种引领标准，而不是最低标准，在标准的实际运行过程中，着重引导专业以高标准反思查找差距并加以改进。否则接受认证的专业在每个指标上都离达到最低标准还存在很多问题，这个专业也就没有进行认证的条件和必要了。因此，有的学者认为《自评报告》的这种撰写模式与认证评价逻辑存在错位。《自评报告》提出的"对主要问题和改进措施的描述不少于1/3"的撰写要求，并没有明确"主要问题和改进措施的描述"是每条指标都"不少于1/3"，还是总体篇幅上"不少于1/3"。在实际撰写过程中，每个专业对此理解也不同。大部分专业是按照每条指标都"不少于1/3"的模式来撰写的，也有少部分专业是按总体篇幅上"不少于1/3"的模式来撰写的。如果是按每条指标都"不少于1/3"的模式来撰写问题，不但造成了专业在有些指标上为了找问题而找问题，也与结论评判A要求的"完全达到指标要求"规则相矛盾，这类专业如果严格按照上述规则评判的话，可能一个A都达不到。如果按总体篇幅"不少于1/3"的模式来撰写问题，就会将问题集中在某几个指标上，这样又会引导专家组在这几个有问题论述的指标上给出C的评判结论，对专家评判产生了一定的影响。总体来讲，《自评报告》的这种撰写模式要求与认证标准实践中作为引导性标准的认证阶段特点有一定吻合性，但与专业认证标准理论上为最低性标准的本质特征不符合，也为专业自评自建和专家评判带来了一些困惑，作为认证工具的有效性还有待提高。

其次，一些专业的《自评报告》中存在很多模糊性和易混淆的描述，影响了其作为评判工具的使用效果。如报告中的"毕业要求达成""课程目标达成度"等评价要求表述不明，专业对此疑问较多，不知如何自评和自证，导致在《自评报告》中提供了大量无效信息，不但专业做了很多无用功，而且为专家组利用《自评报告》进行评判造成一定程度的干扰。

最后，《自评报告》中形式主义和"写与做'两张皮'"现象比较严重。在一些专业的《自评报告》里，许多内容是"写"出来的，而非"做"出来的，有的甚至是直接抄标准、抄其他专业报告的内容。同时报告中大篇幅的撰写内容是专业评建中负担较重的任务，从访谈问题"您在认证中最大的精力放在了什么地方"的回答材料分析可以得出，大部分专业在认证评建过程中的最大精力没有放在专业的建设和教学的改革上，而是放在了撰写《自评报告》上。虽然在撰写《自评报告》时可以梳理问题，"以写促建"，但一个专业绝大多数精力都放在了文字材料中，与认证的初衷相悖，本末倒置。

《专家组考查报告》作为专家进行评判记录和反馈工作的工具，缺乏明确的判定标准。在2023年9月份之前，许多专家对某些难点指标评判为A还是B常常模棱两可，也有些专家对某些重点指标评判为A还是B比较随意，这都造成了专家评判一致性的缺失。《专家组考查报告》对每个指标分为ABC不同等级的评价结论，有学者认为，"过于强调以量化方式作为评价结论和目标指向，会导致认证中的功利化现象，甚至使高校办学特色弱化和培养模式趋同"[①]。这种结论评判方式确实在一定程度上导致高校过于关注结论中的ABC个数，相互攀比而忽视了认证评建的过程，功利化倾向明显，同质化问题凸显，与认证的初衷不匹配。并且ABC的评判结论方式与报告撰写要求使报告撰写的格式化情况严重，报告中评判为A的指标只能写达成情况，不能写改进建议，其实达成的指标并不代表没有可以改进的地

---

① 姚韬，王红，余元冠. 我国高等工程教育专业认证问题的探究——基于《华盛顿协议》的视角[J]. 大学教育科学，2014(04)：28-32.

方,但专家想要在这些指标中为专业提出一些良好建议时却不能下笔,不便于专家对专业考查情况的全面呈现与真实反映,甚至导致有些专家的考查报告与实际考查感受差异较大。2023年9月《关于印发普通高等学校师范类专业认证工作文件(2023版)的通知》中改用了新版《专家组考查报告》,第二级、第三级认证《专家组考查报告》取消了原来针对二级指标的ABC评判,调整为对照认证标准客观描述专业举证情况和存在的问题,并提出相应的改进建议。这次改进意在强化认证的服务与改进功能,规避单纯依据"量化"结果的"横向"比较,在一定程度上解决了原来专家们对于评判为A的不能写改进建议的问题。但取消了ABC评判之后,专家们对于问题描述的个数、轻重程度、认证结论也产生了一些迷茫。例如,报告中写多少个问题合适? 报告中有多少个问题可以评判为认证结论是"通过"? 多少个是"有条件通过"? 多少个是"不通过"? 在这些没有明确规定的情况下,师范类专业认证的专家组报告类似于本科教育教学审核评估的专家组报告,专家们只找问题,而没有认证结论,或者认证结论都是"有条件通过",这在很大程度上会造成只要进入"进校考查"环节即可得到"有条件通过"结论的现象。

认证管理信息系统是认证过程中每一个专家和专业都要使用的平台工具,认证中所有的流程都要在这个系统上完成,所有的材料也都要在这个系统上递交。在访谈中,认证机构、专家、专业普遍反映这一系统使用时问题较多,例如,系统对认证机构操作权限未完全开放,专家和认证专业操作步骤烦琐,卡顿频发,有时甚至耽误认证的正常进程,使管理信息系统有时候非但没有助力认证,反而给相关主体造成了一定困扰。在评估中心为专门解答认证专业在系统使用时所出现问题而建立的"认证系统群"中,各专业也反映系统问题频发,提问不断。随着认证规模的扩大,陆续建立的几个"认证系统群"已经爆满,新申请认证专业在系统上出现问题时加不了群,无处咨询。与此同时,许多认证专家在使用认证系统时也是问题频发,专家们也没有相应的"认证系统群",系统出现问题不知道该咨询谁,只能联系邀请他们的认证机构,由认证机构再将问题转给评估中心或系统后台人员处理,大大降低了专家和专业的认证工作效率及认证体验。并且,随着认证整改"下半场"工作的开始,大量年度整改报备材料要上传到系统,这使系统的负荷越来越重。系统不堪重负后,采用了让专业将材料自行上传至第三方网盘,然后在系统中提交下载链接的方式进行年度整改材料的报备,但这种方式遇到了"第三方网盘保密性、安全性、稳定性不足""专家在第三方网盘下载材料速度太慢,时间较长,查阅不方便"的问题,加重了年度整改材料的形式化倾向,这些都使系统作为认证重要工具的可用性受限。

除上述已开发的认证工具外,还有一些重要的配套工具尚未开发。认证中"三个达成"体系是专业举证和专家查证的重点内容。不论是部属高校还是省属高校,达成评价工具的开发已经成为他们头疼和花费精力最大的地方。达成评价工具的缺失,导致专业对课程目标、毕业要求如何分解、如何支撑、如何举证时意见分歧较大,因此专业的评价方式和评价材料五花八门,许多专业花费巨大人力、财力、精力算分却不能有效支撑相关指标,影响了专家们作出的判断。访谈中一位专家认为,"如果在专业认证评建中没有合适的评价工具进行真正的达成举证,目前的师范类专业认证的三个支撑、三个达成体系就还是构想阶段。这样专业就不是进行了一场认证,而只是进行了一场认证的教育"(A11)。

四、认证体系设计存在线性同构思维与单向度推动弊端影响了认证结构效度

（一）认证体系设计逻辑存在强制线性同构思维，文化兼容性不足

英国学者吉伯森·博雷尔（Gibson Burrell）和加里根·摩根（Garetha Morgan）在《社会学范式与组织分析》一书中认为，社会学范式中存在功能主义（客观、规制变革）、解释主义（主观、规制变革）、激进人文主义（主观、激进变革）、激进结构主义（客观、激进变革）4 种范式①。功能主义认为社会的问题应遵照衍生于自然科学的常规科学原则来寻求调整解决，而激进结构主义范式强调用自然科学的范式来对社会问题进行革命性的变革。

我国的师范类专业认证理念和标准借鉴于工程教育专业认证，而工程教育专业认证在国外源于企业质量管理体系认证。在师范类专业认证中，把"产出导向""持续改进"等源于企业管理领域中的理念带到了专业认证与师范教育的每一个环节，对于传统的师范教育是一种体系式重塑，也是一种革命性的变革。不可否认这些新理念具有一定的合理性，为师范专业办学和评价提供了规范化的思路和工具。师范类专业认证在设计逻辑上通过三个产出、三个支撑、三个达成等设置一环套一环，组成了环环相扣的认证思路。这些设计通过极富技术理性主义的自然科学的范式，指引师范类专业认证与师范专业办学的逻辑。从这个意义上来讲，师范类专业认证的设计逻辑是属于激进结构主义范式的。这种范式带来的最大问题就是强制运用自然科学范式的线性逻辑指标体系评价社会领域中最复杂的、非线性的人（师范生）的培养问题，将线性的、单向度的产品与非线性的、多向度的人强制线性同构。这种结构主义范式的统治逻辑，以技术合理性将复杂事实与具体操作等同起来，形成了师范类专业认证中的"不适当的线性模型"②。这种"不适当的线性模型"尤其体现在师范专业认证中的技术理性主义文化与传统师范办学中的人文主义文化兼容性不足上。

巴古和林肯在《第四代评估》中认为，"以往几代评估过于重视实证技术层面的'科学性'等线性关系，而将事实世界中不易测量的特性进行了不恰当的简化，不能有效地解决多元且复杂的现实问题"③。在国外，早就对教师教育项目认证中偏向技术理性的线性思维进行过批评，认为"师范生的培养不是一个一个相互独立的环节，而是在特定的情境和过程中的综合性、复杂性的成长环节。尤其是将无数个支离破碎的教学环节指标组合在一起，并不等于一个完整的教学"④。国内也有的学者提出了师范类专业认证的线性思维弊端，认为师范类专业认证的线性思维弊端是将"多元问题变为一元问题，把多元答案变成唯一答案。将模糊的、多变的、动态的师范生培养单元分解为清晰的、稳定的、静态的师范生培养单元，在一定

① Burrell G, Morgan G. Sociological Paradigms and Organizational Analysis[M]. London: Ashgate Pub C, 2007: 1-3.
② 艾瑞克·H. 凯斯勒. 管理学理论百科全书[M]. 韩殿秀, 李达, 译. 太原: 山西经济出版社, 2019: 84.
③ 埃贡·G. 古贝, 伊冯娜·S. 林肯. 第四代评估[M]. 秦霖, 蒋燕玲, 等译. 北京: 中国人民大学出版社, 2008: 1-5.
④ 周钧. 美国教师教育认可标准的变革与发展——全美教师教育认可委员会案例研究[M]. 北京: 北京师范大学出版社, 2009: 87.

程度上忽视了人才培养和专业办学的整体性和复杂性特征"①。通过认证指标对师范教育进行量化和简化,使无形的师范专业办学和人才培养成了固定模式,就如同光在粒子中产生了形状的丁达尔效应。这一固定模式有其科学、合理的一面,但"光束"只是光与某些粒子垂直方向的形态,而光还有许多其他形态。同样,这种量化和简化的固定模式也可能丢失了师范教育中许多看不到的"灵魂","可能丢了无用之大用"②。

美国学者伯顿·克拉克认为,"按照经济系统中的标准来评价高等教育体系不会有太大意义"③。在教育评价中,却经常简单地借用其他领域的评价方式、评价理论,甚至是评价标准对高等教育进行评价。即使在高等教育内部,不同专业学科之间的性质也有所不同,甚至是天差地别。我国现阶段推行的师范类专业认证是"站在工程教育专业认证和本科教学评估制度的肩膀上"④改进而来的,认证在很大程度上受到这些制度的影响。在师范类专业认证的许多设计中,也带有工程教育专业认证和本科教学评估的制度惯性和路径依赖,没有深刻地与师范专业办学的特点、历史、经验相融,没有与传统师范专业文化锚点挂钩。工程教育培养出的人面对的是线性的自然科学领域工程,而师范专业培养出的人面对的是非线性的学生,教师的职业性是更加偏向人文领域的,其中的达成度评价等很多内容的可量化性和可比较性没有工程教育专业中的多。因此,在师范类专业认证设计中,应该充分结合师范类专业的社会领域文化锚点,兼容师范类专业的优秀传统文化并进行优化,不宜过多直接借用其他专业认证的线性思维。

(二)认证存在单向度推动问题,共同治理缺位

1. 高校单向度推动,导致认证政策执行的"战术无力"

赫伯特·马尔库塞在《单向度的人:发达工业社会意识形态研究》一书中认为,"向度"(dimension)是一种价值取向和评判尺度的表达形式,具有"方面"和"维度"的意思。他认为,不论是一个社会还是其他事物,都要在其所产生的、所包含的各种增长需要的联合推动下才能实现预定的目标和发展的永恒化。如果只从某一个方面或某一个维度的需要和愿望去推动,就出现了一种单向度的思想和行为⑤。单向度的社会形成了单向度的人,同样,在师范类专业认证中,单向度的政策结构设计形成了单向度的动力结构。

师范类专业认证对师范生培养质量进行全面治理,直接影响着教育行政部门、基础教育、社会公众等诸多利益相关群体的利益。在认证中,只有各类主体有机配合,共同参与,才能使认证发挥最大有效性。在师范类专业认证的具体实施过程中,单向度的推动表现为,在本应该相互配合的利益相关群体中,只有单一的高校主体按照认证政策要求和自身改革的需求与愿望去推动认证工作及更深层次的师范生培养质量治理。高校之外的其他利益相关

---

① 辛治洋.师范类专业认证的线性思维及实践超越[J].教育发展研究,2021(21):63-68.

② 张楚廷.教育哲学[M].北京:教育科学出版社,2006:90.

③ 伯顿·R.克拉克.高等教育系统:学术组织的跨国研究[M].王承绪,徐辉,殷企平,等译.杭州:杭州大学出版社,1994:312.

④ 王定华.我国高校师范类专业认证的缘起与方略[J].中国高等教育,2019(18):20-22.

⑤ 赫伯特·马尔库塞.单向度的人:发达工业社会意识形态研究[M].刘继,译.上海:上海译文出版社,2006:16-33.

者对认证工作及师范生培养质量治理呈现出"被动配合",甚至是"袖手旁观"的冷漠态度。

美国学者拉尔斯·图莫斯(Lars·Tummers)认为,"专业人员对被执行的政策决策的可感知影响只限在其自己所在组织体系内部的现象称之为公共政策执行中的战术无力"①。单一高校主体推动的专业认证实践,使认证工作及师范生培养质量治理的范围基本局限于高等教育体系内部。因为认证政策设计中的动力结构问题,高等教育体系之外的其他利益相关者并没有对认证工作及师范生培养质量治理有强烈要求。在高校主体的努力下,他们也只是呈现出"被动配合"的态度,这便产生了师范类专业认证政策执行中的"战术无力"。尤其是作为师范生需求侧的基础教育主体,没有相应的动力机制使其真正地、深入地参与认证工作及师范生培养质量治理中。本应代表行业主动发起认证的基础教育主体在认证工作及师范生培养质量治理中是一种"冷漠"的缺位状态。访谈中有的专家认为,"师范类专业认证在高校领域搞得轰轰烈烈,但是这阵春风没有吹到基础教育中,就像基础教育的改革轰轰烈烈,但是没有进到师范教育中一样"(J3)。

我国师范类专业认证政策与《中共中央 国务院关于全面深化新时代教师队伍建设改革的意见》《教师教育振兴行动计划(2018—2022年)》等其他政策进行了一定程度的衔接,但是在政策链条的设计和执行中,并没有一个强烈的约束机制将各个主体纳入其中。例如,认证中的"合作与实践"标准中提出要建立"高校、地方教育行政部门、基础教育'三位一体'协同育人体系"。但并没有其他相关政策对地方教育行政部门和基础教育应该在"三位一体"的协同育人体系中承担什么责任、发挥什么作用、做到什么程度进行政策要求。师范类专业认证政策对地方教育行政部门和基础教育的吸引力和约束力有限,两者对于其中的"三位一体"协同育人体系了解、需求、担责程度有限,几乎没有主动参与协同育人的认识和意识,只是"形式上地加入体系""礼貌性地配合迎评"和"被动式地参与育人",更没有在招录教师时对认证结果予以关注和采纳。目前认证实际运行中,只有高校主体按照认证相关政策在单向度推进师范生培养质量治理,"三位一体"的育人体系变成了"一主两副"的育人体系。总结来讲,师范类专业认证及相关政策链条中的动力结构设计缺陷造成了认证实施中的单向度推进问题。单向度的动力机制结果可能导致师范教育改革动作接连不断,但改来改去质量还在原地打转,除实际效果不明显外,机制也难以长久,这在很大程度上降低了师范类专业认证的有效性。

2.认证共同治理缺位问题的具体表现及原因

认证的单向度推动导致的治理缺位问题在认证和师范教育实践中有许多具体表现。例如,访谈中有专家讲到,"目前高校、地方教育行政部门、基础教育'三位一体'协同育人体系只是大致建起了框架,但是还没有落地,如果没有详细的标准和运作机制,这种合作育人也就不会长期坚持下去"(J2)。也有的专家提出,"认证中要求相应教师要有一年的基础教育服务经历,目前专业一般都是采用协议式服务完成的。协议文件有了,但是人却没有真正地到基础教育中服务。有一些专业直接从基础教育学校调入几名教师来完成这一标准,但是这些教师又与高等教育教学方式融合不够。教育实习基本上由高校单方计划和管理,高校制定了实习制度,但是基础学校不一定有相应的配套制度,例如,实习生要几次磨课和几次

---

① Tummers L. Explaining the Willingness of Public Professionals to Imple-ment New Policies: A Policy Alienation Framework[J]. International Review of Administrative Sciences,2011(03):77.

试讲,达到什么样的标准才能够让其上讲台讲课? 指导教师应该从哪几点指导学生上讲台,如何评价,如何反馈,如何改进,这些在大部分基础教育单位中都没有相应的规定,因此实习质量的改进难以得到保证"(J1)。有的基础教育专家表示,"目前师范教育对于基础教育的现状还没有真正地进行了解,更不用谈能够根据基础教育新理念进行改革和合作,例如,高校教师对基础教育新课程标准等政策不了解,对基础教育的大单元教学等趋势理念不了解,对基础教育的学生学情和选课走班制度不了解,甚至不能把这门基础教育学科使用的教材完整、明白地说出来"(J4)。

专业认证及师范生培养质量治理的范围局限于高等教育体系内部的一个重要原因是地方政府及地方教育行政部门没有起到应有的管理和纽带作用。因为在师范生培养质量治理中,高校与基础教育单位不是一种对等的关系,尤其是地方高校对一些优秀的基础教育单位根本没有约束与考核的权力与能力。在其他方面高校对基础教育单位没有吸引力,只有课题合作的方式才能吸引基础教育单位参加,但是这种合作方式是一种学术合作,而不是教学合作。例如,在认证要求下高校纷纷建立了实习的管理制度,但这一管理制度不一定对实习单位有管理和约束作用,实习单位不一定会执行高校的实习规定。随着招聘要求的普遍提高,在城市中与高校距离较近的基础教育单位的招聘要求可能已经超越了本地高校的条件(如学历上要求研究生、学校层次上要求双一流、学校类型上要求部属师范大学),有些基础教育单位已经从用人单位变成了单纯的实习单位,并且成为实习单位还是凭借多年前的感情,以及校友们的联系才维系下来的。在这样的情况下,一所地方高校的师范专业如何能够评价、要求、考核一所基础教育单位的实习安排,又如何将专家们提出的问题安排给基础教育单位进行整改? 同时,也存在另外一种情况,基础教育单位给高校师范生提供了实习的机会,也非常想留住这些实习生,但是经过悉心的培养后发现根本留不住这些实习生,一方面教师招聘权利在地方教育行政部门手中,另一方面优秀的毕业生又想去往更大的舞台,基础教育单位的悉心培养只能为别人做了嫁衣,没有得到应有的利益,因此,也就不会再积极、主动地参与师范生的实习培养。依靠高校的力量单向度地推动"三位一体"育人体系的框架构建是有可能的,但是想要这个框架落实执行却非常困难。"三位一体"的育人体系中,各方主体要权责对等,相互需要,三方受益,才可能长久地进行下去。在认证工作及师范生培养质量治理中,只有地方政府及地方教育行政部门,才有足够的权力和资本成为主导,只有地方政府及地方教育行政部门发挥出应有的组织和纽带作用,才能将"三位一体"的育人体系建牢,依靠高校的力量对接地方教育行政部门和基础教育单位来建立协同育人体系是不现实的。

师范教育共同治理不能形成合力还有一项重要原因,即基础教育与高等教育现阶段在价值取向和评判向度上存在一定隔阂。基础教育有自己的升学取向和目标,高等教育有自己的科研任务与偏向,这造成了两者合作中的矛盾。例如,在实习中,基础教育单位的教师更多的是关心教学实效和学生成绩,因此很多基础教育单位的教师根本不愿放手让实习生授课。师范生在实习过程中能实践教学的课时很难保证,有的甚至没有上过讲台。"越在好的学校,这样的情况越严重,师范生在这些学校仅能进行作业批改等教辅工作"①。而高校教师大多是硕士或博士,他们在实习带队时更关心的是教学范式等学术层面的事项,关注教学设计是否合理、程序是否规范、方法是否先进等。因此,基础教育教师并不十分欢迎高校教

---

① 路书红,黎芳媛.专业认证视角下的师范专业发展探析[J].教育发展研究,2017(22):65-69.

师进入其班级,并以一种"学术对实践的指导模式和上级对下级的指导态势"对其课堂进行"打扰"。访谈中有的基础教育专家讲到,"升学压力和应试教育是基础教育面对的现实情况,而这又是不能在师范教育中加入的东西。这种取向不同导致双方教师在实习中的关注点不同,不但交流少,而且能进行交互的东西也少。双方教师之间最多是合作关系,很难做到融通,最终的实习和合作育人效果自然也就不好"(J4)。

 ## 第二节　影响师范类专业认证过程有效性发挥的主要问题

在问卷调查中,认证"过程有效性"模糊综合评价分值为"4.01",在 3 项一级指标中得分最高。大部分访谈对象认为,学理层面的制度设计对师范类专业认证有效性的影响固然重要,但现阶段认证实施层面的问题同样深刻地影响着认证的有效性。例如,在认证过程中的各类主体对于认证理念和标准的把握不足、认识不够、学习不深入、执行不到位等,都是影响认证过程有效性的关键问题,需要进行深入和全面的分析。

一、专家认证不足与认证过度并存影响了认证专家效力

认证专家是认证事业中的"关键少数",是路线确定之后的决定性因素[①]。专家工作质量决定了认证质量,认证专家的执行效力深刻地影响着认证的有效性。分析访谈材料可以得出,目前专家数量、时间、精力、专业对口率、专业化程度等问题造成专家认证不足,同时,由于专家对认证标准的遵循不够,所以存在过度认证现象,两者都对专家有效发挥作用产生了负面影响。

(一)专家队伍数量不足

师范类专业认证专家队伍数量不足体现在以下几个方面。

首先是专家队伍总体数量不足。经过 2021 年的专家增补及资质调整后,目前有 1900 余名专家进入了认证专家库中,有 1350 余名专家取得了新一轮资质证书,获得了后续认证中的选派资格。但是直到 2024 年,师范类专业认证专家库未进行较大规模的增补和调整。在师范类专业认证实际工作中,认证最关键的进校考查环节并不是全年都能进行的,而是普遍集中在 4—6 月和 10—12 月。受财务预算等各种因素影响,各地实际的认证进校考查时间会更加集中。由于时间集中,专家紧缺问题更加凸显。尤其是 10—11 月,该时间段是认证进校考查的"黄金档",在此期间经常出现各认证机构"抢专家"的现象。随着认证的全面铺开,申请认证的专业逐渐增多,每年的认证工作量也直线上升。接下来,专科类专业认证也将全面铺开,再加上有条件通过专业的中期检查与完成首轮认证专业的下一轮认证循环逐步到来,目前的专家数量难以满足认证工作体量骤增的需要。

其次是部分特殊类型专家不足。虽然目前入库专家中高校之外的专家占比超过 40%,但行业专家参加认证的难度相对较大,行业专家聘请相对困难,尤其是对认证标准和高校师

---

① 毛泽东.毛泽东选集第二卷[M].北京:人民出版社,1991:36.

师范类专业认证有效性研究

范教育规律把握准确的行业专家明显不足。此外，还有部分学科专家欠缺，特别是音乐、美术等艺术类学科专家不足，不能很好满足进校专家多元身份结构配置要求和各地、各类专业认证的实际需求。

专家数量不足带来了专家类型、专业不对口等问题。相比较而言，在目前的教育部临床医学专业认证专家委员会32人中，有7人是医院的院长、外科副主任等行业单位直接代表。而师范类专业认证专家委员会由27人组成，成员基本上是教育行政部门及高等教育界人士。在后来成立的三个专门委员会中，来自行业界的代表也仅仅只有1人，行业界直接代表不足。在专家库中能够调配的行业专家也比较紧缺，而行业教师经常因为带中考或高考班等原因，一年都不能外出参与认证，也出现了多次小学教师认证中学教育专业的情况，在访谈中多位接受认证专业的负责人对此意见颇大。此外，专家的专业对口性问题也客观存在，在目前的专家数量和工作量下，要想专家组成员都是对口专业的，难度太大。访谈中有的专家回忆说，一个物理学专业的专家组中，只有组长一人是物理学的，组长在专家分工上难以抉择，在听课选择上对于"工程热物理学"等专业性较强的课程鲜有非物理学专业的专家敢选，这些都使认证中的专家效力受到影响。

最后是高水平专家不足。目前，专家库内的专家水平良莠不齐。专家对于认证理念和标准的理解需要有一定的教育理论与认证实践才能领会贯通，目前，有接近600名有资质的专家还没有过一次实际认证经验，对于认证熟悉和领会程度不够。而少数公认的全国知名专家，一年内要进行多场认证，认证次数最多的专家三年多来已经进行了240多场进校考查，优质专家疲于应对各认证机构的邀约。优质的专家组组长是一个专家组能够高质量开展工作的重要保障，但目前专家库中组长人选不仅数量偏少，而且部分组长的胜任力也不能保证。

（二）专家队伍专业化水平不足

首先，专家工作态度参差不齐。由于师范类专业认证的专家普遍不是专职专家，因此，专家个人投入的精力和对认证工作的重视程度不能保证。目前专家的进校考查工作时间紧凑，工作量比较饱和。很多专家进校考查期间，要凌晨2—3点才睡觉。有些事务繁多的专家，对接受认证专业材料来不及消化，没有足够的时间进行查证和深究，基于经验就得出了认证结论。还有的专家不按要求完成工作，而让秘书代写材料，在一定程度上影响了认证工作的权威性和公信力。

其次，部分专家对认证理念和标准的认识不足。有些专家对于认证理念和标准的学习和领会不够深入，部分初次参加认证的专家抱着学习交流的心态边学习边认证，所提出的观点也值得商榷。有些专家对认证的新要求学习不够，不知道认证的"主线"和"底线"要求是什么，也不知道《普通高等学校师范类专业认证自评报告撰写指导书（2021版）》修改了哪些内容，因此其评判结论也难以与认证新要求保持一致。还有部分专家存在着站位不高、认识不清、对标不准、查证不力的问题，尤其是这些专家没有按照认证的"主线"和"底线"要求进行认证，查摆问题不力，提不出有深度的建议，导致接受认证专业对认证过程比较失望。甚至有个别专家的《专家个人考查报告》简单复制标准或复制自己之前的报告，出现重点不聚焦、问题描述不清晰等问题，没有提出具有针对性和可操作性的改进建议，导致接受认证专业不知道如何制定改进举措，影响了认证整改的有效性。在访谈中，有的专家委员会委员在参与多轮专家培训和多次认证后感触到,"目前很多专家对于认证的理解还停留在合格评估模式而没有进入认证模式"(A4)。

最后,专家们评判的一致性不足。不同专家对师范类专业认证标准体系的设计架构、指标间的内在逻辑关系和各指标点的内涵等理解程度不一样,加之专家们对认证理念和标准的执行力度不同,因此,存在不同专家对同一指标的达成情况评判差异性较大等问题,从而导致认证过程中专家对专业的指导存在差异。明明有些内容是按照自评指导专家要求修改的,却被进校考查专家要求改回去,校方专业认证负责人对此茫然不知所措。并且,师范类专业认证标准不是专业质量标准,因此,不能用专业的办学成绩代替或影响专业认证达标结论的评判。但是,专家们在评判时还是受到了"一流专业""省级品牌专业"等专业光环和所属学科学术水平等其他因素的影响。尤其是在同一个学校的多个专业联合认证时,专家组往往会依据不同专业的质量工程项目、全国排名等办学水平因素进行对比调整,并非按照专业实际达标情况进行依标评判,这不但导致了专家评判的一致性不足,也造成了全国认证结果的有效性差异。

(三)专家组一体化执行程度不足

认证专家通过组成一个专家组,一起完成进校考查,其中的合作就显得非常重要,要一体化地执行认证政策及标准。如何将学科专家、教师教育专家、教育管理专家、行业专家等不同类型的专家有效地形成一个行动一致的组织,是影响认证专家效力的一大难题。学者张远增认为,从公共政策操作的角度看,公共政策执行中的一体化需要解决的关键问题,是执行政策中的专业人员如何根据自己的价值活动认知水平及实践经验,统一判断公共政策价值,以及将抽象价值转化为统一的具体行为[①]。这种"统一的具体行为"的缺失正是专家组一体化执行程度不足的表现。

首先,专家团队对标准之间的逻辑关联性把握不足。认证指标项之间存在逻辑关联,各专家在分工考查过程中往往只对自己负责的几个指标进行查证评判,不能够从总体角度考虑判定,容易忽略指标的逻辑关联性,因此可能导致专家组评判结论前后矛盾。这就需要专家组成员能够把握认证指标整体逻辑规律,同时需要组长对此进行平衡纠偏扶正。

其次,专家团队对标准的理解和把握不一致。不同专家有其不同的经验基础和行事特点,不同的师范类专业也有自己的特征。由于专家在把握标准时具有个体差异性,存在对关联指标理解和认识不一致等问题,容易各行其是,最终影响评判准确性。尤其是各类专家的身份不同、立场不同,评判取向也不一致,甚至在细节把握上存在意见分歧。例如,学科专家的评判取向往往更多地倾向于专业的学科属性,而教师教育专家评判取向往往更多地倾向于专业的教育属性,因此,对于同样的人才培养方案课程设置,有的专家觉得学科课程不足,而有的专家觉得已经达到了标准。

最后,专家团队对反馈问题尺度把握不一致。部分专家因为自己级别等原因,对校级领导的考查不足,导致其在反馈问题时,一方面反馈的全面性不够,另一方面对学校层面提出的问题尖锐程度不够,不能把问题不留情面地反馈出来。同一个专家组在反馈时,有的专家能够全面反馈,入木三分;有的专家却有所保留,蜻蜓点水。当这两种发言同时出现在一个

---

①　张远增.公共政策执行评估学理[M].北京:中国社会科学出版社,2018:130.

反馈会上时,学校感受到的差异十分明显,使专家组整理形成的《认证报告》的权威性、有效性受到了影响。因此,专家组长对于认证反馈问题程度的总体把握十分重要。尤其是在反馈会上,专家组长要提前对专家组考查后反馈的问题进行把握,使这些问题能够原原本本、口径一致地反馈给学校。

(四)个别专家认证过度

在现阶段认证中,少数专家不按标准进行认证或者过度认证的现象是客观存在的。从认证专家遴选上看,认证专家一般都是专业内的知名教授,有着丰富的学术成果,同时也有许多关于教育评估的实践经验,但其对于师范类专业认证的理念和标准未必能够完全吸收和认同。有的专家还停留在过去的合格评估模式中,将自己定义为"钦差大臣",不是对专业建设进行促进,而是进行过多的指点和干预,甚至不能按照专业的区域与历史特点综合考虑后进行指导,以自己的认知否定了专业多年的历史积淀和办学特色。

有的专家由于身份和兴趣原因,对于认证中的某一方面扣得过细、挖得过深,远远高于认证标准,进行了过度认证,使认证工作走向了评估化,访谈中甚至有的专业教师反馈,"有种期末教学检查而不是专业认证的错觉"(H4)。有的专家9月份进校考查时向学校索要该校去年进校考查专业的整改工作材料,但这些专业的认证结论彼时还未公布,按照《普通高等学校师范类专业认证状态保持监控办法(2023版)》规定,"专业在认证结论公布后1年内,按要求提交整改工作方案,内容包括对《认证报告》中的主要问题提出改进目标、措施及计划等",这样一些高于认证相关规定的要求难免使学校觉得为难。有的专家在某些领域具有非常独到的见解和深厚的教育情怀,想通过个人经验和学术理解增加认证的有效性,但却是游离于认证标准之外进行指导,也可能在一定程度上按照以往经验和惯性进行认证,造成自己和专业对于认证的认识偏移风险。甚至个别专家对认证理念和标准本身就有所看法,用自己对师范教育的理解及对未来发展的把握等学术标准代替认证标准,对专业进行评判和指导,主观地认为,专业在认证中应该如何做、达到什么效果,"出现了公共政策执行中的学术化漂移问题"[1]。还有个别专家的名气盖过了标准,用自己的身份权威、学术权威代替认证标准进行过度认证,对认证标准和理念的有效执行提出了较大的挑战,影响了认证的过程有效性。

二、认证评建陷于高校中层代理困境影响了认证评建的广泛性和深入性

申请认证的专业,首先要进行自评自建,自评自建就是专业按照认证理念和标准进行自我反省、自我总结、自我完善的过程。认证的理念和标准在专业自评自建中得以落到实处,转变为具体的行为促进师范教育质量的提升。可以说,专业认证的有效性在很大程度上是在广泛、深入开展专业评建的过程中得以体现的。但在问卷调查中,"评建广泛性"和"评建深入性"指标的模糊综合评价分值为"3.85"和"3.95",低于平均水平,尤其是"评建广泛性",在所有三级指标中排在倒数第6位,反映出调查对象认为"评建广泛性"方面存在较大问题,因此,影响了认证的评建效力。

---

① 周国雄.博弈:公共政策执行力与利益主体[M].上海:华东师范大学出版社,2008:33-35.

科林·凯莫勒在《行为博弈——对策略互动的实验研究》一书中提出了政策执行中的"多层治理"概念,其将公共政策执行中的主体分为决策层、管理层和执行层3个层级。"公共政策如果要在执行中达到理想的效果,需要这些不同层级之间的主体通过行为博弈达到策略互动。如果这些主体不能有效互动,那么政策执行将变成政策敷衍"①。运用这一理论,在师范类专业认证的评建过程中,也可以将高校内部的政策执行主体分为学校领导层、院部管理层及师生执行层。师范类专业认证如果要想在评建中达到理想的效果,需要学校领导层、院部管理层、师生执行层之间通过行为博弈,最终达到有效的策略互动。

师范类专业认证体现出了教育评估制度设计思路逐渐细化、层次逐渐深入的发展过程。师范类专业认证使更多地方高校和师范类专业真正体验到高等教育质量评估设计理念从宏观层面深入中观层面。在质量评估思维从宏观到中观转变的同时,在一定程度上带来了对应的认证行动主体在高校内部由学校高层领导推动变为院部中层管理者推动。甚至很多高校领导认为,师范类专业认证是专业的事情,与自身关系不大,将自身置于事外。

代理理论源于金融学领域,后来被西方管理学家引用到公司治理领域,成为公司治理领域的重要理论。后来,查尔斯·W.L.希尔(Charles·W.L.Hil)和托马斯·M.琼斯(Thomas·M.Jones)提出了利益相关者代理理论。利益相关者代理理论从利益相关者角度出发,为分析委托人和代理人之间的关系和组织现象提供了一种简洁的框架。在这一理论中,代理人以其专业知识、技能或信息不对称等优势,为利益相关者作为委托人提供某种产品或服务。作为委托人的其他利益相关者将自己利益与代理人的利益绑定一致,将自己大部分权利同时让渡给代理者,只保留监督和决策的权利。进行代理的最终目的是实现利益相关群体共同价值的最大化②。

为确保师范类专业认证发挥其最好的有效性,参与评建工作的主体应广泛且全面。学校领导层、院部管理层、师生执行层都应参与进来,形成多层主体的共同策略互动。也就是说,无论是高校领导层、管理层,还是普通师生执行层,都应该对师范类专业认证进行充分学习和践行。但就目前现实情况来看,很多高校内部只有少数以教务或评估中心、学院领导及专业负责人为代表的中层管理者在包揽和代理认证评建工作,还有一些高校内部人员对认证的认知模糊,践行有限,甚至不直接出现在认证评建活动中,不论是相关政策的制定或是执行,都由代理人完成,他们只负责签字和出席会议。有的人员只关注认证结果,有的人员只求功利性的过关,有的人员甚至连结果都不关心。这种情况按照多层治理理论和利益相关者代理理论解释,就是这部分管理层主体在认证评建中对校内的领导层、执行层等其他主体进行了认证代理,其他主体因为种种原因将专业认证的评建事务委托给了他们,也将认证通过后的晋升与收益当作了"代理获益"。这些管理层或主动或被迫地接受了认证代理任务,因此导致了师范类专业认证中评建有效性不足。

(一)高校领导层在认证评建中只支持,不指导

心理学研究表明,思想观念是行为的先导,有什么样的思想观念就会产生什么样的行

① 科林·凯莫勒.行为博弈——对策略互动的实验研究[M].贺京同,那艺,冀嘉蓬,等译.北京:中国人民大学出版社,2006:12-20.
② 艾瑞克·H.凯斯勒.管理学理论百科全书[M].韩殿秀,李达,译.太原:山西经济出版社,2019:32-35.

为。有学者研究认为,在思想观念因素中尤其是单位中领导层的思想观念对于认证有效性的影响较大①。从某种意义上来说,一所高校领导层对于师范类专业认证工作的看法和思想观念,几乎可以决定这所学校认证工作的动机、态度、方式、力度和成效。如果高校领导层重视认证,并认真推动认证,该校的认证评建工作就会比较顺利。访谈中的某专业负责人在回答"专业在认证中最大的优势"这一问题时表示,"我们专业在认证中最大的优势就是我们学校的书记是学这个专业的,他对于这个专业的认证工作的重视是我们专业顺利开展评建的最大保障"(H13)。相反,如果高校领导层不重视认证或是带有功利性地推动认证,该校的认证评建工作就难以真正有效开展。

首先,在我国高校办学实践中,在教育资源投入一定的情况下,高校对专业办学效益越来越重视。因此,目前高校往往更重视在效益等方面产出更高的理工科专业,而师范类专业往往在这一方面处于劣势。即使在面对专业认证要求时,有些院校领导也没有对师范类专业给予足够的重视。而且目前高校中的科研导向比较严重,例如,学院获得一个国家级课题奖励 30 万元,如果通过专业认证只奖励 10 万元。这是高校领导绩效管理主义导向所致的,也是认证中需要克服的思想观念上的一道硬伤。

其次,现阶段院校评估、专业认证等外部质量评价手段较多。很多学校每年都有一些外部评价项目。高校领导在这些项目准备过程中次次挂帅,难免有些疲于应付。尤其是在一些综合类院校中,部分学校领导不是师范类专业出身,没有师范类专业背景的领导,很少能真正地认真学习和领会师范类专业认证的理念和标准。即使领导赞同师范类专业认证,重视认证,但也只是在工作上重视。他们往往只期望有一个好的结果,却忽视了这一过程中的困难,尤其是对认证的指导性意见远远不够,可以说是"有支持无指导"。这样流于形式或急功近利的重视,对于专业认证的评建可能是有害的。如果领导不对认证的新理念进行学习领会,就会导致他们的办学思想观念还停留在老路子上,习惯于依赖固有经验和既定管理制度布置认证工作,甚至很多决策与认证理念背道而驰,这样会对专业认证起到一定的负面作用,也会在一定程度上导致认证评建的"形式化、表面化、功利化"倾向问题。

再次,对于认证的认识,有的领导层认为师范类专业认证是对专业的认证,这只是专业的事情,因此,所有评建事务都布置给专业去做。专业所在院系中层管理者代理了认证后,在实践中往往会出现"学院指挥学校"的评建困境。院系层面权力有限,即使他们得到了认证的代理权,因为学校领导层对认证认识不足和政策支持不到位,面对需要花大价钱进行的改革和花大力气进行体系重构时,学校领导层往往只是在中层代理者的游说中表面上同意,但内心还是不解或不屑的,更不会主动出台相关政策指导评建,其他行政部门对认证配合程度也就一般。往往导致认证评建中政出多门、各管一方而不能形成合力,甚至这些部门的政策文件有些也由中层代理者代为起草,只是为了在认证期间发几个不会执行的红头文件以保证他们代理期间认证能够顺利通过,这为专业评建有效性带来了巨大的挑战②。并且,因为院系层面不能整体性和系统性地把握认证评建工作,最后导致认证评建工作碎片化、虚幻化。有学者认为,在我国高校行政化色彩较为浓厚的现实下,没有学校领导层面的主动改

---

① 王新平.企业质量管理体系认证有效性的实证[M].北京:知识产权出版社,2010:183.

② 王勇.专业认证背景下师范院校内部质量保障体系构建研究[J].中国高等教育,2019(07):39-40.

革,专业层面的变革成效是有限的,甚至是徒劳的①。

　　最后,有的学者认为师范类专业认证无效的大部分原因是高校领导层错误地制定了认证目标或强加给认证本身不正确的期望所致。如果高校领导层对参与认证有不恰当的动机,则必然会弱化认证有效性。有的高校领导对于认证有强烈的功利化思想,使认证的自评自建行为变成了形式上的"迎评"和"对标建设"行为,甚至简单挪用其他专业或合格评估、审核评估的套路应对。也有的高校领导把认证工作当作上级部门给自己施加的行政命令,将接受评估认证视为不得不完成的任务,被动地参与其中,抱着"应付"的心态对待专业认证。还有的高校领导将通过认证理解为一种荣誉或一种政绩,要在认证指标评判结果的 ABC 个数上攀比。尤其是渴望通过专业认证这条捷径实现办学上的突飞猛进或弯道超车的领导,他们会对专家组进行暗示或游说,大大妨碍了认证评建活动发挥有效性。访谈中有的专家因此感慨,"高校自评自建的充分程度与学校领导的重视程度成正比,而学校领导的重视程度有时候与学校的层次成反比,且与这一学校的已通过认证的专业数量成反比"(A12)。

(二)院系管理层在认证评建中以代理博发展

　　师范类专业认证在评建中存在着中层负担过重的问题。许多高校中的专业认证评建工作主要是由相关管理部门和学院组成的非正式管理层组织——评建办来完成的。在认证评建过程中,评建办的管理层要对认证的理念和标准进行了解和学习,才能在学校领导和专业师生层面进行宣传和推动。在访谈中,有的学院院长说,"搞了一轮师范类专业认证,我感觉自己又重新攻读了一次博士"(H14)。也有的学院院长认为,"在认证中,核心团队尤其是《自评报告》撰写组的人员对认证的了解深入程度为 $80\%\sim90\%$,而涉及认证材料准备的这类人员的深入程度为 $50\%\sim60\%$,学校领导和普通教师的深入程度则只有 $30\%\sim50\%$,甚至有些领导和师生连知晓的程度都做不到"(H12)。

　　从中层代理认证的动机进行分析,部分中层主体是因为专业情怀选择代理了认证。还有一部分中层主体是因为委托者承诺的"代理获益"选择代理了认证。访谈中也确实有几位负责认证工作的副院长在认证代理后得到了迅速提拔,也有好几位负责认证工作的教务副处长出任了新成立的师范学院院长。访谈中有相当一部分高校中层人员表示自己从认证中获得了更好的发展,受益匪浅。还有部分中层主体表示虽然自己无望获益,但却可以将认证评建工作当成向学校争取政策和资金的"筹码"和"倒逼"法宝,没有真正考虑认证评建工作的内在价值和意义。

　　政策执行理论认为,"自上而下的政策执行模式往往聚焦于遵从和监督,自下而上的政策执行模式更关注于改革合作和创新"②。但中层代理的政策执行模式中却出现了上下两难的问题。一方面,在认证评建的过程中,很多事情是中层自身解决不了的,必须上升到学校层面解决。在认证中,有很多学校统筹不足的例子,例如,有的学校两个专业进行联合认证,但是两个专业的申请报告封面完全是两个类型,相差极大,同时从学校加盖公章后放在一起报送给认证机构进行评审。这一简单的例子就足以说明该学校对于认证的管理和把控缺失,放任各院系中层作为全权代理,导致他们在认证评建中各行其是。另一方面,认证理念

①　钟秉林.关于大学"去行政化"几个重要问题的探析[J].中国高等教育,2010(09):4-7.
②　周国雄.博弈:公共政策执行力与利益主体[M].上海:华东师范大学出版社,2008:101.

和标准的落地要在课程和课堂中体现,必须深入师生层面进行落实。中层代理了认证,却发现其权力有限而无法与执行层的广大普通师生达成合作,导致认证评建的深入程度不够。

可以说,中层代理的政策执行模式既没有自上而下的遵从,也没有自下而上的合作。中层主体为了得到发展或支持选择代理认证,在这种上下两难的代理困境中,有些中层主体只能"闷头干",或是在材料的包装和迎评上作文章,工作思路由"做得好"变成"说得好",对专业内涵建设反而有所忽视,导致认证评建的表面化和形式主义。用形式主义掩盖专业发展中存在的真实问题,消解了以评促建、以评促改的认证初衷,将专业认证工作带入了误区。在这种思路下撰写的《自评报告》,只是用大量篇幅展示其优点,对认证标准要求却轻描淡写、避重就轻。而在"迎评"阶段的短短几天中,包括领导、师生等所有层级主体都会从形式上配合中层行动,"隆重出席"进校考查的各种场面,给进校考查专家组营造出一种全校各个层级主体全面重视认证的印象,有些专家组被全校表现出来的配合精神而感动,以至于忽略了某些实际中的问题。

对于访谈问题"认证中承担最大压力的是谁"的回答中,大部分访谈对象认为压力最大的是中层干部,尤其是教学副院长。他们认为,在认证中,虽然专业负责人任务比较重,但是压力方面却不是最重的。学院的党政、科研副院长参与度不高,甚至于他们对认证的触动也不大。对于访谈问题"认证中最多的精力放在了什么地方"的回答中,大部分被访谈者表示最多的精力放在了《自评报告》的撰写和支撑材料的整理上,而不是课程的建设与教学的改革上。还有一些精力放在了认证的组织工作上,也就是动员领导和普通教师参与认证。有的院长在访谈中动容地讲到,"我自己在专业认证准备过程中,在领悟认证的理念和标准方面花费了很大的功夫,但同时也受益匪浅。我认为专业认证有效性的最大问题是如何让认证理念能够打动普通师生和校长,而不仅仅是打动院长和处长"(H12)。对于访谈问题"认证中最大的困难是什么"的回答中,大部分被访谈者表示最大的困难在于认证的组织协调工作,尤其是校内外人员的协调。校内主要是校领导、职能部门和广大师生的动员,校外主要是校友、基地的协调。有的教学副院长在访谈中说到,"师范类专业认证是一种新的理念,在全校认证评建过程中,只要哪类主体不领会和贯彻认证的新思想,其就很可能成为认证中最大的困难"(H9)。

(三)师生执行层在认证评建中只"形到"而"神不在"

"高校教学改革改到深处是课程,改到痛处是教师"①。同理,师范类专业认证评建的"最后一公里"也在课程、课堂、师生。目前,普通师生执行层在专业认证中的自愿与自觉程度还不够,大多数处于一种被动应付的状态。就其内心来讲,他们还没有真正地理解和认同专业认证的内在价值。就其外在需求来讲,认证对他们没有实际吸引力。因此,他们在评建活动中的改革还停留在表层,表现为出工不出力、有名无实、"形到"而"神不在"。因此,"自评材料形式上的愈发优化"与"课堂中教学方式内容的依然陈旧"形成了鲜明的对比。正是由于普通师生在评建中没有主动性、深度性、广泛性,才造成了专业评建中"主线"和"底线"无法真正联通,导致反向设计"断断续续"、正向施工"虚虚实实"和质量保障"若有若无"等问题。

---

① 吴岩.高校教学改革改到深处是课程,改到痛处是教师[EB/OL].(2021-02-23)[2022-04-23].https://news.dayoo.com/gzrbyc/202104/09/158752_53868122.htm.

首先，师生执行层的评建主动性不足。普通师生因认证获得感不足而导致其动力缺失，被动参与认证。他们虽然被动参与了认证，但是出工不出力，很多事务在执行时只浮于表面。

访谈中有的专业负责人表示，"部分普通教师对于认证不太在乎，因为认证对其没有什么利益关联，他们觉得认证是否通过无所谓，主动参与意愿较低"（H4）。尤其在最核心的课程与教学改革上，普通教师对认证理念和标准的主动落实不够，不会主动从人才培养的角度有创造性地、有计划地、适时地开展课程与教学改革。大多数时候，他们是被动地完成一种教学改革任务，从而造成了评建工作实施的碎片化，教学改革连续性和深入性较差。

而在师范生访谈中，他们对认证的意见更大。因为认证评建和进校考查时期的在校学生承担着人才培养方案改革、教学方法改革、进校材料准备、迎评等诸多任务，但却享受不到认证带来的大部分的结果收益。例如，通过认证专业的教师资格免试优惠是从认证正式通过后新入学的一级学生开始享受的。这让认证评建时期的在校生参与认证改革的动力不足。有的师范生讲到，"认证的实惠带给了下几届学生，自己的付出却没有得到应有的回报"（S1）。也有的师范生表示，"通过认证会增强专业自信心，但实习时发现招聘学校对于认证结果根本不采纳，这在一定程度上打消了自己的积极性"（S6）。学生的获得感不足，也有一部分原因是对专业评建中以学生为中心的理念落实不到位，也就是教师在日常的教学改革中没有从学生的角度去设计教学，致使在这些改革中学生的参与感和获得感不足。

其次，师生执行层的评建广泛性不足。如果认证无法深入广大师生群体，那么其有效性会大打折扣。在访谈中，有的教育行政部门管理者认为，"认证不但要改变师范高校办学的硬件条件，更重要的是改变师范专业办学的理念和其中广大师生的精气神"（A7）。在认证评建中，并非一位教学副院长或是一位报告撰写者就能够完成庞大的人才培养改革，这需要每一位师生的广泛参与，需要校内所有力量的有机整合才能完成。但高校作为事业单位，其与企业不同，高校中的师生个体不容易被开除，因此高校师生具有一个比较舒适的圈子。有的专家认为，"专业认证等高质量要求是对于人性中惰性的挑战，目前师生们普遍不能走出舒适圈，这造成了认证评建有效性的不足"（A4）。

从另一个角度分析，这反映出了普通教师参与认证的动力和能力不足。参与认证动力的不足与现行的高校教师评价和考核机制有很大关系。许多专业内年轻的教师迫于"非升即走"等政策，有较大的科研压力，无暇顾及教学改革和认证等其他非科研事项。年老的教师传统思想根深蒂固，很难调动其积极性。其他普通的教师也有自身的考核任务，认证并没有为普通教师带来职称晋升等直接相关的"好处"，所以专业认证对于他们个人来讲无压力、无动力。学院书记、科研副院长、学工辅导员也有其自身的工作重心和考核指标。普通教师能够完成被分配的评建任务就已经很好了。最后，专业评建就变成了院长、教学副院长、专业负责人等管理层因"代理获益"而进行的工作。普通教师认证参与不足，还有一个深层次的原因，即他们参与认证的能力不足，即使想参与，却因能力不足无法参与认证的评建工作。普通教师参与认证能力不足，其实也是高校教师教育教学能力不足的集中体现，部分高校教师只是参加了岗前培训就担任了高校教学岗位，其对于教育教学的理论和技能普遍没有较好地掌握。所以当认证要求他们对人才培养方案、课程大纲、教学方式、评价方式进行改革的时候，他们往往没有足够的理论和技能对这些改革进行支撑，导致他们茫然失措，不知道该如何下手，只能"形到"而"神不在"。在访谈中，有的专家认为，"高校教师毕竟也是教师，内心知道要进行一些教学改革,所以对于专业认证,他们从理性上是接受的,但是因为他们认证动力和认证能力不足,使他们在实践上又是抗拒的"(A4)。

在对师范生的访谈中,师范生表示在认证改革过程中所有课程都在变化,但是真正对认证有认同感的变化只出现在少数教师的课程中。有的师范生反映,"在宣讲会上,院长说要加强教育实习,但是在实习过程中,却依然只见过一两次带队老师,实习鉴定表改版后对比上一届多了好多内容,但都要我们自己代填"(S8)。上述改变给师范生带来的是更多的作业和材料任务,所以师范生的参与感和认同感并不强。

最后,师生执行层的评建深入性不足。在认证评建中最严重的问题就是有部分普通师生不理解甚至抵触认证理念和标准。这也反映出认证的理念和文化还未能完全成为广泛共识,因此他们在准备过程中的深入性不足[1]。在访谈中,有的部属师范高校教学副院长表示,"对于产出导向的认证理念,刚开始很多老师是不能接受的。他们认为,按师范专业办学的传统理念来讲,怎么能把学生当成一种产品呢?这一想法经过多轮的学习和研讨后才得以好转,但很多老师还是对这种观点持保留意见"(H10)。还有部分教师虽然接受了"学生中心"理念,但对新理念并没有深入地学习和理解,不能将学生中心理念转变为学生中心的教学实践,课堂中仍是"以教为中心",教育理念与教学实践不一致。在课程与教学改革方面往往也容易简单复制其他专业的做法,课程教学大纲简单套用模板,实际中的创新与改变较小。甚至还有一些普通教师陷入了"应付→错误的认识→认证没有用→应付"的恶性循环。

在师范生访谈中,学生们普遍反映教师的教学方式有所变化,但是变化并不大,也有很多课程并没有感觉到教师教学方式的变化。有些新的教学方法改革由来已久,在认证之前就已经改变,可能也是起源于审核评估或是一流课程建设,而不是师范类专业认证带来的。在教学评价方式改革上,虽然教师们普遍加重了平时成绩的比例,但大部分学生反映,平时作业变多的同时,并未收到教师批改作业的反馈。并且当多门课程一起进行改革时,学生的课下时间几乎被这些平时作业占满,导致几乎没有自主学习的时间。有的学生经过这些改革后反馈说,"这样的改革有些赶时髦的感觉,形式化的改革只是占据了更多的课上和课下时间,但效果却并不好"(S2)。

三、认证过程促进性与过程充分性评价的两极分化影响了认证审查效力

在问卷调查中,"过程促进性"的模糊综合评价分值在所有三级指标中得分最高,为"4.13",但"过程充分性"的模糊综合评价分值在所有三级指标中得分倒数第二,为"3.79",两者在问卷调查中呈现出巨大的两极分化。从这样的分数呈现来讲,可以认为,师范类专业认证在不充分的审查过程中对专业进行了有效促进,其中的原因值得深思,也可以从访谈材料中得出一些启示。

首先,访谈中的大部分专业表现出对专家指导发展的渴望度较高。不论专家是否能够按照认证标准进行指导,基于专家们高超的学识水平和外部身份优势都可以给专业发展带来有价值的意见。这从侧面反映出,相对于已经历经了几轮的学校层面的教学工作评估,专业认证这类保障和指导中观专业层面发展的机会在现阶段是比较欠缺的。

---

① 田志友,韩彦芳.认证有效性:从感知到提升[M].上海:上海交通大学出版社,2016:27-28.

其次,结合前期分析中的师范类专业认证规划性的不足,在一边下达标准,一边推行认证的情况下,并没有为师范类专业按照新的认证理念转变人才培养模式预留出足够的时间。在进行第一轮认证时,大多数师范类专业还处在建章立制的初级阶段,许多体系还没有实质化运行。因此,专家在认证审查过程中,还是在一定程度上将认证标准当成了一种发展性的引领标准,对于专业材料的审查力度并不是十分严格,而是更加讲求利用认证对师范类专业进行一种指导和教育。

从现阶段来讲,师范类专业认证过程审查不充分问题表现在如下方面。

(一)审查时间充分性不足

在借鉴国外认证做法的基础上,目前的大多数认证会尽量压缩进校考查时间,以减轻学校负担,不打扰学校的正常教学状态,使学校保持平常心与正常状态。在此情况下,为保证审查有效性,就需要进校考查前专家们有足够时间和精力充分审阅专业相关材料,并作好充分的准备工作。"据调查,有的国家认证专家在进校前要阅读《自评报告》几十小时乃至上百小时"[1],而在我国师范类专业认证中专家在进校前留给他们的审查时间较少,尤其在下半年扎堆的进校考查时间段,很多专家基本上是每周一个专业,连续进行认证,当自评指导专家与进校专家不一致时,进校专家普遍存在审查时间和精力不够的问题。如遇特殊情况,许多进校专家临时上阵,在进校前几天甚至是进校当天才接到相关材料,对专业的材料没有充足的熟悉时间。有的专家连专业提交的补充材料都没有来得及完整查看,进校后又提出需补充相关材料。这不但损害了专业相关负责人对专家组的专业性印象,也损害了专业相关负责人心目中的认证有效性。

有的专业在《自评报告》中罗列了很多专业标志性成果,而不是全体学生的达标表现。在《自评报告》中多次提供标志性成果,容易影响专家预判的印象,忽视需要重点了解和考查的问题。有些事项在自评材料上呈现得好,但在实际中做得未必够好,这也是为什么要进行进校考查的原因。由于进校考查时间较短,专家无法对专业进行全面考查,更没有时间慢慢用心去体会专业办学历史和特点。如果前期没有进行充分的材料审阅等准备工作,就无法在有限的时间内展开充分有效的考查,因此,在评判结论时主要依照专业《自评报告》内容而不是事实情况进行判断,《专家个人考查报告》中的许多内容直接复制专业《自评报告》内容,从而影响了认证过程充分性。

(二)审查真实性不充分

专业认证进校考查时间较紧,加之考查安排中专家组对于实践基地和学生的考查取样有限,在一定程度上导致了认证审查的真实充分性有限。例如,在访谈中有的专家反映,"因为时间较紧,对实践教学方面其实查证还不够,很多时候只是停留在材料查证上,实地考查则因为时间原因只能去较近的实习学校,考查的全面性和充分性不够"(A14)。虽然专家要求专业认证的材料中需提供不同类型、不同地区,以及不少于一定数量的实践基地名单。但在实际考查中,专家一般会因为路程等原因选择专业推荐的当地比较优秀的实践基地。这

---

① 周钧.美国教师教育认可标准的变革与发展——全美教师教育认可委员会案例研究[M].北京:北京师范大学出版社,2009:34-36.

些实践基地在考查过程中反映出的很多内容是实践基地自身的优秀实力,而不是专业实习内容,会在一定程度上影响专家们的判断,并且这些优秀的实践基地水平并不能代表所有的实践基地水平。同样,因为来往不便等原因,专家接触到的毕业生代表一般都是专业推荐或安排的一些优秀毕业生,也不一定能代表专业毕业生整体的真实水平。

在访谈中,师范生们也普遍反映,认证专家与学生的接触时间较少,在听课、看课的过程中,只与教师沟通,而较少与学生沟通。在学生座谈会这种几乎唯一的接触方式中,专家们提出的很多问题和意见是基于理念层面上的,没有考虑学生的实际状态与真正需求,学生们对很多专业名词和管理流程往往似懂非懂,除"觉得专家真的是专家"之外,好像没有别的收获。此外,不论是教师座谈还是学生座谈,很多专业都会提前进行迎评培训,使座谈对象做到"口径统一地恭维专业"。

同时,访谈中的师范生也反映了一些功利的迎评现象,导致认证审查的充分性不足。例如,有些课程已经讲过了,但是为了追求专家在听课时能呈现出最好的效果,有的教师会对自认为优秀的课程进行重复讲解,或者是事先调整好课程进度等。有的师范生讲到,"有个老师在认证前先讲了下一章内容,当时我们还觉得有些奇怪"(S3)。这样的功利化行为,虽然可以通过教学进度表加以查证,但一方面专家考查时间较紧,另一方面专家关心的是授课思路、方式、水平,至于教师本堂课是不是应该讲这一部分内容,他们并不太在意,教师也可以诸如出差、运动会等理由为教学进度错乱进行解释。所以,在访谈中对"您认为专业认证中专业发挥了正常水平吗"问题进行回答时,有一半以上的访谈对象表示在进校考查期间中专业表现出的不是专业的正常水平,而是专业的最高水平,也有许多访谈对象表示自己所在专业在认证进校考查中是超水平发挥的。

在认证过程中,"专家是充当一位严厉的法官还是充当一位得过且过的'老好人',取决于专家的审查风格"[①]。实践证明,严格的专家审查风格对专业质量问题的挖掘和改进有明显的积极作用。而有意、无意地放松标准,例行公事式的专家审查风格对专业质量的提升有较强的消极作用。但在现实中,得过且过的"老好人"型专家似乎更受专业和机构的欢迎。甚至由于校级领导亲自对专家进行游说与引导,部分专家碍于人情和面子也愿意在一种融洽的氛围中进行一定程度的"放水",这样既保全了主管机构的"面子",也使专业达到了"通过认证"的目的,从而几方都得到"共谋"后的满意结果。

(三)评判的同质化趋向严重

师范类专业认证过程审查不充分问题表现在目前认证结论出现了大致趋同的现象。随着认证的开展,同质化的现象可能会越来越严重。例如,对比 J 省和 H 省 2018 年以来 84 个专业报告中得 B 或 C 的指标发现,这些指标相对集中于"3.5 课程评价""7.4 持续改进"等部分指标中,且不同省份、不同年度、不同学段、不同学科、不同层次学校的专业之间评判结论没有明显差异,如"7.4 持续改进"指标在全国超过 50% 的专业都得 C,甚至已经成为专家组非要给一个 C 时的保险选项。在某省的认证评判结论中,"7.4 持续改进"得 C 的比例,2019年为 50%,2020 年为 80%,2021 年为 80%,2022 年为 85%,呈现出各专业逐渐趋同的现象。这一方面反映出专业评建确实存在一定相似的难点,但也从侧面反映出由于认证审查的不

---

① 张会杰.教育评估公信力研究[M].上海:上海三联书店,2016:109.

充分性，使专业的自评材料和《专家个人考查报告》都出现了从"抄标准"到"抄作业"的现象。尤其对于一些"经验老到"的专家，在审查不充分的情况下复制手头上其他专业的考查报告进行评判往往是一种稳妥之举，在模棱两可时给"7.4 持续改进"打一个 C 也是比较保险的做法。目前，《专家组考查报告》取消了 ABC 的结论评判方式，但从《专家组考查报告》中呈现的内容来看，不同专业在各指标上存在相关问题的相似度依然较高，可以说有一部分专家还是以原来评判 ABC 的标准（包括问题指标数量、问题指标分布等）撰写《专家组考查报告》，只不过不直接出现 ABC 这样的结论罢了。

四、认证过程中多元主体监管职能自我缺失与联动不足影响了认证监管效力

从公共政策执行评价视角分析，师范类专业认证可以看作是一种通过公共政策对师范教育资源与利益进行重组、调整、博弈、平衡的过程。认证中的每一个利益主体所产生的具体行为，都是自我职责立场和利益立场在博弈与妥协中综合权衡的产物[①]。一旦一种社会活动或行为存在利益纠葛与博弈，就可能存在政策执行链中部分利益相关者采取"共谋"等方式获取更多自我利益而损害认证公正性、有效性的政策执行风险行为，进而导致公共政策执行中的异化和走样。因此，为了规避利益关系与干扰，保证认证活动的公正性和有效性，对认证过程进行监管就显得十分必要了。认证过程监管涉及认证机构、教育行政部门及社会公众等多元主体对认证过程进行齐抓共管，以消除认证中的"共谋"等问题。目前，我国师范类专业认证过程监管存在以下三个方面问题。

（一）认证机构的管控不足

场域依从问题使我国师范类专业认证机构具有"先天性"特点。认证机构的年度认证指标、结果、经费等大多需要依从教育行政部门决定，认证机构大多时候只是承担了认证的具体组织、联络、服务等事务性工作，对于认证总体把握的管控空间和管控能力不足。

认证机构的管控内容包括对专家技能和水平的甄别、对专家评判一致性的规范、对专家与专业"共谋"等行为的管控，以及对认证总体过程中认证价值传递的把握。认证机构的管控能力与认证机构人员的职业信念和专业化水平息息相关。认证机构人员必须牢固树立正确的认证价值观念和自我规范，准确地掌握和理解认证标准，不断更新专业办学相关知识和专家动态，熟悉认证程序并深入参与认证全过程，这样才能做到有力管控。但目前我国师范类专业认证机构的管控存在一定程度的不足，主要表现在以下几个方面。

首先，由于认证专家评价机制不健全，认证机构对专家的技能和水平的甄别手段有限。在认证实际过程中也出现过多所认证机构对专家技能和水平不满但又无可奈何的情况。

其次，由于认证机构人员对认证相关专业知识掌握不足，加之自己级别、权威性又不如专家，因此认证机构人员没有能力、权力和"资本"对专家的评判作出相应的规范和调整。

再次，认证机构因自己的利益诉求和顾虑，对认证过程中的"合谋"行为妥协或默许。费孝通在《乡土中国》中提出了差序格局理论，他讲到，"在中国这种熟人社会中，一切普遍的标准并不发生作用，人们在评判中一定要问清对象是谁，与自己是什么关系之后，才能决定拿

① 周国雄.博弈：公共政策执行力与利益主体[M].上海：华东师范大学出版社，2008：33-35.

出什么样的标准"①。这一标准不会"一视同仁",而是根据对象熟悉程度的不同呈现出明显的差别。按照这一观点,认证专业与认证专家之间会从原本的陌生人关系,借助于高等教育"圈子"中各种间接人际关系,最终成为熟人关系。专家受到熟人关系的影响,对专业拿出不同的认证评判标准,这在一定程度上形成了专业与专家的"合谋",损害了专业认证的公平性、一致性和有效性。这个时候认证机构的管控就显得尤为重要。但认证机构也有自己的利益诉求和顾虑,作为同样属于省域圈子和教育圈子的认证机构,往往自身也处于这种熟人关系的中心,对这些"合谋"行为只能妥协和默许。甚至有的机构不仅不能进行有效管控,还主动参与"合谋"中,主动"定调子",以保全自己和教育行政机构的"面子"。久而久之,认证呈现出一种利益"共谋"的平衡状态。这种平衡状态表现为一定的认证组织形式、管理风格、专家尺度、习惯做法、认证基调、认证文化等②。

最后,由于我国师范类专业认证还是一项年轻的事业,目前对认证价值观和认证管理理念还没有建立起广泛而统一的共识。有些认证机构只是关注专业的改革是否按照标准要求有效地"文件化",而并非关注"文件化"后的实际运行效果。在进校考查中,部分认证机构并没有对认证中"文件化""同质化"等迷失现象加以管控。没有将"通过认证促进专业人才培养改革落到实处"的这样一种正确认证价值观传递给专业和专家。

(二)教育行政部门的监管隐没

教育行政部门严格而专业的监管在认证中十分必要。学者们认为,严格的行政监管是国家对认证行业质量提供的"昂贵的承诺",以提高认证机构和专业的违规成本,促使认证行业完成价值中立的转化,行政监管所带来的权威公信力是保障认证有效性的一个重要的因素③。

在我国师范类专业认证工作体系中,教育行政部门是师范类专业认证的委托、管理、统筹、指导机构。也只有教育行政部门有充足的权力和"资本",能够对师范类专业认证进行强力的监管,甚至是问责。但目前教育行政部门在师范类专业认证中,主要承担的角色只是委托与审批,较少参与认证的监管,呈现出一种隐没的状态,更是没有建立对认证的元评价和问责制度。甚至还有一些地方省级教育行政部门到现在还没有做好认证委托与审批的准备,致使该地区的师范类专业认证迟迟未动。教育行政部门的监管隐没主要表现在以下几个方面。

首先,为了确保师范类专业认证的过程规范性和进展有序性,教育行政部门应当出台相应的政策文件,构建行之有效的政策保障和监管体系。但目前师范类专业认证中的政策保障不充分,甚至有些政策之间还存在冲突,致使师范类专业认证的公信力和有效性尚未得到充分认可与保障。例如,师范类专业认证结果使用中的教师资格免试认定规定与2022年教育部实施的师范生免试认定改革试点规定存在一定的逻辑冲突,致使师范类专业认证的结果效益受损,认证动力不足。

其次,教育行政部门没有对认证工作进行有效监管。《中华人民共和国认证认可条例》

---

① 费孝通.乡土中国[M].北京:生活・读书・新知三联书店,1985:35-36.
② 王新平.企业质量管理体系认证有效性的实证[M].北京:知识产权出版社,2010:162-163.
③ 张会杰.教育评估公信力研究[M].上海:上海三联书店,2016:171.

赋予了行政管理部门监管认证的权力。在师范类专业认证领域还没有专业的国家认证监管部门成立时，教育行政部门作为师范类专业认证领域内国家权威的代表，应该承担起对师范类专业认证行业的监管职责，采取严格的措施规范师范类专业认证行业市场。但目前在师范类专业认证实践中，教育行政部门的监管职能履行不力，"管办评"分离不到位，元评价等监管方式并未建立，不能保证有效监管认证。

最后，如果要促使师范类专业认证有效发挥其功能，就要采取措施，真正淘汰一批质量差的师范专业。这就需要教育行政部门有壮士断腕的决心和意志，将认证结论真正用起来，让师范教育机构真正能进能出。教育行政部门不能有地方保护主义思想，更不能自觉或不自觉地成为那些落后师范专业的"保护伞"。但目前，不论是认证过程还是认证结果的使用，教育行政部门都没有严管的决心，这种隐没状态直接影响了认证监管效力。

(三)社会公众参与监督无力

师范类专业认证在公共政策执行视角中是一种在公共政策中的多元主体利益博弈运动，其中的利益相关主体都应该拥有监督认证的权利，以保障自己的相关利益。但在我国行政场域主导的认证活动中，高校和认证机构对教育行政部门的监管非常看重，对包括行业在内的社会力量的监督却抱有轻视的态度。同时，在师范类专业认证中，社会公众没有相应的渠道对认证形成有效监督，高校和认证机构也基本不会采信社会监督的意见。

总体而言，在我国的师范类专业认证监控体系中，认证机构自身管控不足，行政部门监管隐没，行业和社会监督薄弱无力等原因导致了我国师范类专业认证监控体系的联动机制缺乏，监管合力不够，影响了我国师范类专业认证的有效性和社会认可度。

 ## 第三节　影响师范类专业认证结果有效性发挥的主要问题

师范类专业认证作为一种政策工具，有其合理性与必要性，因为师范教育改革不能完全靠高校和师生的个体自觉性推动[①]。但认证作为政策工具运用的适度性，尤其是现阶段认证中的功利化问题值得注意。问卷调查显示，认证"结果有效性"模糊综合评价分值为"3.96"，在3项一级指标中处于中间水平，但是其中"使用落实度"指标的模糊综合评价分值为"3.77"，在所有三级指标中得分最低，这反映出现阶段认证结果使用等方面的问题对认证有效性产生了一定影响。

一、认证结论无差别化并存在专业达标"洼地"影响了认证达成效能

认证的达成效能评价中含有4项三级指标，"目标实现度"等3项指标的模糊综合评价分值都接近平均水平，但是"标准达成度"指标的模糊综合评价分值为"3.90"，在所有三级指标中得分处于倒数位置。调查对象认为专业认证在标准的达成等方面存在较大问题。访谈

---

① 威廉·N.邓恩.公共政策分析导论[M].4版.谢明，伏燕，朱雪宁，译.北京：中国人民大学出版社，2011：240-244.

材料分析进一步显示,这是因为认证的无差别化结论影响了结果公正性和主体认可度。在认证结果中,专业实际达成情况"形似"而未"神似",并存在达标"洼地",影响了各主体对认证达成有效性的认可。

(一)无差别化的认证结论影响了结果公正性和主体认可度

我国师范类专业认证的结论分为"通过,有效期 6 年""有条件通过,有效期 6 年""不通过"3 种[①]。认证结论对于师范类专业认证意义重大,它不但代表着对参评专业办学资质的认可,更代表着专业在后续竞争中取得了发展优势。近年来,在一流专业的评审、教师教育综合改革试验区申报中,都着重统计和参考了师范类专业认证结论情况。因此,利益相关主体对认证结论的关注度是最高的,甚至远远高于认证本身应有的合理价值。

利益相关者对于认证结论的过度关注,在一定程度上导致了专业对认证结论的功利化争取和攀比。正是因为这一点,从 2020 年开始师范类专业认证取消了原有的认证二级指标评判结论 ABC 个数与专业整体认证结论的挂钩关系。也就是说,即使某一专业的二级指标达成比例小于 80% 或超过两个 C,也可能得到"有条件通过,有效期 6 年"的认证结论。2023年开始,取消了 ABC 的认证结论评判方式,改为直接论述发现问题、查证依据及改进建议的方式。以此希望专业能够以平常心准备和参与认证,直面专业评建中的问题,从关注认证结论 ABC 个数到关注认证过程对人才培养质量提升的实际作用中去。这种评判方式在一定程度上抑制了专业的攀比心理,但在一定程度上造成了认证中的"经验主义"和"避重就轻",反而为认证结论的无差别化铺垫了道路,也在一定程度上造成了师范类专业认证的审核评估化。

认证结论的区分度影响着认证结论的含金量和信效度,更在一定程度上代表着认证"价值"的大小。在目前公布的通过专业名单中,所有通过专业的认证结论都是"有条件通过,有效期 6 年",并无具体 ABC 个数或者是问题个数的结论公布。没有专业的认证结论是"通过,有效期 6 年"或"不通过"。也就是说,目前所有接受认证的专业,其得到的官方公布的结论都是无差别化的。这种无差别化、没有区分度的认证结论,使专业认证的结果公正性和认可度受到了普遍质疑。

按照国际惯例,专业认证的一般结论应由行业协会或行业认证委员会公布[②]。在中国,医学教育专业认证和工程教育专业认证由教育部临床医学专业认证工作委员会和中国工程教育专业认证协会这类行业性组织发布结果,师范、工程、临床医学三大高等教育专业认证则与此不同,其中师范类专业认证的结果由教育部办公厅统一发布,这一单位是毫无争议的行政单位。这种做法在一定程度上加强了师范类专业认证结论的权威性,但也表明了师范类专业认证结论的行政"场域"干预是最强的。这在一定程度上妨碍了专业认证发挥其行业性特征,模糊了专业认证与专业评估的区别。此前不久,"社会公众对本科教学水平评估的

---

① 中华人民共和国教育部.教育部关于印发《普通高等学校师范类专业认证实施办法(暂行)》的通知[EB/OL].(2017-10-26)[2021-12-01].http://www.moe.gov.cn/srcsite/A10/s7011/201711/t20171106_318535.html.

② 曹玉珠.工程教育专业认证与师范教育专业认证比较研究[D].绵阳:西南科技大学,2020:45-51.

71.9％优秀率和100％合格率表示 强烈质疑的声音还未完全消散"①,这一由教育行政管理部门发布的无差别化认证结论不免让人陷入了专业认证可能重新走入教学评估模式的担忧。

并且,没有"不通过"的认证结论代表着所有接受认证的专业都达到了起码的认证标准。然而,这一结论与社会公众对我国目前师范教育改革深入程度的认知存在较大的不一致性,更与基础教育对师范教育培养质量的依旧不满形成了鲜明对比,甚至与师范类专业对自身正处于建章立制阶段的自我评价也有出入。全部都"有条件通过"的认证结论,虽然可以解释为师范类专业认证在申请受理阶段通过"关口前移"的做法严把"入口关"质量而导致,但是申请受理阶段毕竟局限在更小的评审范围内,不能总是用这一理由回应其在后面程序中全部有条件通过的"严进宽出"的实际问题。而且"关口前移"和"严进宽出"的认证评判模式,让认证结论设置中的"不通过"结论显得震慑力不足、意义尽失。

对于接受认证的专业来讲,无差别化的认证结论在挫伤了一部分高水平专业积极性的同时,也在一定程度上助长了一部分专业的投机性和功利化。由于取消了ABC的结论评判依据,认证专家对该专业是否"通过"或"不通过"认证的评判模棱两可,全部都给了"有条件通过"。部分专业认为只要进入进校考查程序就能获得"有条件通过",因此去游说争取进校考查名额。无差别化的认证结论在一定程度上使认证形式化问题更加严重,使认证可信度受到质疑。

(二)实际达成情况中只达"形似"而未达"神似",并存在达标"洼地"

不同利益相关主体对专业认证所要达到的目的有着不同期望,这些期望的实现程度体现了专业认证对利益相关主体所具有的不同价值。从认证政策制定角度来讲,认证有其长期目标和短期目标,在不同阶段有着不同的阶段性目标。认证只是一种外部质量保障手段,师范教育改革不是经过一次专业认证就能"包治百病"的。第一轮师范类专业认证无法达到认证的长期目标,师范类专业质量提升不是一蹴而就的。

但师范类专业认证是有明确标准与严格评判依据的。从认证标准达标评判依据来讲,师范类专业认证并无长期目标与短期目标之分,也无第一轮认证达标标准与第二轮认证达标标准之分。也就是说,认证达标评判在理论上不存在阶段之分。因此"有条件通过"的认证结论就代表着接受认证的专业普遍达成了认证标准,即使存在不足,也不会直接影响培养目标和毕业要求的达成,且可以在较短时间内改进。但在实际中,目前专业对于标准的达成只是框架上的达成或只是材料上的达成,而并非实际专业改革与人才培养中的达成。师范类专业认证标准是否达成,不仅要看各指标在材料上是否"写"达成了,还要看专业是否按照认证要求"做"了相关改革行动,更重要的是看这些改革产生的实际效果,尤其要看作为改革成果最终指向的师范毕业生质量是否真的提高了,并得到了行业和社会的认可。

目前,我国师范类专业通过认证在规范化办学方面得到了较大的改善。在认证理念和标准的引导下,正逐步进行人才培养体系改革。但这种改革目前还普遍处于建章立制、框架搭建的初级阶段,远未深入每一位教师的课程教学实践中,也远未达到专业办学中的思想自觉。在人才培养体系重塑的道路上,现阶段还存在体系中的漏洞较多、分块割裂、不成体系、

---

① 赵强.试析新一轮高校本科教学评估的转变[J].太原城市职业技术学院学报,2015(03):76.

连接不上、顾此失彼等实际问题,使重塑后的人才培养体系未严格按标准执行。在专业与行业联系的"协同育人""双导师制""实践评价""实践经历"等方面也大多浮于表面,或仅体现于红头文件中,实际效果虽在逐渐改善,但还不尽如人意。以上问题甚至已经影响到了专业培养目标和毕业要求的达成,且有很多问题可能是短时间内无法得到实质性改进的。可以说,现阶段专业的实际达成情况只到了"形似"阶段,还远未到"神似"的程度。

如表6-1所示,问卷调查数据分析显示,被调查者普遍认为"质量保障""合作与实践"标准达成情况较差。以历年认证指标的评判结果数据分析,现阶段师范类专业普遍存在无法达标的"建设堵点",也是专业达标中的"洼地"。根据教育部评估中心对2020年认证的90个专业和2021年认证的88个专业的《认证报告》进行对比分析显示,二级指标"4.5管理评价"和"7.3外部评价"的不完全达标率(得B或C)两年都在80%以上,指标"7.4持续改进"的不完全达标率两年都在90%以上,并且"3.5课程评价"和"7.4持续改进"的不完全达标率(得C)两年都在50%以上。J省教育评估院分析了2018年以来认证的68个专业的《认证报告》后认为,涉及"评价"的相关指标(如"3.5课程评价""4.5管理评价""7.3外部评价""7.4持续改进"等),以及涉及"实践"的相关指标(如"4.3实践教学""5.3实践经历"等)是比较具有代表性的不完全达标选项[①]。学者张星星分析了西部地区20个专业的《认证报告》后得出结论,"4.3实践教学"的不完全达标率在80%以上,"4.5管理评价"的不完全达标率在90%以上,"3.5课程评价"和"7.4持续改进"的不完全达标率都在100%。总体来讲,通过对全国200多份《认证报告》中的指标评判结果进行分析表明,不完全达标率普遍集中于涉及"合作与实践"的相关指标(如"4.3实践教学""4.5管理评价"等)和涉及"质量保障"的相关指标(如"7.3外部评价""7.4持续改进"等),且不同地区、不同年度、不同学段、不同学科、不同层次学校的专业之间差异并不明显,与问卷调查结果显示的达标"洼地"基本一致。

表6-1 调查问卷中"现阶段认证标准的总体达成情况最好的三项"结果统计表

现阶段认证标准的总体达成最好的三项	小计	比例
培养目标	226	46.89%
毕业要求	168	34.85%
课程与教学	215	44.61%
合作与实践	153	31.74%
师资队伍	193	40.04%
支持条件	233	48.34%
质量保障	93	19.29%
学生发展	165	34.23%

访谈资料分析显示,在"4.5管理评价"方面,专业实际达成情况离标准确实有一定差距。有的访谈专家表示,"基础教育学校对实习生的管理制度基本上是缺失的,例如,实习生要经过几次磨课和几次试讲,达到什么样的标准才能够让其上讲台讲课?指导教师应该从

---

① 普通高等学校师范类专业认证专家委员会秘书处.2021年普通高等学校师范类专业认证机构工作总结汇编[C].2021:173-174.

哪几点指导学生上讲台的表现? 如何评价? 如何反馈? 如何改进? 这些在大部分基础教育单位中都没有相应的规定"(J4)。在"7.4 持续改进"方面,有的访谈专家表示,"关于质量保障中的持续改进机制,很多专业只是建立了框架,但是没运行起来,尤其学校普遍存在重视框架建设而轻视反馈改进、对质量评估信息重视采集而轻视分析应用的现象。这些都致使专业的持续改进偏离'以评促改'的目的,既没有达成'改进'的目的,也不能达成'持续'的效果"(A6)。

二、认证结果的钝化反馈与使用影响了认证应用效能

有学者认为,高等教育存在内外部关系规律,高等教育不但要按照自身的规律进行办学,还要按照外部环境对高等教育的需求规律来办学[①]。即高等教育人才培养的小逻辑要符合社会政治、经济发展的大逻辑。尤其是新时期的高等教育,不能只按自己的规律办学,自认为人才培养质量很高,而毕业生就业中出现的问题都是社会的问题[②]。同样,在师范类专业认证中,也存在内外部关系规律。师范类专业认证制度必须考虑结果的内外部使用问题,如果高等教育外部对认证的结果不采用、不认可,则表明师范类专业认证的逻辑始终局限在高等教育内部规律中,还没有能够真正地为社会政治、经济发展作出应有的贡献。师范类专业认证的结果有效性必须通过"内促提质"与"外促采信"的结果使用才能真正实现。

从高等教育体系内部来讲,结果使用是师范类专业认证制度的动力系统,是大部分专业参与认证的驱动力,影响着专业认证的积极性和持续性。认证要注意功利化问题,同时也要注意动力性问题。调查数据显示,认证"使用落实度"指标的模糊综合评价分值为"3.77",在所有的指标中得分最低,说明被调查对象对认证结果使用落实情况较为不满,影响了认证的有效性评价。从目前师范类专业认证的结果使用实际情况来看,确实存在结果反馈较慢、结果使用面不全、结果使用度不实等"钝化"问题,影响了认证的应用效能。

(一)迟钝的结论反馈,错过了评建效力"半衰期"

在药代动力学理论中,将药物在生物体内(一般指血液中)代谢过程中药物浓度下降一半所需要的时间称为药物的"消除半衰期",简称为"半衰期"。错过了半衰期给药可能造成血药浓度低于最低有效浓度,导致前期药物治疗有效性大打折扣[③]。同样,在认证中专业的自评自建存在一个评建效力的"半衰期"。通过访谈 19 位高校相关人员得出,一个专业在认证中的评建热情会在专家离校后保持三个月到半年。在对那些认证专家离校时间过了半年的访谈对象进行访谈时,有一个最明显的感受,他们对于访谈问题的回答明显反应迟钝,连他们自己也表示对专业认证中的很多细节已经记不清了。

认证结果的一项重大作用是为专业整改提供依据。而专业的正式整改往往需要通过一种非常正式的程序进行,学校一般要召开整改大会,制作一套完善整改方案。那么制定整改方案的权威依据是什么? 是《认证报告》还是专家在反馈会的发言? 很显然,正式整改方案

① 潘懋元.教育外部关系规律辨析[J].厦门大学学报(哲学社会科学版),1990(02):2-3.
② 张应强.教育内外部关系规律及其在高等教育研究中的运用[J].复旦教育论坛,2020(05):5-11.
③ 陈媛,郑云霞,李心红.药理作用和临床应用[M].长春:吉林科学技术出版社,2019:26.

的依据只会是书面的《认证报告》，而不是专家的口头发言。学校和专业必须等到《认证报告》反馈后才能有针对性地正式整改。

目前，《认证报告》的反馈要在通过认证的名单公布之后正式下发给各个专业。因为在此之前，专家们的认证结论建议、考查报告内容等可能还会在结论审定后有所修改。现阶段，我国师范类专业认证的结论审定与通过名单都是每年公布一次。这一时间要等到认证进校后第二年的7—9月。例如，2020年9月进校考查的专业，其正式认证结论在2021年9月30日发布的通过认证的名单中公布，认证结论的有效期从2021年9月开始算起，《认证报告》的反馈时间还在通过认证的名单公布之后。对于该专业来讲，《认证报告》反馈到手时，据专家离校已经超过1年的时间了。专家进校考查阶段与反馈整改阶段的衔接时间太久，专业的评建热情基本上已经消退，评建效力可能早已过了"半衰期"。真正到专业整改时，需要对学校领导和师生再进行一次发动，并且此前分析的中层"代理获益"，组织整改的关键中层力量可能已经调离岗位，需要重新安排对这一方面不太熟悉的人员组织整改。"趁热打铁的认证整改"因为早已过了评建效力"半衰期"，从而变成了"另起炉灶的认证整改"，整改工作往往会因此事倍功半，认证结果有效性大打折扣。

(二)认证结果只有使用方向而无落实机制，造成了结果使用的钝化

认证结果的使用程度会直接影响认证的有效性。《实施办法》第九部分"认证结果使用"中只对认证结果在政策制定、资源配置等使用方向上进行了设计，但并没有提及如何通过具体机制落实这些方向的使用，并且《实施办法》只是对"通过""有条件通过"认证的专业在教师资格事项上如何使用进行了较为详细的描述，未对"不通过"认证的专业有何问责措施进行规定。

按照第四代评价理论的观点，师范类专业认证在结果使用上只发挥了认证的改进与激励功能，而并未发挥认证的管理与问责功能[①]。可以认为，目前《实施办法》只是对认证结果的部分功能进行了使用设计。从实际情况来看，只有使用方向规定而无使用落实机制的认证结果在实际使用中弹性很大，在一定程度上钝化了认证结果的应用价值。如表6-2所示，从调查问卷中"现阶段认证结果使用情况最好的三项"题目的数据分析来看，调查对象认为在现阶段认证结果使用情况最好的三项为政策制定、资源配置和经费投入，而对于教师资格考试和用人单位招聘等事项上的应用选择率较低，具体原因可能有以下几点。

表6-2 调查问卷中"现阶段认证结果使用情况最好的三项"结果统计表

现阶段认证结果使用情况最好的三项	小计	比例
教师资格考试	138	28.63%
政策制定	249	51.66%
资源配置	337	69.92%
经费投入	279	57.88%
用人单位招聘	126	26.14%

---

① 埃贡·G.古贝，伊冯娜·S.林肯.第四代评估[M].秦霖,蒋燕玲,等译.北京:中国人民大学出版社,2008:14-15.

续表

现阶段认证结果使用情况最好的三项	小计	比例
高考志愿填报	109	22.61%
项目申报	108	22.41%

首先是高校内部对认证结果的钝化使用。因为认证结果使用设计中对于高校内部的普通教师和在校学生的惠及不足，使认证对他们失去了激励效应，在一定程度上造成了一线师生认证评建动力性不足，甚至有的师生觉得认证是一种负担。例如，结果使用中的教师资格免试（免除国家统一的考试，但需要学校自行组织考试）优惠条件要等该专业通过认证的名单正式发布后，当年入校的学生才能享受，认证进校考查时的在校学生是享受不到这一优惠的。并且，认证结果在校内的使用程度也远远不够，认证结果对于学校许多职能部门和其他专业没有起到足够的引领示范作用。有认证管理人员在访谈中表示，"有的学校在2019年进行某个专业的认证时专家就指出了一些问题，当2021年再次认证这个学校其他专业时，发现这些问题依然存在，这反映出认证的结果可能只在本专业使用，学校根本没有组织校内其他专业对认证结果中出现的共性问题进行改进"（A6）。

其次是高等教育体系内部对结果的钝化使用。在《实施办法》对认证结果使用的规定中，对教师资格考试事项进行了较为详细的描述。但即使是文件中进行了较为详细的描述，也并不足以支撑这一结果的落地使用，认证结果的使用亟待配套相关政策实施细则予以明确落实。

在研究调查环节中，着重对一位认证机构人员进行了访谈，因为该省的师范类专业认证实施与教师资格认定事项都归其所在处室管理。可以说其应该是同时对师范类专业认证与教师资格认定的具体操作非常了解的人员之一。通过对其访谈得知，我国的教师资格认定事宜归教育部教师资格认证指导中心（以下简称"指导中心"）负责管理。目前，在师范类专业认证结果中，教师资格免试认定政策的具体实施办法还未出台，教师工作司、指导中心、评估中心等部门对于政策衔接中的具体问题还在协商中。在访谈中其提到，"经电话咨询指导中心，目前我国正式通过认证的名单最早是在2019年8月份公布的，2019年入学这些专业的学生在2023年毕业时才能享受教师资格认定方面的政策优惠。《中华人民共和国教师法》近期正面临修订，相关免试认定条件可能会有更改，因此，师范类专业认证的教师资格免试认定实施办法或许要等到2023年才会出台"（A17）。

在师范类专业认证与教师资格免试认定制度的统筹过程中，因为政策的混合和重叠，出现了"公共政策之间的合成谬误，各政策之间相互'打架'、相互制约，缺乏应有的合力"[1]。这些问题具体体现在以下几个方面。一是2020年9月发布的《教育类研究生和公费师范生免试认定中小学教师资格改革实施方案》对公费师范生实行了免试认定。因此，高校中的公费师范生可以不用凭借专业认证也可以享受免试认定的优惠。这也是为什么明明师范类专业认证的教师资格免试认定政策具体实施办法还未出台，却有138位调查对象选择了教师资格考试这一项的原因。尤其是部属高校的调查对象，其对于认证制度结果使用带来的优惠与公费师范生免试认定制度带来的优惠出现了政策认知混淆，没有弄清楚免试认定的优惠

---

① 谢明.公共政策导论[M].5版.北京：中国人民大学出版社，2020：269.

是哪一项政策带来的。二是 2021 年 11 月发布的《中华人民共和国教师法(修订草案)(征求意见稿)》中对幼儿园、小学等教师的准入学历标准进行了提升,这必然会带来教师资格条例修订中对认定各类教师相应学历的提升,导致专科高校的小学教育专业的毕业生即使所在专业通过了认证也无法获取小学教师资格证,那么在认证结果的使用上对其免除笔试或面试的意义也就不大了。并且 2024 年 8 月发布的《中共中央 国务院关于弘扬教育家精神加强新时代高素质专业化教师队伍建设的意见》提出,"强化高层次教师培养,为幼儿园、小学重点培养本科及以上层次教师,中学教师培养逐步实现以研究生层次为主。实施教师学历提升计划",进一步对教师的学历提出了更高的要求,如此看来师范类专业认证的政策调整步伐已远落后于其他政策的相关规定。三是 2022 年 1 月教育部印发了《实施免试认定改革的高校师范类专业名单》。对于名单中这些专业的毕业生,自 2022 年起可以参加免试认定改革。这一改革不论是在受惠范围上还是在受惠时间上都远超师范类专业认证结果使用规定。以上政策的重叠造成了实力强的师范类专业可以通过认证,但却用不上认证结果中教师资格考试的优惠条件,而实力较差的专业亟须教师资格考试的优惠,但一时通过不了认证的局面,造成了认证结果使用的停滞与钝化。

再次是高等教育系统外部对认证结果的钝化使用。认证结果使用设计中含有对于用人单位招聘的使用方向。但是在现实中,基础教育单位作为师范教育的"消费者",在其人才招聘条件设置时对"985 工程高校""双一流高校""部属师范大学"等条件选用较为普遍,对应聘对象所在专业是否通过师范类专业认证并不关心。也就是说,由于对专业认证的不了解、不信任、不在乎,基础教育学校等高等教育系统外部的主体对师范类专业认证结果的采信度不高,这也钝化了认证的应用价值。从这一现象可以反映出,目前,师范类专业认证还只是一项主要局限于高等教育领域内部的事务。现阶段专业认证主要是按照高等教育内部规律进行的,对外部规律兼容性不足。通过对几位基础教育学校校长的访谈可以发现,基础教育学校招聘时更关注毕业生的学科素养及个人的可塑性。有的基础教育学校校长表示,"学校招聘时关心的是这个师范生能不能快速站稳讲台,能不能快速适应基础教育的教学,看重的是其课程教学的实际效果,而不会在意其所在专业有没有通过认证"(J3)。

最后是教育行政部门对认证结果的部分使用。目前,教育行政部门对认证结果的使用仅限于激励方面,而未对"不通过"的专业有何问责措施进行规定。有学者认为"认证应该成为优化师范专业布局的抓手,这样才能发挥出认证所应具备的淘汰功能"[①]。我国在师范教育向教师教育的开放转型过程中,新办师范专业准入门槛不高,教育行政部门对其审批与管理较为松散。高校原有的许多师范类专业已经逐渐边缘化。因此,目前确实存在一批办学质量与发展前景存在巨大问题的师范类专业。如何对目前师范类专业布局进行合理动态调整,迫切需要建立科学的机制。实行师范专业认证并使用其结果对专业布局进行动态调整无疑就是这样一种科学之举。通过认证建立师范类专业的准入和退出机制比单纯行政审批和管控更加科学[②]。但目前教育行政部门并没有将认证结果与专业动态调整进行有效关联,这不但导致了认证结果只有部分使用,也影响了师范专业认证结果有效性价值的发挥。

①　张松祥.我国师范专业认证需要关注的若干问题及其对策研究[J].教育发展研究,2017(Z2):38.
②　胡永红,吴邵兰,艾安丽.我国体育教育专业认证工作存在的问题与优化路径[J].体育学刊,2021(02):79.

三、认证持续改进规范流程不明与质量文化缺失影响了认证长效效能

在认证有效性评价的三级指标中，认证"跟踪服务性"指标的模糊综合评价分值为"3.86"，"改进持续性"指标的模糊综合评价分值为"3.87"，两者均在倒数前十之列，远远低于平均水平。这一数据表明，调查对象认为在认证结果的运用阶段，因为认证机构跟踪服务中对整改规范流程的不明，以及专业对于持续改进自觉文化的缺失，导致了认证存在"重评不重改"和"虎头蛇尾"等问题，认证的长效效能也因此受到影响。

（一）认证制度设计层面：持续改进及监控规范流程不明

师范类专业认证中的"持续改进"理念强调认证的整体流程不只是有"上半场"的申请、自评自建、进校考查、结论公布，更包括"下半场"的持续改进提高。但目前不论是专家还是专业，都在一定程度上存在"一锤子买卖"的错误想法。例如，进校考查专家认为离校之后他就与这个专业的改进没有太大关系，因此其提出的建议可能非常正确，但并不具有可操作性。

对持续改进的长效效能影响最大的问题在制度层面，即认证改进跟踪落实机制的缺失。从认证"下半场"工作的完整逻辑来讲，持续改进的终点并不是"专业整改"，而应该是"整改监控"。按照公共政策执行中的"要求→机制→规范流程"的实施路径，如果一项政策只有机制而没有具体实施办法进行流程规范，那么很有可能造成末流公共政策的执行无力[1]。

以本科教学审核评估为例，上一轮审核评估到专业整改这一步就结束了，但是随着新一轮《普通高等学校本科教育教学审核评估实施方案（2021—2025年）》及《深化新时代教育评价改革总体方案》的出台，改变了原来只整改而无整改评价的局面。评估中心于2021年初发布了《普通高等学校师范类专业认证状态保持监控办法（试行）》，2023年又对这一办法进行了修订。认证"下半场"的持续改进得从《实施办法》规定中的"要求"层面，细化到了《监控办法》规定中的"机制"层面。但是只有《监控办法》尚未达到可以落实到具体操作的"规范流程"层面，认证机构和专业在面对持续改进具体操作时许多地方依然不知所措，导致许多机构和专业的状态保持均处于观望或自主试验的状态。如果真要达到"状态保持"，就要对中期审核中如何审查、如何回访等问题出台严格而具体的实施细则，否则状态的保持可能依然只停留在材料层面。

认证的整改是一项系统工程，需要实现"由哲学到科学的隐退"[2]，需要有按照公共政策执行中的"要求→机制→规范流程"的实施路径设置的完整制度保障作为后盾。认证整改中的有些问题是学校和专业层面可以解决的，而有些问题涉及整个师范教育的体制机制壁垒，如何从国家层面整体突破并予以制度保障，如何实现"由哲学到科学"的转变，目前还考虑得不够。这在一定程度上导致了认证持续改进难以完全落地。

①　张远增.公共政策执行评估学理［M］.北京：中国社会科学出版社，2018：130.
②　金观涛.系统的哲学［M］.北京：新星出版社，2005：130.

(二)高校实践层面:持续改进机制与文化尚未形成

师范类专业认证的长效效能关键在于认证持续改进的持久性、广泛性和深入性,取决于高校的质量保障机制与质量文化的建设情况。现阶段,各高校不同程度地存在重考查而轻整改、重结果而轻应用、有整改而无提升、有制度而无机制、有规定而无自觉等问题,这不但反映出目前高校内部持续改进的质量保障机制尚未完善,也反映出高校的质量文化尚未形成,师范类专业认证的理念和标准还未成为每一位师生长久的行动自觉的思想。

首先是持续改进的持久性不够。目前,高校关于认证整改的长效机制普遍没有建立,高校的认证整改往往具有一蹴而就的急迫性,而不具有久久为功的长效性。在认证"上半场"期间,高校中的师生可能在观念上确实发生过变化,也确实进行了一系列重大而艰难的改革。但是一旦专家离校的"上半场结束的哨声"吹响,大部分师生的认证热情就逐渐消退了。并且不只是师生热情没有了,学校有些投入也随着专家离校而停止。例如,有的学校对认证进校时期某一专业使用的书法教室、活动场地等进行了收回,转而照顾其他将要接受认证的专业,因此,该专业的质量提升和持续改进难免陷入停滞甚至倒退的状态。高校在认证进校时期的很多改革做法更是不能持久,进校考查结束之后,学校和专业又重回旧轨、惯性运行[1]。访谈中有的专业反映,高校认证管理的连续性较差,认证专家离校后,由于提拔等原因人员更换比较大,因此,认证时期的做法和理念不能始终如一地执行,认证的整改不是"另起炉灶"就是"偃旗息鼓"。

其次是持续改进的广泛性不够。在认证的"上半场"中,就有一些学校领导和师生始终没有跟上认证理念更新的步伐,在认证的"下半场"中,他们依然没有形成整改的思维和习惯,更没有形成持续改进的质量意识和文化自觉。有些高校认证的"上半场"是迎评专班的事情,整改的"下半场"是整改专班的事情。整改和持续提升仅存在于整改专班的范围内和整改报告中。学校领导及普通教师普遍没有将持续改进理念和认证结论内容真正落实到管理和日常教学的改革中,质量意识、育人文化等未成为一种自觉。对于整改,有些高校没出台相应的校级政策,导致专业想整改又无能为力,甚至有些整改事项因为其他分管校领导的意见不同而无法推动。认证整改对校内其他专业的触动不大,有些高校在后续接受认证的专业中所出现的问题与该校前一个专业出现的问题基本一致,错误一犯再犯。这说明认证结果在高校师范类专业中未得到有效应用,认证整改没有起到应有的示范和引领作用,更不要谈这样的高校会组织其他非师范类专业在人才培养方案修订、教育改革中借鉴和贯彻师范类专业认证的先进理念和优秀做法。并且,高校的整改和持续提升不只是限于校内,对于校外实践基地的持续改进则更加困难。

最后是持续改进的深入性不够。很多专业的持续改进"虎头蛇尾",因为其在整改中找不到抓手,因此持续改进不具有深入性。有的学者认为,"持续改进的长效推动依赖开放民主、具备自我反思精神的环境,否则在没有问责与文化自觉的情况下,高校和专业可能选择性地忽视某些不足"[2]。在访谈中,大部分高校人员对整改如何真正进行比较茫然,他们对专

① 路书红,黎芳媛.专业认证视角下的师范专业发展探析[J].教育发展研究,2017(22):65-69.
② 赵悦,吴红斌,谢阿娜,等.国际医学专业认证有效性研究的现状与思考[J].中华医学教育杂志,2021(07):656-660.

家提出的很多问题不知道该如何整改。

许多学校制定的整改方案比较粗放,改进措施针对性不强,因此,持续改进效果往往并不理想。表面上很多的整改措施,但实际中课程教学还是"涛声依旧"。一方面是有些专家提出的改进建议没有针对性和可操作性。另一方面是有些改进内容已经涉及教育教学改革的"深水区",这些改革属于"硬骨头",如果没有一定的决心和抓手,这些改革将很难深入,也很难有实质性的突破。例如,经过一轮认证后,专业已经认识到了"学生中心、产出导向"等先进的理念,教师在教学中也更加规范化、体系化,能够初步进行改变。但是,目前的"以教定学"的方式还是主流,教学方式仍以讲授为主。学生的学习需求并未真正进入教师的视野并成为教学的中心。这是因为先进理念要落实到课程和教学中,需要教师花费大量的精力和心血改革,并且这一改革是一个长久的过程,需要一定的制度和抓手才能促使教师们作出相应的改变。如果高校教师评价体系仍是以科研为导向的,那么教师在认证和整改中的很多改革将很难长久坚持。

第七章　有效性提升：专业认证有效性提升策略

有效性既是目的，又是手段。——Drucker

英国社会学家安东尼·吉登斯（Anthony·Giddens）在《社会的构成：结构化理论纲要》一书中提出了适应性结构理论，他认为社会系统中的一项政策或者是技术不会自动改变行为或提高有效性，其有效性的提高取决于管理者如何有效地促进用户对政策或技术的适应性使用[①]。对于专业认证这类评价制度也一样，认证的管理者除优化认证制度外，要更加关注利益相关者对认证的适应性使用才能提高有效性。作为社会系统中的一项结构化制度，师范类专业认证有效性提升的根本在于"与时俱进地改善体系"和"促进主体的适应性使用"。

《黄帝内经》一书认为，上医治未病，中医治欲病，下医治已病。反馈改进和风险防控是现阶段进行师范类专业认证有效性研究的核心价值。在师范类专业认证全面铺开阶段，认证中或多或少已经出现了一些问题或问题征兆，这使有效性等形成性元评价研究已经势在必行。当然，现阶段师范类专业认证出现的问题并不是其独有的，有的学者也曾指出，在企业质量管理体系认证（如 ISO 9001）中也出现了路径依赖效应、体系疲劳化、体系退化、体系空洞化、体系寿命周期、生态质量管理缺失等问题[②]。因此，在充分吸取以往经验的基础上，应进一步通过研究对师范类专业认证有效性进行风险防控和反馈改进，以克服认证沦为"问题制造者"的反讽。

 ## 第一节　完善师范类专业认证体系设计，提升认证设计效度

师从师出，要想实现新时代教师队伍建设的目标，就要保证师范教育改革起点的正确性。师范类专业认证是推进师范教育改革的关键点和突破口，而认证设计的有效性是保证师范类专业认证有效性的前提。提高师范类专业认证的有效性，首先要与时俱进地改善认证体系设计。结合认证设计中出现的影响有效性发挥的问题及高等教育改革的新要求，从规划、标准、组织、政策衔接等方面对优化师范类专业认证体系设计提出相关建议。

一、加强认证规划与统筹，提升认证目标效度

现阶段师范类专业认证在目标效度方面最明显的问题是认证规划性不足和进度不均。

---

① 安东尼·吉登斯.社会的构成：结构化理论纲要[M].李康，李猛，译.北京：中国人民大学出版社，2016：5-6.

② 韩福荣，郝进.质量管理体系有效性综合评价模型[J].北京工业大学学报，2000(03)：120-124.

这与认证推行的使命背景有关,也符合"边走边推"的逻辑渐进主义的政策推行方式。但认证在发展中却不能总是忽略这些急迫的背景所带来的问题。在入轨阶段结束后,应该对认证进行更加合理的规划和统筹,以有效实现认证的预定目标。

(一)加强认证规划,提高认证设计合理性

师范类专业认证作为一项专业性和规划性极强的质量评价项目,制订合理、有序的推行计划是其有效发挥作用的关键之一。对于师范类专业来讲,认证是一种体系重塑式的改革,因此需要一定的准备期、转轨期和阵痛期,这是合乎规律的。但随着认证入轨期的结束,应对证据源头合理性等问题在体系设计上进行修复。虽然在《普通高等学校师范类专业认证申请书(2023版)》中修订了受理条件,要求申请专业提供"说明按照认证标准修订的人才培养方案执行满2年的情况",但这其实是远远不够的。2024年发布的《普通高等学校师范类专业认证受理原则》仅对受理的专业类别作出了规定,而未对专业评建质量方面再进行规定。因此,在后期必须逐步将受理基本条件提升为受理专业必须使用按照认证标准修订后的新版人才培养方案培养的毕业生数据进行培养目标和毕业要求达成的评价和举证。按照"成熟一个,受理一个"的质量优先原则有序推进认证,保证认证源头质量。通过汇总整理认证在设计、实施、结果运用中出现的问题,对《普通高等学校师范类专业认证实施办法(暂行)》等相关文件进行有计划、有前瞻的修订,避免这些问题持续发生。

在加强认证规划方面,首先,要完善认证的时间规划,制订明确的流程时间节点表,如每年申请时间段在哪个月份、受理时间段在哪个月份、结论审定在什么时间等,具体建议如表7-1所示,以便有序推进认证。其次,面对很快将要到来的第二轮认证,应对第一轮与第二轮认证的衔接问题,以及第二级与第三级认证的衔接问题进行提前研究与明确,形成完整的认证衔接与循环体系。最后,在规划中要明确申请认证专业必须具有一定届数的按照认证理念与标准进行修订后的新版人才培养方案培养的毕业生,提供的数据能证明这些毕业生达到了新版培养目标和毕业要求。这样提供的数据才具有合理性,才能保证认证源头的有效性。

表7-1 师范类专业认证时间阶段规划建议表

序号	认证阶段内容	建议时间节点
1	发布第二年认证通知与计划	每年9月
2	学校提交申请材料	每年10月
3	认证机构受理与回复	每年11月
4	受理专业提交自评材料	每年12月
5	认证机构组织自评指导	每年1—2月
6	自评材料补充修改	每年3月
7	现场考查	每年4—12月(每校每年开展一次进校考查)
8	结论审议	每年1月与7月(分上半年与下半年)
9	结论审定	每年4月与8月(分上半年与下半年)
10	结论反馈与申诉	每年5月与9月(分上半年与下半年)

续表

序号	认证阶段内容	建议时间节点
11	结论发布	每年 6 月(统一发布上一年度情况)
12	整改工作方案提交	每年 6 月(结论发布一年内)
13	改进情况年度报备材料	每年 6 月
14	整改中期材料上传	每年 6 月(结论发布三年内)
15	中期审核	每年 7 月
16	中期审核进校核实	每年 9—12 月

(二)统筹认证进度,兼顾专业发展差异性

现阶段师范类专业认证出现的区域、类型、层次等多个方面推进不均衡的问题,存在着加剧师范类专业发展差距的隐患。在师范类专业认证初步入轨实施时期,通过优质专业认证打样的方式推行认证的做法有其合理性。但认证已经经过了几年时间,从入轨阶段进入了全面铺开阶段,目前认证的区域、类型、层次差距却越来越明显,这显然不符合"全面、专业、有序高质量开展全国各地、各类、各层次"认证的目标。因此,教育部及各地方教育行政部门应在充分调研各地师范类专业的发展情况及各地基础教育单位师资改革需求的基础上,对本地区师范类专业认证进行统筹布局,专家委员会与认证机构也应该对认证实施进行均衡规划。并且师范类专业认证即将面临首轮认证专业、中期审核专业、第二轮认证专业的状态交织,也将面临与新一轮审核评估、工程教育专业认证、医学教育专业认证的时间重叠,以及职业技术师范教育、特殊教育和专科层次专业认证数量激增的复杂局面。如果没有总体部署和有效协调,将为认证工作带来混乱的局面。

在我国师范类专业认证从入轨阶段进入全面铺开阶段后,认证的规划要更加兼顾专业发展差距。在保证质量的前提下,采取政策倾斜方式,缩小区域、类型、层次间的认证差异,促进认证均衡发展,以实现"全面、专业、有序高质量开展全国各地、各类、各层次"认证的目标,扩大认证的影响力和适切性,提高认证的社会价值。具体来讲,首先,要鼓励各地教育行政部门切实履行和统筹好该区域师范类专业发展和专业认证工作[①]。通过与《新时代基础教育强师计划》等政策对接,以认证拉动国家对中西部地区师范专业的投入,通过认证加强中西部地区教育行政部门对于师范专业的关注与支持。其次,要有针对性地对薄弱地区和薄弱高校开展认证培训宣讲工作,对困难高校采取专门性进校指导,强化其对专业认证的重视程度,从多方面引导困难高校的发展。最后,通过与教育部办公厅发布的《关于实施师范教育协同提质计划的通知》等政策文件对接,加大师范专业之间在认证上的帮扶力度,采取"1+m+n"等传帮带形式带动专业认证与专业发展,同时提升全体师范类专业对认证的感知和价值认同。以全面、稳步、协调、高质量地推进认证工作,促进师范教育发展的均衡性,提高认证目标效度。

---

① 曹玉珠.工程教育专业认证与师范教育专业认证比较研究[D].绵阳:西南科技大学,2020:45-51.

二、增强标准针对性与可操作性，提升认证准则效度

对任何一项评价来讲，科学且可行的标准是保障其有效性的重要前提。目前，师范类专业认证标准在认证运行过程中暴露出一些实际问题，对认证的有效性产生了一定影响，师范类专业认证指标体系的修订与优化已提上日程。

事实上，任何一项评价的标准都不可能永远科学且有效，许多标准都是在与时俱进的不断修改中增进其有效性的。例如，在工程教育专业认证中，《华盛顿协议》设定的标准就多次随着社会经济发展和教育环境的变化而不断调整。美国工程技术认证委员会（ABET）每一年的认证标准都会根据前一年度认证标准实施的具体情况和经验进行一定程度的完善后才颁布于众。美国 NCATE 的认证标准在 1957 年至 2002 年的历次大型修订中，在 1970 年版标准修订时保留了 1957 年版标准 71.4％左右的内容，在 1990 年版标准修订时保留了 1970 年版标准 80％左右的内容，在 2002 年版标准修订时保留了 1990 年版标准 75％左右的内容[①]。有学者认为，持续改进作为师范类专业认证中的一项重要理念，"不仅参评专业需要持续改进人才培养活动，认证标准自身也需要持续改进，以保证其科学性和有效性"[②]。

但同时需要注意，认证标准作为认证工作的基本遵循，要保证具有一定的稳定性和权威性。对于师范类专业认证这类大型评价活动的标准修订，最好以一轮为单位进行，也可采取中期补充修订的方式。每年可以对标准问题进行总结，但不宜太过频繁地年年修订标准。认证标准的修订需要作好规划，因为认证标准永远不可能完美无缺，认证标准的修订速度永远也赶不上外部世界的快速发展。不能太过频繁或随意地修改标准，这样会使专家与专业无所适从，也使社会公众对于专业认证的专业性、权威性和严肃性产生怀疑。

首先，在标准修订前一定要开展系统性研究，作好认证标准与新版教师法等其他新政策、新要求、新标准之间的相互衔接工作。其次，应如 ABET 一样建立完善的认证标准实施年度总结机制，从实施过程中总结经验。在以轮为单位的标准修订时，集中修改那些不科学、不合理、不可行的标准。再次，每个阶段的认证标准都有其自身的目标与侧重。对于认证标准的修订不宜面面俱到，要进行适当的简化与突出。在有限和适切的目标下修订标准才能提高标准设计的有效性。如表 7-2 所示，利益相关者对于认证标准的重要性要有所取舍。访谈中有专家认为，"在认证标准的运用中，从最开始 8 个指标全面重视到现阶段侧重于'主线'与'底线'相关的 5 个重点指标，这一调整使现阶段认证工作更加有效，目标更加明确，在一定程度上解决了认证的'碎片化'倾向问题"（A3）。最后，认证标准中的一些关键内容需要明确与突破。例如，围绕实践、评价等标准长时间达成情况普遍较差的问题，一方面反映出专业评建还存在不足之处，另一方面，大面积的不达标也反映出标准本身的适切性和可行性或许存在问题，需要仔细斟酌，同时也存在一些标准在某一阶段需要进一步强调与突出，有的专家委员会成员认为，"课程评价是新时代教育评价的'最后一公里'。课程评价标准是今后一个时间段要强调的重中之重"（A4）。因此，在标准修订时一定要对这部分关键

① 周钧.美国教师教育认可标准的变革与发展——全美教师教育认可委员会案例研究[M].北京:北京师范大学出版社,2009:235.
② 徐祖胜,杨兆山.我国高校师范类专业认证的实践反思[J].教师教育研究,2021(06):72-77.

标准进行详细的研究与细化修订，以此为突破口促进师范教育改革的真实性和师范类专业认证的有效性。

表 7-2　调查问卷中"认证标准中最重要的三项"结果统计表

认证标准中最重要的三项	小计	比例
培养目标	196	40.66%
毕业要求	227	47.1%
课程与教学	354	73.44%
合作与实践	98	20.33%
师资队伍	153	31.74%
支持条件	56	11.62%
质量保障	213	44.19%
学生发展	149	30.91%
本题有效填写人次	482	

（一）兼顾专业差异化和多样性，增强标准针对性

1. 兼顾专业差异化特点，加强标准的类别针对性

在师范专业认证"三级五类"的认证标准中，部分标准涵盖范围太广，如中学教育类认证标准涵盖了 30 种左右的师范专业，有理工科类的师范专业，也有文科类的师范专业，还有艺术、体育类的师范专业。如果采取统一标准认证种类如此繁多的中学教育专业，则会导致标准的针对性较差，也对这些专业的实际评建活动造成了一定困扰。因此在认证标准修订时，需要从共同性和针对性两方面思考和设计中学教育类专业认证标准，这样既能满足中学教育类专业的共同办学要求，也能兼顾不同专业类别人才培养规律差异。

这类认证标准的优化可以借鉴新一轮审核评估制度中"必选标准"和"自选标准"的方式，或者借鉴工程教育专业认证中"通用标准"和"专业补充标准"的方式。其中，"通用标准"是中学教育类专业办学的共同要求，所有这一类别的专业必须遵守这一标准。"专业补充标准"为各类别专业根据专业特点与实际情况设置的具有针对性和适应性的标准。例如，工程教育专业认证中的补充标准针对不同类别专业在"课程体系""师资队伍""支持条件"等方面进行了补充要求。有学者介绍，加拿大体育教育专业认证的专业补充标准中包括"专业结构""学科知识""专业知识""健康促进""特殊人群"和"专业选修"6 个维度的补充要求[①]。通过增加这些专业补充标准，可以进一步体现出不同专业类别的鲜明特色，对不同类别专业评建的指导性更好，提升了认证标准的针对性和有效性，值得我国师范类专业认证标准在修订时学习借鉴。

2. 兼顾专业多样性特点，加强标准的类型针对性

我国的师范类专业认证标准存在理论上是一种最低标准而实际执行中是一种引领标准

---

① 胡永红，吴邵兰，艾安丽. 我国体育教育专业认证工作存在的问题与优化路径[J].体育学刊，2021(02)：79.

的阶段性特征。面对这一特征,需要按照我国师范类专业的实际情况对现阶段认证标准的高低程度进行重新斟酌。有些标准对现阶段的大部分专业来讲明显偏高,需要一定时间的引导才能达标。并且,采用同一套标准对不同类型专业一量到底的做法也需要重新进行思考。

师范类专业认证标准是一种理论上的最低标准,不同类型的专业有不同的最低标准。如果采用同一套最低标准评价多种专业,就不能着眼于部属师范高校或重点师范高校的师范专业的发展水平和要求而制定标准,应该充分考虑地方综合院校、民族地区高校及高职院校中的师范专业实际水平和阶段性发展特点,以及不同区域对于师范教育的需求特点进行斟酌,否则会使那些确实难以达到标准的专业采取"跳一跳"的非常规方式建设专业,甚至是进行公关认证,破坏了应有的专业发展生态。

师范类专业认证标准作为一种实际中的引导标准,面对"双一流"等研究型大学的师范专业、应用型的地方综合院校的师范专业及大面积的技能型高职院校的师范专业,均采取统一的标准去引领不同层次与类型专业的发展,这显然也是不合适的,况且同一类型的专业,由于发展方向不同,也可能存在不同的标准。用统一的高标准引领专业办学,专业在不达标的情况下更加无心发展自身的特色,这将会造成办学模式的趋同化和专业培养人才规格趋同化,不能满足各地、各单位多样化的人才需求,影响教师资源的合理供给。

因此,在进行标准修订时,需要充分考虑不同类型专业的特殊性及不同地区需求的差异性,在此基础上修订更为多元化、更有针对性的"多级多类"认证标准。可以采取柔性分类方法,以评定向,分类引导,为不同类型的师范专业实现各自应有的发展水平和特色提供足够的空间,并且"对存有争议的超纲量化指标需要保留一定的弹性,避免一刀切"[①],以保持师范专业多元化的发展生态,避免"拔苗助长",保持不同类型专业的个性化办学特色,避免"千业一面"。等到一定的阶段后或当师范专业建设相对成熟时,再使专业认证标准真正成为一种最低标准,后续还可能再对标准进行重新提高或调整。以标准的阶段性调整使认证的开展更具有针对性,使认证完成阶段性使命,有效实现认证目标。

(二)改善标准的机械化与理想化,增强标准的可操作性

认证标准的可操作性原则是认证有效性的基础保证之一。认证标准的制定不能超越主、客观所具备的条件和发展水平,以保证认证标准能够在现有条件下发挥出最佳效能。

1.修订机械化、理想化标准,提升标准的可操作性

目前,大多数专业都认为认证标准中的达成和达成度评价要求较为机械,标准中对于"师德""教育情怀""综合育人"等如何测量、如何落实、如何证明、如何支撑要求并不明确。这不但为专业评建工作带来了许多困扰,也为专家评判带来了困难。有的专业在评建过程中将大部分精力用在了研究达成计算和师德的分解上,这使认证的中心从促进师范教育改革变为琢磨达成计算方式,本末倒置。认证专家对达成计算、"师德"分解评判标准莫衷一是,在标准评判中随意性较大,毫无权威性。因此,应充分按照师范类专业的特点,合理地制定适合师范类专业的质量评价方式,改变目前标准中对达成和达成度机械且复杂的评价要

---

① 徐祖胜,杨兆山.我国高校师范类专业认证的实践反思[J].教师教育研究,2021(06):72-77.

求。近期美国等国家的工程教育专业认证有"抛弃以往复杂、晦涩的指标和计算方法,转向使用简明的评价方法,对指标进行清晰定义,并加大定性指标比例"[①]的新发展趋势,更加重视认证标准设计的合理性和可操作性,值得我国师范类专业认证借鉴。在外部评价标准中,也需要增添利益相关方合议机制的合理性评价要求等,使标准更加科学合理,提高师范类专业认证的准则效度。

2. 对标准进行权威论证及解释,提升标准的可操作性

认证标准的可操作性问题,一方面是由于标准本身存在一些不合理之处,另一方面是由于个别标准内容本身具有较强的专业性和抽象性,一般师生存在理解与操作的困难。对于这一问题,评估中心应组织核心专家对认证标准的各项指标的表述内容进行清晰、明了的修订,明确这些标准如何实施及如何评判,尽快出台对达成评价等重、难点标准的逻辑内涵和计算方式的权威论证,出台更加详细、具体的标准内涵解读或者指导性意见。例如,对课程目标达成度的评价,应该怎样评判,具体怎么测量,用什么方法测量,如何全面覆盖、全面支撑权威论证。对如何将人才培养中定性要素进行客观、合理地解析并科学赋值进行权威论证与解释。例如,"师德规范""教育情怀"等"无形"内容如何通过"有形"方式得以体现,如细化"持续改进"中"有效使用分析结果"的范围、期限、方式、频次等。

通过权威的解释与论证,使专业与专家对这些标准理解与执行达成统一共识,从而保障认证标准的权威性,增强认证标准的可操作性。在此基础上,还要加强标准的宣传和培训,提高标准在专业评建和专家评判中的运用落实程度,实现认证标准与认证实践的同频共振。

3. 建立健全认证案例库,提升标准的可操作性

建立师范类专业认证案例库,可以充分发挥优秀案例的示范效应和推广价值。在案例库中,尤其要增加专业自评自建和专家评判的重、难点标准执行的优秀案例。例如,在践行师德方面,专业通过什么样的课程和实践形成关于师德的专业认知,通过什么方式培养师范生的师德敏感性,以及如何通过见习、实习的行为方式表现师德等,都可以通过优秀案例为专业认证提供指导和借鉴。

在访谈中,有的专家对如何建立更具实操性的教师职业道德评价标准有比较深刻的见解,可以作为优秀案例加以推广,使相关专业对于如何评判师德产生更加直观的认识,提高标准的可操作性。其认为,"认证标准的编制应基于表现性行为路径和事实判断逻辑,其表述的内容应该是可观查、可衡量、可修改、可践行的行为标准,避免使用形容词和价值词汇编制和描述相关标准。或许师德评判的标准可以描述为:公平对待每一名学生,在课堂教学中能够合理分配自己的注意力,关注每一名学生的活动与训练;具有强烈的教育民主意识,能够倾听及回应学生诉求;热爱教学工作,专注课堂教学,不做与课堂教学无关的事情;具有良好的职业操守和教师的职业认同,在与家长、学生的互动中,不谋求促进学生成长以外的其他获得等"(J6)。

---

① 姚韬,王红,佘元冠.我国高等工程教育专业认证问题的探究——基于《华盛顿协议》的视角[J].大学教育科学,2014(04):28-32.

三、完善认证组织体系与加强工具开发,提升认证策划效度

师范类专业认证的有效运行需要在认证设计中进行全面策划,不仅要规划合理可行的方案,还应该建立完善的组织体系,开发配套的认证工具,并进行充分的前期培训。目前,认证中存在组织体系不完善、工具开发不足等问题,影响了认证的策划效度,为此应该逐步减少认证组织的场域依从,加强认证工具配套开发并合理运用,以此提升认证的策划效度。

(一)逐步减少场域依从,完善认证组织体系

"对于只有锤子的人而言,每个问题都像是一颗钉子。"美国社会学家詹姆斯·Q.威尔逊(James Q. Wilson)在政策评价领域提出了两条发人深省的威尔逊法则。第一条法则:所有对社会问题的政策干预都会产生预想效果——如果由政策执行者和他们的朋友进行评估的话。第二条法则:所有对社会问题的政策干预都不会产生预想效果——如果评估由那些对政策持怀疑态度的人进行的话[1]。威尔逊法则表现出了政策评价中身份场域不同所带来的证实偏差效应。同样,按照场域理论解释,"场域属性"代表着不同的行动立场、逻辑偏好及背后的利益目标[2]。师范类专业认证在何种场域中进行认证有效性具有非常大的影响。我国学者也认为,"外部评价应具有的独立性不是为独立而独立,而是为了外部评价能够因这种独立性拥有更好的客观性和合理性"[3]。在师范类专业认证中,这种独立性可以使认证保持评价场域的法则与秩序,使认证不因依从关系等干扰因素而变为被其他场域权力操纵的活动。

因此,在提升师范类专业认证策划效度的道路上,首先应完善认证组织体系,逐步减少认证机构的组织场域依从关系。基于我国实际情况,要建立理论上的完善认证组织体系不是一蹴而就的事情,尤其是建立完全独立的认证机构,需要循序渐进地进行组织场域关系的剥离。这一剥离过程通过借鉴国外专业认证组织的发展经验,可以分为三个阶段。随着我国政府部门职能的逐渐转变与治理结构现代化的逐渐完善,在不同的阶段可以采用不同的认证机构组织形式来逐步实现组织场域关系的剥离。通过三个阶段的转变,探索建立既符合国际惯例又适应中国国情的师范类专业认证组织体系。

第一阶段是目前场域依从型的组织关系。由于我国师范类专业认证尚在初级阶段,且我国师范专业规模大、类型多,体系复杂。在认证初期必须由行政属性和行政资源比较强的组织机构主持认证工作。因此,这一时期在教育行政部门的统筹安排下,由教育行政部门下属的事业单位型教育评估机构组织实施认证,以行政场域所具有的资源优势建立起规范的认证秩序和权威的认证结论,促使师范类专业更好地进入改革轨道。

第二阶段是场域合作型的组织关系。师范类专业认证组织机构的转型改革可以借鉴我国工程教育专业认证组织机构的改革路径。我国工程教育专业认证始于1990年,2004年教

① 詹姆斯·Q.威尔逊.美国官僚体制:政府机构的行为及其动因[M].李国庆,译.北京:社会科学文献出版社,2019:53.
② 皮埃尔·布尔迪厄,华康德.实践与反思:反思社会学导引[M].李猛,李康,译.北京:中央编译局出版社,1998:133-134.
③ 周作宇.元评价问题:评价的循环与价值原点[J].大学与学科,2020(01):47-57.

育部高等教育教学评估中心成立专业与专项评估处,对接工程教育专业认证工作。2007年教育部成立"全国工程教育专业认证专家委员会"并牵头组织全国工程教育专业认证[1]。2015年"中国工程教育专业认证协会"(China Engineering Education Accreditation Association,CEEAA)成立,成为全国性、专业性、非营利性社会团体组织,经教育部授权取代"全国工程教育专业认证专家委员会"开展工程教育专业认证的组织实施工作[2]。CEEAA接受业务主管单位,即教育部和社团登记管理机关民政部的业务指导和监督管理,是中国科学技术协会的团体会员,秘书处支撑单位为评估中心[3]。CEEAA已经是独立的社会团体组织,而不是行政部门的下属单位组织,但其仍受教育部的管理与指导,也并未完全意义上独立地开展认证,属于行政组织与社会组织共同主导的合作型的组织体系,属于场域合作型的组织关系。我国的师范类专业认证在经历过初级阶段后,也可以尝试建立像CEEAA一样的社会组织,实现从事业单位到社会组织的转型。在业务上可以与教育行政部门共同组织开展认证等职能工作。但在身份上,认证机构一定要脱离行政场域的依赖,以免在实际工作中因权力资源不对等而造成行为依从问题。

第三阶段是场域剥离型的组织关系。不论是场域依从关系还是场域合作关系,都会受到行政场域的行动立场、逻辑偏好及背后的利益目标影响,不能按照行业和市场的逻辑进行认证工作,这是行政场域天然的权力与资源优势决定的。教育领域中的"管办评"分离是一个漫长且必需的过程,总会有条件成熟的时候。专业认证本身是具有强烈的行业和社会属性的质量评价活动,应在条件成熟后使认证回归行业和社会属性,使认证成为由行业社会组织主导的评价场域行为。认证组织关系也需要从合作型关系转型为基本剥离行政场域依从关系的独立型、行业型认证组织关系。这种独立组织关系将会构建师范类专业认证的行业共同体。按照托马斯·库恩的观点,共同体的成立会形成这一领域独特的评价范式[4]。这一范式简单来讲就是让认证机构以评价领域的法则和"惯习"独立开展认证工作。教育行政部门则回归认证的审查与监督职责,通过加强立法健全专业认证的市场机制,通过审查专业认证结论合理性与监督认证工作的规范性,保证认证的公信力与有效性。这一过程虽然漫长,却是认证这项事业所应遵循的规律,也是与国际接轨的必然要求。在这一过程中,需要在完善认证组织体系的同时,不断加强认证机构的专业能力,使其有能力实现认证组织的独立化和专业化。

(二)加强认证工具配套开发及合理运用

加强认证工具配套开发并合理运用是提升认证策划有效性的重要方式之一。目前,师范类专业认证的工具配套,如《自评报告》《专业数据分析报告》《专家组考查报告》,以及认证管理信息系统均存在一定程度的开发不足或运用有限问题,甚至师范类专业认证的官方网

[1] 曹玉珠.工程教育专业认证与师范教育专业认证比较研究[D].绵阳:西南科技大学,2020:45-51.
[2] 姚韬,王红,佘元冠.我国高等工程教育专业认证问题的探究——基于《华盛顿协议》的视角[J].大学教育科学,2014(04):28-32.
[3] 中国工程教育专业认证协会.中国工程教育专业认证协会简介[EB/OL].(2020-10-20)[2022-05-16].https://www.ceeaa.org.cn/gcjyzyrzxh/gyxh/jj/index.html.
[4] 托马斯·库恩.科学革命的结构:第4版[M].2版.金吾伦,胡新和,译.北京:北京大学出版社,2012:40.

站都没有建立。官方网站是师范类专业认证内外对接的重要窗口与工具，可以让各利益相关者更好地查询认证相应的文件、政策、模板、动态、结果等内容。随着后期认证通过专业数量的增多，通过官网查询认证受理情况、进展情况及通过情况也将是提高认证公信力的有效途径之一。

加强认证工具配套的开发，应该组成相应的专家组，按照优化程序、减负增效的原则开发合理且好用的工具配套，尤其是对认证的《自评报告》《专业数据分析报告》《专家组考查报告》，以及认证管理信息系统等工具配套进行优化，以充分发挥其有效性。

例如，在《专业数据分析报告》方面，可以进一步优化、完善教师教育质量监测平台建设，运用大数据、人工智能、云计算等信息化技术手段与高等教育质量监测国家数据平台进行合理对接、数据挖掘和智能分析，从专业层面对数据进行一定的合理补充，对经费、师资队伍方面进行一定程度的模糊使用，并设计更加合理的计算公式，使其更符合高校和专业的运行实际，确保能够收集到真实、有效的第一手专业状态信息。避免高校和专业重复统计数据、临时编造数据，确保为专家提供真实、可靠的《专业数据分析报告》，使其能够真正用来当作评判专业的有效工具。同时，要充分发挥《专业数据分析报告》的效用，将第二、三级认证的定量内容纳入并反映在第一级监测产生的《专业数据分析报告》中，一方面减少重复劳动，另一方面向工程教育专业认证精简指标的做法学习，减少专家和专业的认证负担。

同时，需要对师范类专业认证管理信息系统进行优化，提升认证管理信息系统适用性。精简操作程序，对认证机构、认证秘书进一步放开认证系统操作权限，使认证机构、认证秘书等不同角色能够更好地在认证系统中管理和服务认证过程。对认证机构、专家、专业在使用中反映较多的卡顿、烦琐、操作不便等系统问题进行优化，找寻可靠的数据系统后台支撑公司，为将来大规模、循环式地开展认证工作提供技术支撑，真正实现信息化技术为认证工作服务。完善线上认证功能，充分发挥线上认证的灵活优势，提升系统适用性。实行线上线下"一体化"认证，帮助不能到场的专家准确、高效地完成在线认证工作。在条件成熟时，适时开发认证调查系统和达成情况统计系统，促进调查工作和达成评价的信息化，解决专业和专家在认证中的疑难瓶颈问题，使信息化平台成为提高认证有效性的工具。

虽然在2023年修订文件中也发布了新版《自评报告撰写指导书》，但这一版《自评报告撰写指导书》与上一版区别不大，后期同样需要进一步优化《自评报告撰写指导书》。首先，尽量简化各章节撰写要求，不再作较大篇幅论述，以原始材料为主，减轻专业撰写负担，使专业精力主要放在专业建设中，避免《自评报告》是"写"出来的，而非"做"出来的这类问题，回归认证初心。其次，明确部分疑难指标的撰写要求，对易混淆的"毕业要求达成""课程目标达成度"等指标进行清晰的表述，避免学校和专业理解偏差而提供大量无效信息。再次，对认证现阶段的重点指标进行强化要求。例如，加强对"培养目标面向需求""毕业要求分解""课程目标达成情况""毕业要求达成评价""持续改进"等与"两线"要求相关的关键性指标的自评论述，进一步促进专业对"两线"的落实。最后，当师范类专业认证进入一定阶段后（如进行完第一轮后），认证标准逐渐从一种引领标准模式回归到最低标准模式，《自评报告》的撰写模式也要逐渐从"审核评估"模式回归到认证模式，可以参考工程教育专业认证和临床医学专业认证的撰写模式，即要求专业只按照标准论述自评自建中的达成情况，去除"主要问题"和"改进措施"方面的自评要求。由专家按照考查情况，依据认证标准对专业达标情况进行独立评判，并指出专业评建的不足及改进建议。

为提高专家认证工具的科学性、针对性和操作性,除要进一步完善《专家工作手册》之外,还需要优化访谈提纲、走访计划表、听课记录表等认证考查工具,使专家在现场考查中能够更容易获得有效信息。在《专家工作手册》中明确具有可操作性的评判标准,尤其是取消ABC的认证评判方式后,要对所有指标的评判标准进行明确,保障专家在评判这些标准时有章可循,而不是依据个人理解和水平,以此提升专家评判结论的一致性。通过进一步改善专家认证考查结论评判方式并明确评判标准,防止专业认证的审核评估化,实现专业认证区别于其他高等教育评估方式的独特有效性。

四、实现认证体系多元兼容与多向度推动,提升认证结构效度

事物都具有历史性和整体性,在提升师范专业认证有效性时,也需要从多个角度对认证整体结构设计进行优化,师范类专业认证既需要实现新的改革要求与传统的优秀文化的兼容,也需要实现多元主体共同推动认证。通过提升师范类专业认证的共识性、共融性和共责性,可提高师范类专业认证的结构效度。

(一)多元兼容,充分结合师范教育特点与优秀传统文化设计认证

邓恩在《公共政策分析导论(第四版)》中提出了公共政策设计的点断平衡模型,他把政策变化过程比喻为生物进化过程。这一过程大多数时期是相当稳定的,但是也会周期性地发生突然变化,即政策点断时期。从整体过程来讲,政策变化过程总体呈现出稳定期和点断期相互交织的状态,在这一交织过程中达到某种平衡并实现政策的更新发展。点断平衡模型的基本假设是,外部的巨变是政策点断的必要条件,但不是充分条件,而充分条件是社会信念和价值观经过此前稳定时期积累能够支撑和回应这些突然出现的政策巨变。[①]

点断平衡模型对于师范类专业认证的设计同样具有指导意义。目前,师范类专业面临着重大的发展要求转变,形成了师范教育政策点断期的外部环境,具备了师范教育政策点断的必要条件。在师范类专业认证设计中,通过借鉴工程教育专业认证与国外教师教育认证中的优秀理念与标准,确实为中国现阶段师范教育改革提供了有益路径,师范教育在这一点断时期正在进行着"进化突变",实现了巨大改革与发展。但这一突变需要社会信念和价值观的有效支撑才能实现点断平衡,这不但需要此前稳定时期的逐步积累,还需要点断政策设计与师范教育领域的文化、信念和价值观具有"基因吻合"的特点,这样才能具备师范教育政策点断的充分条件。

有教育界学者认为,"教育自身的客观规律决定了教育就是一种慢的事业,需要有足够积累的时间和空间,需要坚守自己的经典品位"[②]。以认证推动的师范教育体系重塑过程中确实存在认证设计逻辑、师范专业特点与师范教育优秀传统文化兼容性不足的问题。具体体现在师范类专业认证的设计逻辑在一定程度上运用自然科学范式的线性逻辑指标体系评价社会领域中复杂且非线性的人的培养问题,将线性的单向度的产品与非线性的多向度的

① 威廉·N.邓恩.公共政策分析导论[M].4版.谢明,伏燕,朱雪宁,译.北京:中国人民大学出版社,2011:38.

② 冉亚辉.论教育的慢哲学的内涵与价值[J].教育理论与实践,2017(31):3.

师范生"强制线性同构"。尤其是师范生不同于工程专业学生，其毕业之后面对的不是线性的自然科学领域的工程，而是非线性的学生。这种设计中的底层逻辑与师范专业的传统及基因相冲突，也是目前许多主体不能完全接受认证理念的原因之一。在这样的理念冲突环境下，师范专业的利益相关主体还没有足够的一致信念和价值观支撑师范类专业认证这一点断政策的完整进行。

因此，在师范类专业认证设计中，要更好地回应社会改革需求与师范教育传统特点的"双重关切"，充分结合师范类专业的社会领域文化特点，兼容好师范类专业的优秀传统文化，改善原来机械式的线性思维和过于激进结构主义范式的设计，使认证能以合理的方式去解决复杂且非线性的师范教育问题，并充分考虑师范生毕业后所面临的与工程教育专业不同的复杂对象所带来的截然不同的培养需求。同时，在政策设计完善中作好充分的解释与宣传工作，使利益相关主体对于师范类专业认证的理念得到进一步认可，逐步产生一致信念和价值观，如此才能满足师范类专业认证政策施行点断平衡的充分条件，促进师范类专业认证更有效地进行。

（二）多向度推动，利益相关主体共同融入师范教育治理

师范人才培养是一项复杂的工程，需要高校、教育行政部门、基础教育学校及社会公众等诸多利益相关者的深度合作与全程参与。仅利益相关主体被动参与师范类专业认证中是远远不够的，利益相关主体还要深度地参与师范生协同培养中才能真正地实现认证的目的，否则只会造成师范类专业认证的表面化和形式化。

目前，师范类专业认证由于单向度的政策推动形成了单向度的动力结构，只有单一的高校主体在推动认证工作及更深层次的师范教育质量治理，其他利益相关者并没有深入参与认证及师范教育质量治理中，只是被"邀请"到认证中，浅层次地参与认证的准备和迎评工作，并不能有效地参与师范生培养过程和师范教育质量治理中。

提高师范类专业认证的有效性，需要打破认证及师范教育质量治理单向度的动力结构。在认证的政策设计中，通过与其他政策的衔接，形成一系列政策链条，构成师范教育质量治理的政策组合拳。尤其是对于师范教育需求侧的基础教育而言，应该通过设计相关政策使其真正地参与认证与师范教育质量治理中。通过政策组合拳，以制度规范合作，以职责明确分工，使利益相关主体都有动力与义务深入参与师范类专业认证及师范教育质量治理中，构成师范教育质量治理共同体。共同体之间既有权责约束，又能合作互利，实现共同发展。通过多种政策衔接，使专业认证从高校单向度推动转变为利益相关主体多向度推动。尤其是将目前"一主两副"的协同育人体系变为制度化、稳定化的"三位一体"协同育人体系，达成各主体在认证及师范教育治理中的有效合作，只有利益相关主体共同融入师范教育质量治理中，才能真正地实现师范类专业认证的设计目标。

《新时代基础教育强师计划》提出，要"推动地方政府、学校、社会各方深度参与教师教育"，这其实也是在通过政策引导"三位一体"的协同育人共同体的构建。制度化、稳定化的"三位一体"协同育人体系需要通过政策组合拳使高校、地方教育行政部门和基础教育学校共同发力，共同推进师范生的培养，提升师范生培养质量。如图7-1所示，三方在人才培养中都要有自己的责任，也要有自己的收获，既相互约束又相互合作，实现共同发展，这样的"三位一体"才能真正地稳定且长久。

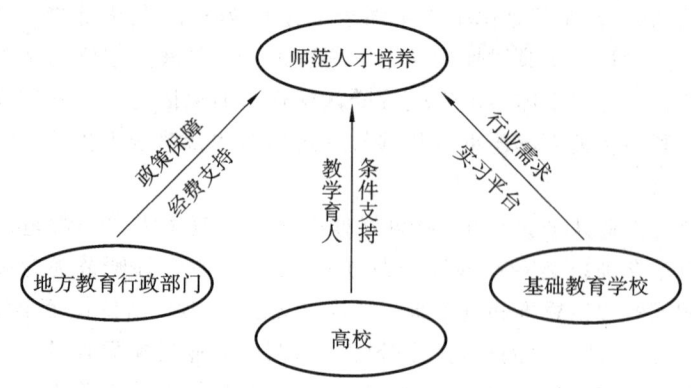

图 7-1 师范类专业认证中"三位一体"协同育人共同体构建示意图

高校在"三位一体"的协同育人体系中拥有最大的动力和责任。高校除做好本职的师范生培养工作之外,应从教学、科研等方面主动适应基础教育改革与社会经济发展的需要,尤其是通过培养优质的师范人才服务当地的社会经济发展,满足不同区域、学段、学科的人才培养需求。同时,积极为基础教育学校的教育教学改革提供新知识、新技术、新信息等服务与支持,尤其在课题研究、实践教学等方面加强与基础教育学校的合作,建立合作共赢的长期关系。

基础教育学校在"三位一体"的协同育人体系中享受最终成果。作为师范生的实习基地与用人单位,基础教育学校应改变其在合作过程中长期居于"配角"的状况,积极释放主动性和能动性,充分认识到培养实习生就是为自己培养优秀人才,向高校争取优秀的实习生,向当地教育行政部门争取优秀实习生录用的机会,为师范生提供良好的实习、见习、支教、义教平台。通过培养优秀的师范生补充和提高自己的教师队伍,提升自身参与师范生培养的内在动力。

地方教育行政部门在"三位一体"的协同育人体系中拥有最大的权力和资源。地方教育行政部门要认识到培养优秀师范生就是为地方社会经济发展培养优秀人才,就是为当地办好"人民满意的教育"打好基础。地方教育行政部门应为师范生培养提供有效的政策保障和经费支持,还应积极鼓励和协调其他主体尤其是基础教育学校主体参与师范生培养。例如,赋予基础教育单位更大的留人、用人权力。如表 7-3 所示,在某省中学名校长评选条件中就有一条"承担师范生教育实习情况"指标,以此提升基础教育学校中的个体(尤其是领导个体)带头参与师范教育的动力。有的地方教育行政部门成立了地方教师发展学校,每年奖励 10 万元用于促进基础教育学校教师参加师范教育活动,强调基础教育学校作为用人单位,应有相应责任参与师范教育中,规定在基础教育学校教师的高级职称评定时必须要有 6 次为师范生上课的经历。综上所述,地方教育行政部门要用政策制度引导基础教育学校参与师范教育中。

表 7-3 某省中学名校长评选指标表

项目	观测点	权重
师德师风	立德树人,依法办学,依法治校	是/否
	创新、奉献精神和教育家情怀	是/否

续表

项目	观测点	权重
办学主张理论	有先进办学理念、较强实用性、特色鲜明	10
	教科研课题的质量水平	10
	论文发表或学术著作的质量水平	10
办学主张实践	办学治校成效及任职学校发展情况	10
	任职学校获奖或表彰	10
	基础教育教学成果奖	10
	论文教改案例获奖	10
办学引领与示范辐射	开设教育管理类讲座或在论坛上发言的质量或水平	10
	校长个人对薄弱学校、乡村学校帮扶情况	5
	指导区、市级以上骨干青年校长情况	5
	接收校长、教师跟岗学习情况	5
	承担师范生教育实习情况	5
合计		100

 第二节　强化实施师范类专业认证过程,提升认证执行效力

任何一项制度的实施,都需要在理论和实践中反复磨合。师范类专业认证实施过程对于实现认证有效性有至关重要的意义。有的学者甚至认为,"认证过程的有效性比认证结果的有效性更重要,过程本身更能体现出认证的有效性"[1]。因此,应尽快对认证实施过程中的相关问题加以解决,以保证认证过程的有效性。

一、完善专家遴选和培训与管理制度,提升认证专家效力

"认证质量很大程度上取决于认证专家的质量"[2]。师范类专业认证想要有效开展,必须建立一支高水平的专家队伍。目前,专家存在认证不足与认证过度并存的问题,对认证过程中的专家效力产生了负面效应,应从专家数量、结构、能力、使用等方面加强专家队伍建设,完善相关遴选、培训与管理制度,进一步发挥出应有的专家效力,提升认证有效性。

(一)完善专家遴选制度,组建优质专家队伍

首先,应该合理扩大认证专家遴选范围与次数,保障专家总体数量。专家队伍从2021年进行调整后,已经4年未进行调整了,在库专家的职务、身份等发生了一定的变化。可以

---

① 常贾如,郭红燕.环境决策公众参与的有效性及影响因素探讨[J].中华环境,2019(12):57-60.
② 王芸.我国师范类专业认证实践研究[D].南宁:广西师范学院,2017:15-21.

说,目前在库可用的师范类专业认证专家队伍还不足以应对认证工作体量的需要。因此,应该适当扩大专家遴选范围,在遵循政治过硬、业务熟练、能力突出的前提下,把经历过认证现场考查高校的分管教学副校长、学院教学副院长、专业负责人纳入专家候选范围。通过这部分对象的认证实践反过来更好地指导专业认证实施,相互促进。目前,评估中心实行的是定期统一组织推荐、培训、考核与入库的专家遴选制度,如果在此期间优质专家因工作冲突等原因无法参加统一培训,往往就错失了入库机会。建议进一步完善专家遴选机制,由各认证机构不定期直接推荐各地亟须的优质专家,联合评估中心进行本地专家培训,扩大认证机构的推荐权,及时有效扩充专家队伍。建立既具有国家标准统一又兼顾地方差异需求的专家遴选制度,并根据认证工作需要,适时增加项目管理员和认证秘书数量。

其次,着重补充紧缺学科和行业专家队伍,满足专家类型、专业对口的需要。在扩大专家遴选范围与次数的同时,着重补充特殊教育、职业教育类别和音乐、美术等特殊学科的专家数量。尤其面对行业专家参加认证难度大、数量明显不足的问题,特别扩充一批具有认证热情和丰富一线教学经验的行业专家,并且加大行业专家在师范类专业认证专家委员会中的比例,使认证设计与决策时能够充分听取行业专家的意见,更加充分了解基础教育现状,更加深刻回应社会需求。

最后,逐步提高专家遴选的标准,保证专家入口质量。高标准聘选专家是提高专家队伍水平的基础。师范类专业认证入轨期结束后,应逐步提高遴选专家的标准。从政治过硬、业务熟练、能力突出、认证经验丰富等多方面考虑,择优聘用专家。对于学科专家、教学管理专家、行业专家等不同类型的专家,可设置不同的遴选标准,以保证能充分发挥每类专家的特长。同时,要以更高的标准建立骨干专家和专家组长库,保证高水平专家的数量。根据认证工作需要,建立核心咨询专家、培训专家等多种类型的专家"智库"团队,充分发挥高水平专家对于认证过程的引领和指导作用。为保证认证专家的责任感、投入度和专业性,可以根据实际情况尝试建立部分专职专家队伍,这一专职队伍最好由刚退休的大学校长、处长和基础教育学校校长等组成,专门开展师范类专业认证的研究和实施工作,既能避免临时专家兼职认证导致的投入度、专业性不足问题,也能充分发挥这一部分专家的深厚的实践"功底"及教育情怀"余热",形成专、兼结合的多样化专家队伍形态。

(二)完善专家培训制度,提升专家专业化水平

首先,面对专家对认证理念和标准认识不足的问题,应建立完善的专家入库培训与轮训制度,开展形式丰富的研讨、见习等培训活动。通过入库培训与定期轮训,使专家能够及时了解认证的最新要求和认证行业发展的最新动态,使专家业务能力和认知水平能够保持与时俱进。尤其是面对现阶段大面积线上认证考查方式,建议评估中心等权威机构组织应进行集中的专家培训,使专家们对线上认证的考查思路和考查技术进行有效转变,通过掌握一定的理念和技巧有效完成考查任务和考查目的,避免完全按照线下模式进行抽调材料和考查评判,避免使线上考查中大量的时间和资源花费在扫描材料上。

其次,面对专家评判一致性不足问题,应加强针对性培训工作。通过针对性培训促进专家们产生一致信念和价值观,使专家们逐渐具有相同的评判理解,防止专家因自我理解或兴趣爱好进行过度认证。同时,围绕专家评判一致性问题开展专题研究,在深入分析各《专家组考查报告》的基础上,对其中的共性问题和个性问题进行梳理,形成《专家组进校考查指导

书》,使指导专家在评判过程中有更好的配套工具,保持评判一致性,提升专家评判的信效度。

最后,面对专家组一体化执行程度不足问题,应设置专家培训交流与实操训练制度。这类培训不只是接受理论的学习活动,同时会针对专家组磨合性问题开展基于实操角度的、模块化互动式的专题实操训练,也可以通过专家见习、观查员制度等提升专家的认证实践,促进专家们以整体的视角理解专家工作。此外,应加强专家组长的专项培训交流,充分发挥专家组长对专家组的整体把握作用。

(三)建立专家管理制度,优化专家的评价与使用

面对专家工作态度参差不齐,甚至是抵制标准或进行过度认证等问题,应出台有针对性的认证专家多维评价机制,建立专家动态管理制度。

首先,建立认证专家多维评价机制。建议在认证系统中增设认证机构、认证专业对专家工作情况评价的条目。在进校考查结束后,认证机构和认证专业可根据专家表现对其各项工作指标进行评价,合理表达相关意见与建议。

其次,对专家评价信息实时更新与公开。对专家年度参与认证工作情况,以及专家工作质量、态度、能力、纪律评价情况在一定程度上进行实时更新与公开,使认证机构了解专家相关情况,以便在专家选用时挑选认真负责、水平较高的专家。

最后,在完善专家多维评价机制基础上,建立专家动态管理制度。专家委员会根据认证评价数据动态调整专家库成员,通过暂停相应资质或退出专家队伍等方式,避免"不良"专家继续参与认证,消除"不良"专家对全国认证工作的负面影响,进一步强化优秀专家对认证工作的守护和引领作用,增强认证的专家效力。

二、突破认证评建高校中层代理困境,充分发挥认证评建效力

有的学者认为,"自评自建活动是否主动、广泛及深入,都会影响认证过程的有效性"[①]。认证自评自建的有效性取决于高校是否能准确把握认证理念与标准,并在高校组织内部通过层层转换关系将其合理地与内部组织中的具体行为紧密关联起来。这一层层转换的过程,不但要有高校中层的推动力,还要有领导层"自上而下"的牵引力和执行层"自下而上"的行动力。高校组织内部各类主体合理分工,各有侧重,互相配合,才能使专业认证评建工作广泛、深入、有效地开展。

(一)高校领导层从支持到指导

美国学者伯顿·R.克拉克在《高等教育系统——学术组织的跨国研究》一书中认为,"如果想使高等教育系统中各层级团体都能够奉献出自己的力量,最为关键的是激发其主观能动性"[②]。在认证评建中要想激发各层级团体的主观能动性,就需要将认证的理念和标准融入各层级团体的需要与文化中。这种融入需要一个过程和机制,不可能一蹴而就,也不可能

① 唐薇.中美高等工程教育专业认证体系的比较研究[D].长沙:长沙理工大学,2016:15-20.
② 伯顿·R.克拉克.高等教育系统——学术组织的跨国研究[M].王承绪,徐辉,殷企平,等译.杭州:杭州大学出版社,1994:311.

自然发生,需要学校领导层从顶层设计上出台相关政策,以政策为导向,以制度换人情,才能保证各层级团体主观能动性的发挥。突破中层代理困境,首先要从高校领导层开始发生转变。高校领导层要主动学习认证、了解认证、践行认证,关心师范类专业,从单纯的支持认证工作变为有动力和能力指导专业评建。

首先,高校领导层要提高对师范类专业认证的思想认识。高校领导层要对认证有一个更全面、更宏观的认识,因为师范类专业认证不仅是一次对专业培养质量的检测,更重要的是通过认证强化高校紧密服务国家、区域社会经济发展需要的办学思维转变。这种思维从回应社会需求角度出发,使高校走出"象牙塔",对高校发展方向和发展模式将会产生深远的影响。专业认证可以成为落实立德树人根本任务、强化师德师风建设、促进高校内涵建设、深化教育教学评价改革的有效"法宝"。学校领导层应以专业认证为着力点和突破口,在人才培养方案修订、教学改革、综合育人等方面将认证的优秀理念推广到整个学校中,提高学校的竞争力和社会认可度。同时,高校领导层在对师范类专业认证的更深层次理解中,"应体会到用更加精细的中观质量观去管理学校事务,不会再像宏观粗放管理时代一样'眉毛胡子'一把抓"①。通过提高思想认识,改变以往高校领导层强加给专业认证的不正确期望和压力,使认证评建回归初心。学校领导层应该作好自己应做的评建任务,如作好顶层设计、搭建好体系框架、给足条件支持、指导专业积极开展认证。

其次,高校领导层要出台相关政策,以政策为导向,指导认证评建。在学校大政策方针和顶层设计方面,只有从校级层面才能够真正突破。没有学校层面的顶层设计与政策指导,具体措施将很难具有系统性。尤其是在政策导向上,一定要突出认证的重要性,如对教师教育课程教师职称分类评聘政策的落实、对国家科研项目奖励与专业认证奖励金额的均衡化、教师到基础一线"挂职锻炼"的优惠政策等。通过出台与落实这样的政策,既提升了校内各类主体参与认证的动力,也指导了各类主体如何参与认证评建。

最后,要建立相应问责制度,以制度换人情,推动认证评建。在认证评建中,依靠校内各主体的自觉激发其主观能动性是不现实的。因此,高校不但要出台相应的政策,还要建立相应的问责制度。高校是一个具有复杂分工的组织机构,每一类主体都在承担着专业认证评建活动的某一方面工作。由于中层代理现象,在中层高投入、高回报的同时,也容易导致其他主体的责任分散与转移。"高校教师的责任在集体行动中,因裹挟着利益计算、习俗惯例、博弈策略而变得稀释和分散"②。因此,学校层面需要建立相应的问责制度,压实责任,这样才能真正调动所有群体参与专业认证评建,突破中层代理困境。

(二)院系管理层从代理博弈到常态发展

高校院系管理中层是认证评建的关键人物和中坚力量。在访谈中,通过对"认证中承担最大压力的是谁"问题的回答,也表明了高校认证评建过程中确实存在着中层负担过重的问题。同时,通过对中层代理认证的动机分析表明,中层选择代理认证负重前行,很大程度上因为存在认证"代理获益",中层"以代理博发展"的行为其实是一种利益博弈行为。博弈行

① 赵强,王丽丽,张炜.师范类专业认证推进理路:沿革、误区与转向[J].华南师范大学学报(社会科学版),2022(01):53-60.
② 高晓文,于伟.教师行动中的"责任分散"问题研究[J].教育研究,2016(02):57-62.

为因裹挟着利益计算、功利策略，容易陷入"组织化动员"悖论[①]。中层在代理博弈中缺乏真正从专业发展角度出发进行认证评建活动的信念。这一观点通过访谈中"认证中最大的精力放在了什么地方"问题的回答得到了印证。在中层代理认证中，大部分中层的精力放在了《自评报告》的撰写和支撑材料的整理中，而不是专业建设与教学改革中。高校院系管理层从中部发起认证，既没有管理层自上而下发起认证的遵从优势，也没有执行层自下而上发起认证的合作优势，因此形成了中层代理困境，使其只能在材料的包装和迎评上作文章，从而导致了认证评建的表面化和形式主义。

因此，高校院系管理层应逐渐从代理博弈转变到常态发展的心理建构和认证动机中去。认证评建需要管理层作为关键人物和中坚力量，但也应该集全校之力参与评建，不能仅仅是代理评建。在中层主导的认证评建中，应将精力从整理材料中脱离出来，将更多的精力放在引导全校常态化地开展专业建设和教育教学改革实践中。尤其是要改变中层代理认证中的一些功利化行为，要重视认证，但是不能只盯着认证结论，以常态发展代替功利建设，"使专业认证与专业建设同频共振，产生合力，构建出一个内生型的专业建设生态体系"[②]。

从具体评建事项来讲，高校院系管理层不同于领导层的政策指导和执行层的实践改革。他们在认证中的工作更多的应该是从搭建专业发展框架层面进行，即对照认证理念与标准，构建与专业特色相吻合的发展框架。例如，邀请利益相关者共同制定专业人才培养方案，进一步细化解决区域发展需要的人才培养目标及相应的毕业要求，重构课程体系和实践环节，深入开展"三位一体"的协同培养模式，通过反向设计、正向施工的方式为专业发展与人才培养搭好"主线"框架，组织制定相关环节的质量标准，建立基于产出的评价与持续改进机制，为专业发展与人才培养搭好"底线"框架。

(三)师生执行层从"形到"到"神在"，从出工到出力

只有高校师生执行层在日常教学中真正践行认证理念和标准，迈出舒适圈，认证评建才能走出"形到"的困境。在学校政策引导与制度约束及中层搭建好基本架构的基础上，师生执行层应发挥积极性与主动性，树立好"主人翁"意识，维护好"主人翁"地位，实现好"主人翁"作用。师生不能再被动或浅显地参与认证，而要主动以认证为契机，落实自己的主体地位，使认证的先进理念深入每一位师生的思想和每一个教学环节中。

要做到普通教师在认证中从出工变为出力，就要提升他们参与认证的动力和能力。首先，要对现行的高校教师评价和考核机制进行改进，平衡高校教师评价中科研和教学的关系，提高教师在教书育人上的要求。同时，优化校内的认证激励机制，使普通教师能在认证中获益，提高他们对认证和教育教学的动力，把"要我认证"变成"我要认证"。其次，要加强对教师专业知识与技能的培训。作为校方，学校不但要对其进行岗前培训，还要从教师专业发展角度对其进行经常性的轮训，一方面使他们能够更好地掌握教育教学的知识和技能，另一方面也使他们能够掌握最新的教学理念和方法。如此他们才能为有效进行日常教学及有效进行认证中的人才培养方案、课程大纲、教学方式、评价方式改革提供能力支撑。使普通

---

① 埃哈尔·费埃德伯格.权力与规则:组织行动的动力[M].张月,等译.上海:上海人民出版社,2005:27-28.

② 赵强,王丽丽,张炜.师范类专业认证推进理路:沿革、误区与转向[J].华南师范大学学报(社会科学版),2022(01):53-60.

教师不但从心理上接受认证,也从实践上践行认证要求。

在教学观念转变上,"每位普通老师应明确自己任教课程在课程体系中的位置与作用"[1],从提高学生学习成果角度反向推理课程与教学设计,重构"以学生为中心"的教育观。在教学方法转变上,从理论性向实践性进行转变,从知识讲授型向能力培养型转变。在教学内容转变上,对接基础教育要求和课程内容,实现"陈旧化"向"前沿化"的转变[2]。

评建的充分性、深入性和广泛性不仅在于学校领导和教师,还在于学生。要充分调动学生的积极性与主人翁意识,例如,在日常教学中从学生的角度设计教学改革,增加学生在日常学习、生活中的参与度和获得感,实现学生从被动应付学习到自主学习的转变,从学习知识到掌握能力的转变。同时,需要强化社会对认证结果的采信,例如,在招聘、教师资格考试等事项上更广泛地使用认证结果,使学生能够享受到认证带来的收益,增加其参与认证的动力。

三、增强审查过程充分性,提升认证审查效力

在企业认证领域,基于制度经济学中的路径依赖理论,有的学者认为,目前认证取证太容易且太随意,已经影响到了认证事业的健康发展,根本的原因在于认证机构出于经济与利益角度考虑,简化了认证程序,导致认证过程不充分。因此,除加强监督之外,在认证过程中也需要保障认证取证的充分性与合理性[3]。在师范类专业认证中,同样出现了认证取证随意的问题。问卷调查数据显示,认证过程促进性与认证过程充分性评价结果呈现两极分化,认证的过程充分性不足以支撑过程促进性,影响了认证审查效力。

按照第四代评价理论,师范类专业认证是一种利益相关者在认证活动中相互协商以形成共同价值建构的过程。目前,在这种协商过程中,不论是专业评建还是专家审查,都出现了不同程度的形式主义倾向。有学者认为,"在认证过程中,认证专业希望专家不仅对达成情况作出评判,更希望其对专业建设进行指导和帮助"[4]。不论是专家评判还是专家指导,都应该建立在对专业评建情况进行了充分的考查了解之上,否则仅从理论或经验层面进行随意判断及指导,将大大削弱认证过程有效性。因此,加强认证过程的审查充分性是加强认证过程有效性的基础和底座。

(一)加强审查时间充分性

管理学中所强调的信息准全原则是指,评价一个决策的科学性,其前提是进行大量相关信息的收集分析,信息既要准确,又要全面,能够从整体角度反映出所要研究的问题,这样才能保证决策的科学性[5]。在师范类专业认证中,专家也需要在全面了解各种信息的基础上,

① 路书红,黎芳媛.专业认证视角下的师范专业发展探析[J].教育发展研究,2017(22):65-69.
② 刘志军,朱泓,曲景平,等.正确认识和把握高等工程教育专业认证中的五个关系[J].中国高等教育,2008(18):22-23.
③ 王新平.企业质量管理体系认证有效性的实证[M].北京:知识产权出版社,2010:205-213.
④ 徐祖胜,杨兆山.我国高校师范类专业认证的实践反思[J].教师教育研究,2021(06):72-77.
⑤ 弗兰克·帕特诺伊.慢决策[M].欧阳明亮,译.北京:北京联合出版公司,2016:84.

按照认证标准对专业评建中存在的问题进行诊断及提出改进建议。专业评建问题的诊断是一项要求高、难度大、技术性强的专业性工作,需要按照信息准全原则,综合运用多种方法进行信息甄别和信息挖掘,如果想在有限的时间内达到信息准全要求,更要以充足的准备为前提。时间的充分性是保障问题诊断合理性的基础。没有一定的时间作为保障,审查的充分性将受到质疑。目前,高校与专家都面临越来越多样和频繁的外部评估、认证,专家已经没有过多的时间与精力单独赋予某一类评估、认证事项①。因此,在师范类专业认证中,需要采取"绝对时间充分性"与"相对时间充分性"两种方式,保障认证专家对专业评建情况有充分的了解。

在"绝对时间充分性"上,应对专家进校前的准备时间、进校中的考查时间、进校后的总结时间明确时长并予以保障,制定出一个底线时间,不能再压缩。例如,至少在专家进校前给予其一周的时间审读专业材料,作好相应的准备。在"相对时间充分性"上,可以采取利用大数据和信息化手段、提前分工等方式提高专家信息获取效率。例如,利用大数据和信息化手段,使专家的时间不是花在查找海量材料等方面,而是有充足的时间和精力循证真实情况。又如,在专家对相关材料有总体把握的前提下,利用提前分工的方式,使专家审读材料有所侧重,在前期选课、制定访谈计划时更有针对性,减轻进校时选课、访谈等事项上的重复和冲突,使专家提早获取到相关信息,保证有充足的时间进行考查循证。

(二)加强审查真实充分性

国外教师教育认证特别强调"证据为本"的认证理念,并且在认证实施的全过程中要严格按要求落实②。在我国师范类专业认证中,也特别强调"循证文化",讲求"说""做""证"一致。"循证文化"主要表现在对所有结论性评价必须要有充分的证据作为支撑,而且证据必须能够体现出认证评建的全过程、全方面。在师范类专业认证第一级监测中,专业在填报数据时可能存在理解误差或数据作假等行为,因此,需要专家在进校考查环节中对这些问题的真实性进行充分考查循证。在认证评判中,标准是否达成,是建立在审查的真实性与全面性之上的,专家在认证过程中要注重"循证"的真实性与全面性。

访谈中有的专家讲到,"在我国清华大学等高校接受的一些国际认证中,认证专家进行了为期9天的考查。在这期间,专家们要对专业的每一个教师和学生进行访谈。因为专家认为应该掌握全体师生的教学状况和达成情况,而不是学校材料中或是访谈中的个别典型情况"(A4)。在我国师范类专业认证进校实地考查中,也要尽量增加专家与普通师生的交流,满足信息准全原则。专家们不能只与几个被推荐上来的师生代表进行简单访谈,这会丧失循证的全面性和真实性。专家循证的重点应该是考查认证标准的达成情况,而不是专业获得了什么荣誉或者学生获得什么奖项。

同样,对于专业其他方面的考查循证,也要力求能够充分考查专业的真实水平,而不是典型代表水平。例如,对于专业自评材料中的典型标志性成果和全体达成性成果进行有区分性的查证。对于专业实践基地、用人单位、毕业生等,在考查样本选择时也要注意全面性,而不只是考查其中的优秀代表。在访谈、听课中更注重寻求专业教育教学的正常状态,运用

① 李延保.正确认识高校教学评估目的意义和成效[J].中国高等教育,2008(Z2):4-7.
② 王松丽,李琼.师范类专业认证的循证评估:基于学习结果的视角[J].教师教育研究,2020(06):8-13.

相关的访谈技巧,拨开"恭维"或"功利"的迷雾,以真实和充分的考查循证帮助学校揭示和解决真实问题,避免实质性的"共谋"。尤其在第一轮师范类专业认证普遍注重专业对框架体系构建阶段结束后,第二轮认证开始应该从理念和行动上更加注重充分考查专业评建的实质化运行程度和实际效果。

四、强化多元主体的监管与联动,提升认证监管效力

学者周光礼在《中国高等教育质量评估体系有效性研究》一书中认为,高等教育质量评估活动中的利益相关者因为价值取向的不同而对高等教育质量有着不同的观念,质量评估体系的有效性就是要通过协商合作达成利益相关者之间的最大公约数[①]。由于评估、认证的专业性特点,社会公众等利益相关者很难直接参与认证的实施过程中,这一协商合作很大程度上是在认证的监管中实现的。可以说,利益相关主体在认证监管中参与和联动是保证师范类专业认证有效性的最基本途径。

(一)提升机构专业性,强化认证机构的管控

专业认证是一项复杂与严谨的质量评价活动,程序规范、步骤严谨、管控得当是确保专业认证过程有效性的基础。在目前我国师范类专业认证中,认证机构大多时候只是承担了认证的具体组织、联络、服务等事务性工作,对于认证总体把握的管控空间和管控能力不足。因此,应在充分赋权的基础上通过提升认证机构的专业化水平保证其对认证的有效管控。

首先,应优化认证机构的组织专业性。认证活动必须独立、公开、公正、公平地进行,才能保证其有效性。我国认证机构的专业化进程就是逐渐摆脱"行政场域"依从关系而全面发挥"评价场域"属性特征的过程。"场域"的独立性使认证机构能与其他利益相关主体保持同等的利害关系,以产生维护各方权利的义务和责任,如此才可能获得各方的充分信任。"场域"独立是认证机构专业化的重要前提,而专业性的提升需要认证机构在"评价场域"中对认证这一专业性事务进行充分的研究与实践。只有专业化的认证机构组织特性,才能保证其有足够能力解决立场协调认证中所涉及的各方利益相关者之间的群体冲突与利益共谋,进而保障专业认证的质量。

其次,应提升机构人员的专业性。布鲁贝克认为,"专业领域的问题只有学者才能真正深刻地理解,专业的事情应该让专家自己管"[②]。认证机构人员作为专门从事认证的人员,应该成为认证领域的"专家",如此才能从专业的角度对认证过程中出现专业随意赋值和专家随意评判等问题进行管控,保证认证过程和结论的合理性和科学性。有的学者认为,"认证机构人员只有秉持认证应有的专业、公正的伦理规范,才能更好地贡献于学校和社会的持续改善"[③]。尤其是对于专家碍于人情和面子对专业评判进行放水时,或者专业与专家进行"合谋"时,认证机构人员能够以专业精神和专业素养进行有效管控,保证认证过程和结论的公

① 周光礼.中国高等教育质量评估体系有效性研究[M].长沙:湖南人民出版社,2011:30.

② 约翰·S·布鲁贝克.高等教育哲学[M].王承绪,郑继伟,张维平,等译.杭州:浙江教育出版社,2001:31.

③ 张会杰.教育评估公信力研究[M].上海:上海三联书店,2016:218.

平性和公正性[①]。

最后,逐步建立严格的认证机构管理制度。通过认证机构管理制度的建立,机构能够严格按照认证标准开展认证工作,坚持"不建设不认证""成熟一个认证一个"的原则,严把认证审核关,促进认证审查风格从审查评建文件逐步深入审查认证评建实际效果中,有效解决认证中出现的"形式化"和"表面化"问题倾向,把正确的认证价值观传递给专业和专家。

(二)转变行政职能,强化教育行政部门的监管

教育部早在 2015 年就提出要推进"管办评"分离,构建政府、学校、社会之间的新型关系。有学者认为,在以往的教育领域改革中,不论是"去行政化"还是"管办评"分离,其本质都是对于行政权力在教育中的合理约束与运用[②]。同样,在师范类专业认证中,以教育行政部门为代表的行政权力应当尽可能地减少直接参与师范类专业认证的过程中,改变过去"既当运动员,又当裁判员"的"全能型"角色,以监控认证为切入点,合理约束与运用行政权力,实现行政职能转变。

首先,教育行政部门应完善相关政策法规,为认证提供政策保障与规范。政策法规是确保专业认证规范性与权威性的根本保证。应通过完善和细化《普通高等学校教育评估暂行规定》等相关政策法规,准确界定不同主体在师范认证中的角色和地位,以相关政策法规对认证的规范性进行有效指导。通过推进师范专业认证等外部评价制度的法制化进程,为认证提供良好的政策保障与立法规范,同时,也为专业认证行业的长久发展提供一个良好的制度环境,保证认证具有合法性、公正性、规范性和权威性。

其次,教育行政部门应从直接参与认证过程转变为通过资质认可与监督的方式间接参与认证过程。从入口关和出口关加强对认证机构的认可与监督,一方面要完善我国教育领域评估机构的设置与认可制度,通过对教育评估机构设置所要具备的条件、权利、责任与义务,以及机构运行的目标、运作方式等,加强对入口质量的监督与管控工作。另一方面要加强对于教育评估机构认证结论的审查,加强对其出口质量的监督与管控,同时,通过对认证结果的使用机制引导认证结果的产出质量。

最后,教育行政部门应建立认证"元评价"机制,实现职能转变。美国学者第默尔·库兰认为,理性的批判是社会发展和知识增长的一条重要途径,尤其是权力聚焦的公共政策更加需要一种开放的评价与质疑环境,否则将会出现更普遍的无知[③]。师范类专业认证是一种师范教育质量保障体系外部评价,而"元评价"立足于"元"层面,是对专业认证是否符合相应标准的评价,是对评价的评价。"元评价"是质量评价发展到一定程度的产物,是质量评价体系专业化的标志,也可以成为教育行政部门职能转变的实现方式之一。"元评价"是教育行政部门可选的一种更高级的认证监控形式。美国 JCSSE 在最新的 2011 版项目评价标准中新增加了聚焦于评估程序及产品改进与问责的元评估标准。有学者认为,教育行政部门以其

① 王伟廉.从经验到科学:中国大学教学质量外部评估的走向与愿景[J].大学教育科学,2012(04):56-57.
② 阎光才.关于高校"去行政化"议题的省思[J].清华大学教育研究,2011(01):13-19.
③ 第默尔·库兰.偏好伪装的社会后果[M].丁振寰,欧阳武,译.长春:长春出版社,2005:17.

权威性组织认证"元评价",可以有效保障认证制度的公信力和可持续性①。但需要注意的是,"元评价"应该委托给不同于认证机构的独立组织实施。

（三）提高治理意识,强化社会公众参与监督

从目前来看,我国社会群体对于师范类专业认证的有效参与不足。除本文前期论述的内在动机不强的原因之外,也有学者认为,"很大一部分原因是社会公众参与认证机制不畅通所致"②。因此,如何促进社会群体积极参与认证,尤其是完善其参与认证的通道就显得格外重要。

首先,应提高社会公众的治理意识。要充分发挥宣传的导向性作用,围绕推进"管办评"分离、教师教育改革等对师范专业认证制度及其相关的背景政策进行广泛宣传,向社会公众展现我国其他认证领域成果及国外教育认证优点,帮助公众全面了解专业认证及教师教育改革服务于社会的重要意义。使社会公众有意识参与认证,为构建现代化的中国师范教育治理体系贡献力量。

其次,应从多渠道完善社会公众参与认证的通道。要明确社会公众在师范认证中的角色和地位,充分赋予社会公众对于师范专业认证的监督权和参与渠道。例如,通过社会需求调查、满意程度调查等方式充分听取社会公众意见,使社会公众有渠道参与师范专业认证中。

最后,应着力培育专业认证的社会认同文化。"无论自称多么正确和科学的事情,都要经过社会公众的批评和异议并因此获得活力"③。允许和鼓励社会公众参与认证监督,可以增强社会公众对认证的信任感和认同感。在监督过程中,各利益相关主体充分表达其意见,促进不同价值观在认证中协商合作,"达成利益相关者之间的最大公约数"。社会公众对于认证的承认度、采信度将会随着参与认证监督的增多而逐步提高,逐渐形成对师范专业认证的文化认知和文化认同。

 ## 第三节　优化师范类专业认证结果运用,提升认证成果效能

有效的师范类专业认证应发挥其政策工具作用,以适度的结果运用吸引高校、专业、师生、基础教育学校和社会公众参与师范教育改革。但也需要注意认证结果的效用边际,不能对认证结果的使用期望过高,使师范类专业认证承受不能承受之重④。师范教育改革之路不可能通过一次认证就解决所有问题,应通过一定的策略促进认证结果科学合理地运用,保证认证有效实现其阶段性目标。

---

① 杨跃.师范专业认证制度改革的现实困境与治理对策——基于新制度主义理论视角的分析[J].现代教育管理,2018(02):71-76.

② 胡永红,吴邵兰,艾安丽.我国体育教育专业认证工作存在的问题与优化路径[J].体育学刊,2021(02):72-79.

③ 乔·萨托利.民主新论[M].冯克利,阎克文,译.北京:东方出版社,1998:104.

④ 张红伟.中国高等教育评估管理机制研究[M].北京:北京师范大学出版社,2014:173.

一、保证结论可靠性和真实性，提升认证达成效能

认证达成效能是认证结果有效性的基础。师范类专业认证结论最本质的含义就是证明专业已通过评建，达到了认证标准。认证结论的可靠性和真实性对结果采信程度、专业后续整改等都有直接的影响。因此，应该充分重视师范类专业认证结论的可靠性和真实性，以认证达成效能作为奠定认证结果有效性的坚实基础。

（一）回归合理区分度，提升结论可靠性

认证结论的区分度影响着认证结论的含金量和信效度，更在一定程度上代表着认证"价值"的大小。目前，无差别化的认证结论使利益相关者对师范类专业认证结论的公正性和认可度如上一轮本科教学水平评估结论一样受到了普遍质疑。同时，也挫伤了一部分高水平专业的积极性并助长了另一部分低水平专业的投机性。因此，在后续的认证结论评判时要回归合理的区分度，按照接受认证专业的实际达成情况公平、公正地给予认证结论。尤其是在第一轮认证过后，当认证从"入轨"阶段成为"常态"评价后，"要改变专家反馈内容从严从重，认证结论从宽从轻"[①]的认证结论评判导向与评判风格，回归认证结论应有的区分度，提升结论信效度和可靠性，使认证结论能够更加准确和可靠地体现出被认证专业是否达标的真实情况。

首先，要改变过去只进行"关卡前移"的评价模式。目前，几乎所有通过认证申请的专业都在进校考查中得到了"有条件通过"的认证结论，这虽然可以说明"关卡前移"的评价模式充分保障了"认证入口质量"，但如果作为"认证出口质量"的认证结论长期停留在与"认证入口质量"的申请结论保持一致，要么说明全国师范类专业的自评材料与实际建设保持完全一致，要么说明进校考查环节没有必要设置，专家仅仅从材料上就可以进行真实性评判。但师范类专业认证的每一个步骤都有其作用，入口质量是入口质量，过程质量是过程质量，结果质量是结果质量，材料质量是材料质量，建设质量是建设质量。如此大费周章的进校考查应该更加发挥出其对于建设达标的真实性评判作用，进而提升认证结论的可靠性。

其次，专家在结论评判时要根据专业真实情况严格按标准作出独立判断。评判结论要想具有全国一致性和可比较性，就要做到严格对标评判，标准为王，不超标也不放水。对于没有达到认证标准的专业，专家要敢于给出"不通过"的认证结论，对于完全达到认证标准的专业，也应该给出"通过"的认证结论。回归认证应有的合理区分度，保证认证结论评判的公正性和严肃性，提高认证结论的可信度与公信力。在取消对二级指标进行 ABC 等级评判的结论评判方式的基础上，要进一步优化认证结论评判方式，使专家在认证结论评判时能够按照认证标准和专业评建情况给出更加准确的评判结论，避免经验主义、避免避重就轻，更要避免专业认证结论的审核评估化，使师范类专业认证结论能够真正地反映专业的评建水平。

最后，专家委员会在审定结论时，需对全国认证结论进行总体把握和严格把关。专家委员会成立了结论审定委员会，对认证结论及《认证报告》进行专门审定。结论审定委员掌握全国所有专业的认证结论及《认证报告》，不但可以横向对不同区域的认证结论进行比较，而

---

① 徐祖胜，杨兆山.我国高校师范类专业认证的实践反思[J].教师教育研究，2021(06)：72-77.

且可以纵向对不同年份的认证结论进行比较。通过多维度比较,更能够发现认证结论中的差别,从保持结论信效度一致性的原则考虑,对于水平明显过高或过低的认证结论给予驳回,让其调整合理的区分度。通过把好认证结论审议的最后一道关,提升认证结论的信效度和可靠性。

(二)攻克达标"洼地",提升结论真实性

师范类专业认证有其明确的标准与严格的评判依据。在认证结论评判操作中,只有不同级别标准的区别,而同一标准下却无评判尺度的差别。因此,在专家回归严格依标评判的基础上,要想提升认证结论的达成效能,就要从专业自身的评建上下功夫,而不是仅在专家的评判尺度上下功夫。通过充分而有效的认证评建,使认证理念与标准能够深入专业建设中,真正达成认证标准。

首先,攻克达标"洼地",促进全面达标。通过现阶段认证指标评判数据分析,师范类专业普遍存在"质量保障""合作与实践"等指标无法达标的"建设堵点",是认证结论中的达标"洼地"。因此,要想促进师范类专业的全面达标,最直接的方式就是攻克认证结论中的达标"洼地",进行针对性地改革。例如,按照《深化新时代教育评价改革总体方案》对师范教育评价进行改革,结合认证标准中"3.5 课程评价""4.5 管理评价""7.3 外部评价""7.4 持续改进"等要求进行针对性地改进。又如,对涉及"实践"的相关指标,通过多方面的政策组合拳,推进"三位一体"协同育人机制的落实,结合认证标准中"4.3 实践教学""4.5 管理评价""5.3 实践经历"等要求进行针对性改进。

其次,由"形"入"实",促进真实达标。目前,师范类专业通过参加认证在规范化办学方面得到了较大的改善。但这种改变还处于建章立制、框架搭建的初级阶段,远未成为专业办学中的自觉思想,也远未深入每一名师生的教学实践中。现阶段,对比认证标准要求,专业的实际达成情况只是"形似"阶段,还未到"神似"的程度。在与综合院校人员进行访谈时,其表示师范类专业认证的评判要求和评建深入程度比临床医学专业认证与工程教育专业认证要差一些。这两类认证发展时间较长,已经逐渐从"搭架子"阶段到了"看实质"的层次。因此,师范类专业认证可以学习临床医学专业认证与工程教育专业认证的优秀做法,用一些"抓手"促进专业达标由"形"入"实"。例如,临床医学专业认证通过 PBL、实验班、自主学习等方式进行改革,工程教育专业认证通过项目式教学等方式进行改革,他们都是用教学改革作为抓手,使"以学生为中心"等认证理念能够深入落实在课程教学实施层面,这样的"抓手"对师范类专业认证具有很好的借鉴意义。但是,也需要注意,不同专业类型的特点和面临的专业环境不同,师范类专业认证也必须通过设计适合自身具有针对性的"抓手"措施,提升专业达标的真实性,如通过加强课程评价方式改革反推教学改革、通过"三位一体"的协同育人加强实践教学改革。通过这样一些"抓手",使师范类专业认证的理念与标准能够深入专业的日常办学实际中,使师范类专业建设由"形"入"实",并最终得到行业界和社会的认可。

二、优化结论反馈与结果使用,提升认证应用效能

学者张远增认为,"在公共政策价值链优化中,政策结果的有效使用可以与政策本身形

成良性的互动关系,增加公共政策本身的'鲁棒性'"①。师范类专业认证结果的使用程度不仅代表着认证对外部规律性的适应程度,也代表着外部主体对认证的认可程度,同时也是专业认证制度的动力系统,影响着专业参与认证的积极性。因此,通过适度的结果使用推动认证的有效开展是必要且合理的。

(一)及时反馈结论,延缓评建效力"半衰期"

现阶段,师范类专业认证的结论每年经统一审定后由教育部统一发布。对有些专业来讲,这样的结果反馈时间与进校考查时间相隔太久,专业的评建效力可能早已过了"半衰期",导致认证结论作为整改依据时需要"另起炉灶"。这样不但事倍功半,也严重影响了认证结果应用的有效性。

因此,建议缩短认证结论反馈与进校考查的间隔时间,对接专业评建效力"半衰期",及时反馈认证结论,以有效延缓评建效力"半衰期",使专业评建效力有效转化为整改提升效力。根据师范类专业认证数量及分布时段的实际情况,适当增加认证结论审定及结论发布次数。每年至少组织 2 次结论审定与结论发布,最好上半年 1 次,下半年 1 次。具体可以参考表 7-1 中的师范类专业认证时间阶段规划建议安排,确保专业能够在认证专家组进校考查结束后半年内拿到最终的认证结论及反馈报告,以便高校能及时开展正式整改,提高结论反馈与应用时效。

(二)落实结果使用,提升认证结果应用效能

专业认证结果的使用很大程度上关系着接下来师范教育政策的制定。师范类专业认证由公共财政花费了如此多的财力实施,不仅仅是要进行一项认证或是接受一场认证的教育,更是要把认证结果广泛、充分地进行使用,充分体现出认证促进教师教育振兴的价值。目前,对于认证结果应用基本还处于构思阶段,只有大致的结果使用方向而尚未得到有效落实。因此,应出台清晰的认证结果使用实施办法,使认证结果使用具有可操作性,使结果使用落到实处。

首先,落实高校自身对认证结果的使用。对高校内部来讲,师范类专业认证的结果要惠及一线师生,提升他们参与认证的动力。例如,可以在职称评定、课题申报、成果鉴定、优秀奖项上按照认证结果对一线教师进行倾斜,引导其更好地投入认证评建中;可以将教师资格免试认定方面的优惠像高校师范类专业实施免试认定改革一样,提前到认证通过当年,提升学生参与认证评建的积极性。在认证结果发挥其激励作用的同时,也应以认证的标准严格要求教师,用权责机制夯实教师的评建与整改责任,同时用毕业要求淘汰不合格的学生,使认证结果能够全面发挥真正功能。

其次,落实高等教育体系内部对结果的使用。目前,认证结果对教师资格免试事项如何使用尚未出台详细的实施办法,不足以支撑认证结果的使用真正落地。这一事项关系到广大师范生群体的认证利益,社会关注度较高并且影响深远。因此,应当积极向美、英等发达国家学习,将专业认证和教师资格制度进行有效互融衔接,形成二者的有机联系,形成行业认证和行业资格制度的同频共振。教育部教师工作司、评估中心应与教师资格管理组织加

① 张远增.公共政策执行评估学理[M].北京:中国社会科学出版社,2018:58.

强沟通,尽快出台认证通过专业师范生免试认定实施办法。在对接即将出台的新版教师法等其他政策的基础上,充分学习教育类研究生、公费师范生、师范类专业免试认定改革的做法,在时间、范围、方式、程序上对认证结果的使用进行详细规定,从操作层面解决认证结果使用的落地问题。

再次,落实高等教育系统外部对认证结果的使用。使实现认证实际达成结果从"形似"到"神似"。在认证通过专业的毕业生能够真正适应行业岗位需求的前提下,可以提高行业单位和社会公众对认证的采信度,在高考填报志愿和招聘期间,推送师范类专业认证结果宣传视频,鼓励学生报考、引导单位招聘,尤其是在用人单位招聘时,对于通过认证专业的毕业生应优先考虑甚至是免试录取。使师范生成为认证最直接、最重要的受益者,更好体现出认证的成果价值。

最后,落实教育行政部门对认证结果的全面使用。教育行政部门通过采信结果支持或引导认证,是最直接、有效的提升师范类专业认证有效性的方式之一。目前,教育行政部门对认证结果的使用仅限于激励方面,并且落实程度不够。因此,建议教育行政部门在认证结果使用中除落实经费拨付、增加招生计划等激励措施外,也需要对获得"不通过"认证结果的专业采取相应的问责措施。有学者认为,"评估不问责是没有意义的,或者是有效性打折扣"[1]。新一轮审核评估方案提出,"要把审核评估结果、督导复查结果与本科招生计划、新设本科专业备案等资源配置手段挂钩,对高校办学行为形成有效约束"。应该说,现阶段没有比通过认证对师范类专业布局进行动态调整更加科学的方式了。对"不通过"认证结果的使用,教育行政部门应该有壮士断腕的决心和意志,对"不通过"专业或者是在规定时间段内没有申请认证的专业逐步控制招生计划甚至停招,促使其退出师范生培养的"舞台"。改变当下师范专业培养机构只进不出的局面,淘汰一批质量过差的师范专业。通过认证结果优化师范专业的布局和发展环境,既符合师范类专业认证的初衷与功能,也可以使师范类专业认证结果更有效地服务于社会发展需求。

三、落实持续改进与培养质量文化,提升认证长效效能

以"持续改进"为代表的长效质量追求是师范类专业认证的基本理念,也是认证终极价值的集中体现,其在师范类专业认证价值链中具有"关键性聚敛"的作用[2]。长效质量的提升,不仅需要形成持续改进的制度与规范流程,也需要专业形成自觉的质量文化意识并融入日常教育教学行为中。

(一)制度设计层面:完善持续改进及整改监控的规范流程

目前,认证的长效性价值已经普遍受到了重视,《监控办法》的颁布使持续改进进一步得到了强调与细化,但是按照"要求→机制→规范流程"的公共政策实施路径,目前的师范类专业认证持续改进只是到了"机制"这一步,"规范流程"还未完全建立。持续改进中的整改监

① 周光礼.中国高等教育质量评估体系有效性研究[M].长沙:湖南人民出版社,2011:30.
② 威廉·N.邓恩.公共政策分析导论[M].4版.谢明,伏燕,朱雪宁,译.北京:中国人民大学出版社,2011:38.

控具体流程也未得到完整设计。因此，应在上述两个方面进行细化，完善持续改进及整改监控的规范流程，以提升认证的长效效能。

　　首先，认证专家委员会应尽快研究并出台《师范类专业认证状态保持监控办法实施细则》，从"规范流程"的角度设计好师范类专业认证持续改进"下半场"的每一个细节。例如，按照"认证→反馈→整改→整改监控→下一轮认证"的流程，对专业整改具体操作要求进行规定，将持续改进的认证理念进一步强化、细化、深化、实化。整改监控是认证"下半场"的"后半段"，是保证整改质量的"守门员"。没有完善的整改监控，认证的整改工作极有可能流于形式。在整改监控中，面对海量的专业年度报备材料，首先可以充分利用信息化手段进行抽查，进行线上整改监控。然后建立审查回访的整改监控机制，根据专业整改材料举证情况，安排认证专家进校回访复查，防止整改只停留在"材料"而未深入专业办学"实际"中。回访专家组建议由2～3人组成，时间控制在1天以内，主要通过听取整改汇报、深度访谈、走访等形式，对专业的整改建设情况进行深入循证和对重点指标的督导复查，采取逐项查证的方式，加强认证整改的全过程管理和评后整改跟踪，确保高校对整改事项逐一落实并在重点指标上取得实际的改进和提升。鉴于师范类专业认证后期的工程量较大问题，可以学习临床医学专业认证的有关做法，对于整改到位的专业适当延长专业认证结论的有效期2～4年，以保证后续师范类专业认证"上半场"与持续改进"下半场"能够同时大规模顺利开展。

　　其次，教育行政部门对于持续改进要建立监控落实机制。例如，对于整改不到位的高校和专业，教育行政部门应该参考《关于深化新时代教育督导体制机制改革的意见》提出的督导问责机制，实现整改监控"长牙齿"，体现教育行政部门监督刚性。对回访不通过的专业除进行"中止认证有效期"处理外，还要对认证后重点指标出现下滑的学校进行通报批评，对相应高校负责人进行约谈问责，并减少招生计划。采取"问题清单"模式，督导其完成整改工作，等到专业完成"问题清单"整改后才允许其参加下一轮认证。如此实现评价手段与行政手段的融合，让师范类专业认证的持续改进的"下半场"更加有力、有效。

　　最后，在制度设计上应该将"持续改进"上升到更高层面，"持续改进"不但需要高校"办学"方面的持续改进、专业认证"评价"方面的持续改进，也需要对认证反映出来的共性问题促进教育行政部门对师范教育"管理"方面的持续改进。尤其是对一些学校和专业层面解决不了的机制体制壁垒问题，应从国家整体制度层面设计改革突破措施，以保证认证的持续改进能有相应的条件使之完全落地。

（二）高校实施层面：落实持续改进机制，培养质量文化

　　学者王新平在企业质量管理体系认证领域中提出了"企业质量保障体系的有效性"和"质量认证体系有效性"两个概念[①]。企业质量保障体系的有效性是单位内部保障活动的有效性，质量认证体系有效性是单位外部评价活动的有效性。单位内部保障活动的有效性是外部评价活动有效性的基础。因此，在师范类专业认证的整改中，只有在高校内部形成了持续改进的质量保障体系，才能真正增强专业认证的长效性和深入性。"持续改进"是一项艰巨且长久的任务，不但需要在制度与技术层面建立相应的机制并落实，更需要在理念与观念层面培养质量意识与质量文化，使每一位师生能够长久、自觉地践行认证理念和标准。

---

① 王新平.企业质量管理体系认证有效性的实证[M].北京:知识产权出版社,2010:205-213.

首先,落实持续改进机制,保证改进的持久性。制度与技术层面的突破是目前提升师范类专业认证长效效能最容易的突破口。学校通过落实持续改进机制,使认证整改从理念、认识、残留热情转化为实实在在的改进行动,避免学校与专业在专家离校后又回到旧轨道运行。通过建章立制,以制度代替人情,也避免了因"中层"干部在专家离校后调岗而使质量改进陷入停滞或断点的局面。学校应及时落实持续改进机制,成立整改小组,制定整改方案,细化整改措施,实行台账式、清单式管理,逐项细化,逐条落实,精准发力,教务处等部门可以组织对专业整改内容进行答辩等方式确保整改工作落到实处、富有成效。学校还应以认证整改为契机,加强校内师范类专业的内涵建设。学校在整改阶段应该像评建时期一样继续支持专业,增强各类保障条件的可持续性。对涉及学校层面的问题要通过建立相关的制度与机制一步步解决落实。学校要发挥认证的引领示范作用,将认证的理念与方法通过整改推广到校内其他师范专业甚至是非师范类专业,全面促进学校教育教学改革,使认证的整改与学校整体教育教学改革同频共振,相得益彰。

其次,发动广大师生力量,保证改进的广泛性。教育改革,改到深处是课程,改到痛处是教师。师生是持续改进的执行层,"目前的认证中,师生的个人问题在认证的体系中很难被指出来,但又是影响认证有效性的重要因素"①。只有将持续改进落实到广大师生身上,使认证理念与标准成为普通师生日常教学和学习中的自觉行为,持续改进才具有广泛性与深入性。因此,应提升广大师生参与认证整改的意愿与能力。一是做好认证的宣传和服务工作,增强广大师生对认证整改的认知程度,让广大师生接受整改。二是通过职称、待遇、毕业条件等制度杠杆增强广大师生参认证整改的意愿与动力。通过这些支持性条件,提升师生参与认证整改的积极性,让广大师生不再将认证整改看作是一种负担。三是加强教师发展培训,使教师有能力进行整改,为持续改进营造适宜的条件与环境。

最后,培养质量文化,促进改进的深入性。认证整改的长效推动依赖于精神和思想层面的改变,专业认证中的"学生中心、产出导向、持续改进"等理念是师范教育改革的新方向,但如果高校的行动者还是一群身体已进入新时代,思维却停留在旧时代的"传统的人",则会使认证的长效效果大打折扣。因此,应从思想理念高度重新审视认证整改的重要性,将认证理念与标准内化为专业的质量文化。所谓专业的质量文化,就是"在保障办学质量过程中形成的人才培养的价值取向、教学理念、基本承诺及相应的自觉行为规范"②,是广大师生对专业办学质量文化的共同理解和自觉行动。在高等教育强调高质量发展的今天,师范类专业应使"质量"从预设的功利性指标转变为一种生成的文化自觉③。质量文化的建立将使认证整改从全面性和深入性上进行提升,避免认证整改陷入"头痛医头"的"表面化修补",避免认证整改变为迁就就业市场的"浅层化办学"。以质量文化的坚守,克服整改中功利主义的投机,使认证整改回归认证初心,发挥认证整改在促进专业内涵建设和特色发展中的长效作用。

---

① 胡永红,吴邵兰,艾安丽.我国体育教育专业认证工作存在的问题与优化路径[J].体育学刊,2021(02):72-79.

② 辛治洋.师范类专业认证的线性思维及实践超越[J].教育发展研究,2021(21):63-68.

③ 赵强,王丽丽,张炜.师范类专业认证推进理路:沿革、误区与转向[J].华南师范大学学报(社会科学版),2022(01):53-60.

附录 访谈详细情况统计表

序号	编号	形式	专业认证中的详细身份	认证中参与的工作
1	H1	面谈	高校认证管理部门处长（地方综合院校）	组织校内专业参与认证、修订校级制度文件、专家进校考查期间多次接受访谈
2	H2	面谈	高校专业教师（地方综合院校）	撰写本专业《自评报告》、整理试卷等资料、进行教学改革、专家进校考查期间多次接受访谈
3	H3	面谈	高校副校长（地方综合院校）	统筹校内认证工作、专家进校考查期间接受访谈
4	H4	面谈	高校专业负责人（地方综合院校）	统筹本专业认证工作、撰写《自评报告》、整理试卷等资料、进行教学改革、操作专业的认证系统账号、专家进校考查期间多次接受访谈
5	H5	面谈	高校专业教师、副书记（地方综合院校）	整理试卷等资料、组织学生培训、进行教学改革
6	H6	面谈	高校学院院长（地方综合院校）	统筹院内专业认证工作、审阅《自评报告》、进行教学改革、专家进校考查期间多次接受访谈
7	A1	面谈	认证专家、省级认证委员会成员	实地考查、参与省内结论审议、参与省内相关制度文件起草
8	H7	面谈	高校专业辅导员（地方综合院校）	整理毕业生相关材料、组织毕业生和用人单位调查、专家进校考查期间参加座谈会
9	S1	面谈	大三师范生（地方综合院校）	按照教师教学改革要求学习、参加过人才培养方案修订会、参加过认证专家座谈会
10	H8	面谈	高校教学副院长（地方综合院校）	主管院内专业认证工作、撰写《自评报告》、整理试卷等资料、进行教学改革
11	A2	面谈	地方认证机构负责人	组织实施该省的专业认证、起草认证相关文件、专家进校考查期间全程参与各项活动
12	H9	面谈	高校教学副院长、专业负责人（地方师范院校）	主管院内专业认证工作、撰写《自评报告》、整理试卷等资料、进行教学改革、操作专业的认证系统账号、专家进校考查期间多次接受访谈
13	A3	面谈	认证专家、认证专家委员会成员和专门委员会成员	实地考查、参与起草全国专业认证标准等多项文件、参加全国认证结论审议工作、多次对认证专家进行培训

序号	编号	形式	专业认证中的详细身份	认证中参与的工作
14	H10	面谈	高校教学副院长、专业负责人（部属师范院校）	主管院内专业认证工作、撰写《自评报告》、整理试卷等资料、进行教学改革、操作专业的认证系统账号、专家进校考查期间多次接受访谈
15	S2	面谈	大三师范生（部属综合院校）	按照教师教学改革要求学习、参加过人才培养方案修订会、参加过认证专家座谈会
16	A4	面谈	认证专家、认证专家委员会成员	实地考查、参与起草全国专业认证标准等多项文件、多次对认证专家进行培训
17	A5	面谈	认证机构负责人、认证专家委员会成员	统筹管理全国认证、实地考查、参与起草全国专业认证标准等多项文件、多次对认证专家进行培训
18	A6	面谈	认证机构管理人员、认证专家秘书	管理所在省的认证实施工作、专家进校考查期间全程参与各项活动
19	A7	面谈	教育行政部门负责人、省级认证委员会成员	统筹管理所在省教师教育相关事项、起草省级认证管理文件、管理全省认证事项
20	S3	面谈	大三师范生（部属师范院校）	按照教师教学改革要求学习、参加过人才培养方案修订会、参加过认证专家座谈会
21	S4	面谈	大一师范生（地方师范院校）	按照教师教学改革要求学习、参加过认证专家座谈会
22	H11	面谈	高校院长（地方师范院校）	统筹院内专业认证工作、审阅《自评报告》、组织进行教学改革、专家进校考查期间多次接受访谈
23	A8	面谈	认证专家、认证专家委员会成员	实地考查、参加全国认证结论审议工作
24	J1	面谈	基础教育领域教育行政部门管理人员	管理所在市的教师教育相关事项、作为专家参加过认证
25	A9	面谈	认证专家、认证专家委员会成员和专门委员会成员	实地考查、参加全国认证结论审议工作、多次对认证专家进行培训
26	A10	面谈	认证专家、高校校长（地方师范院校）	实地考查、统筹校内认证工作
27	A11	面谈	认证专家、高校院长（地方师范院校）	实地考查、作过许多关于认证的研究
28	J2	面谈	基础教育领域研究人员、认证专家	管理所在市的基础教育研究事项、作为专家参加认证
29	H12	面谈	高校院长、专业负责人（地方师范院校）	主管院内专业认证工作、撰写《自评报告》、整理试卷等资料、进行教学改革、操作专业的认证系统账号、专家进校考查期间多次接受访谈

续表

序号	编号	形式	专业认证中的详细身份	认证中参与的工作
30	H13	面谈	高校教学副院长、专业负责人（地方师范院校）	统筹院内专业认证工作、撰写《自评报告》、进行教学改革、操作专业的认证系统账号、专家进校考查期间多次接受访谈
31	H14	面谈	高校教学副院长（地方师范院校）	统筹院内专业认证工作、审阅《自评报告》、进行教学改革、专家进校考查期间多次接受访谈
32	S5	面谈	大一师范生（地方师范院校）	按照教师教学改革要求学习、参加过认证专家座谈会
33	S6	面谈	大二师范生（地方师范院校）	按照教师教学改革要求学习、参加过人才培养方案修订会、参加过认证专家座谈会
34	S7	面谈	大四实习师范生（地方师范院校）	按照教师教学改革要求学习，参加过人才培养方案修订会、参加过认证专家座谈会
35	S8	面谈	大三师范生（地方师范院校）	按照教师教学改革要求学习、参加过人才培养方案修订会、参加过认证专家座谈会
36	H15	面谈	高校教学副院长、专业负责人（地方师范院校）	统筹院内专业认证工作、撰写《自评报告》、进行教学改革、操作专业的认证系统账号、专家进校考查期间多次接受访谈
37	H16	面谈	高校教学院长（地方师范院校）	统筹院内专业认证工作、审阅《自评报告》、进行教学改革、专家进校考查期间多次接受访谈
38	J3	面谈	基础教育学校校长、专家	负责师范生实习管理、作为专家参加实地考查
39	A12	面谈	认证专家、高校认证管理部门处长	实地考查、组织校内专业参与认证
40	J4	面谈	中学教科研处主任	负责师范生实习管理、带过多年实习生
41	A13	面谈	认证机构管理人员	审阅过多份《认证申请书》和《自评报告》
42	J5	面谈	基础教育学校校长	负责师范生实习管理
43	H17	面谈	高校院长、专业负责人（地方综合院校）	主管院内专业认证工作、撰写《自评报告》、整理试卷等资料、进行教学改革、专家进校考查期间多次接受访谈
44	S9	面谈	大四实习师范生（地方综合院校）	按照教师教学改革要求学习、参加过人才培养方案修订会、参加过认证专家座谈会
45	H18	语音	高校认证管理部门处长（部属师范院校）、认证专家委员会成员和专门委员会成员	组织校内专业参加认证、修订校级制度文件、专家进校考查期间多次接受访谈、实地考查

序号	编号	形式	专业认证中的详细身份	认证中参与的工作
46	J6	语音	基础教育学校校长、认证专家	负责师范生实习管理、作为专家参加实地考查
47	H19	语音	高校院长、专业负责人（部属综合院校）	组织院内专业参加认证、撰写《自评报告》、整理试卷等资料、进行教学改革、操作专业的认证系统账号、专家进校考查期间多次接受访谈
48	A14	面谈	认证专家、高校院长（地方师范院校）	参加实地考查、所在专业作为全国试点进行认证
49	A15	语音	认证机构管理人员、认证专家、省级认证委员会成员	管理实施所在省认证、实地考查、参与起草该省认证文件、组织该省的结论审议
50	A16	语音	认证机构管理人员、认证专家委员会秘书处成员	管理实施全国认证、实地考查、参与起草全国专业认证标准等多项文件、多次对认证专家进行培训
51	A17	面谈	认证机构管理人员	管理所在省的认证实施工作、专家进校考查期间全程参与各项活动、负责该省教师资格认定工作

参考文献

[1] 海德格尔.林中路[M].孙周兴,译.北京:商务印书馆,2018.

[2] 黑格尔.小逻辑[M].贺麟,译.北京:商务印书馆,2019.

[3] 卡尔·曼海姆.意识形态和乌托邦[M].艾彦,译.北京:华夏出版社,2001.

[4] 埃哈尔·费埃德伯格.权力与规则:组织行动的动力[M].张月,等译.上海:上海人民出版社,2005.

[5] 皮埃尔·布尔迪厄,华康德.实践与反思:反思社会学导引[M].李猛,李康,译.北京:中央编译局出版社,1998.

[6] 埃贡·G.古贝,伊冯娜·S.林肯.第四代评估[M].秦霖,蒋燕玲,等译.北京:中国人民大学出版社,2008.

[7] 艾瑞克·H.凯斯勒.管理学理论百科全书[M].韩殿秀,李达,译.太原:山西经济出版社,2019.

[8] 贝斯·史华兹,里根·古隆.高等教育循证教学[M].刘皓,译.重庆:重庆大学出版社,2021.

[9] 伯顿·R.克拉克.高等教育系统——学术组织的跨国研究[M].王承绪,徐辉,殷企平,等译.杭州:杭州大学出版社,1994.

[10] 丹·艾瑞里.怪诞行为学:可预测的非理性[M].赵德亮,夏蓓洁,译.北京:中信出版集团,2017.

[11] 第默尔·库兰.偏好伪装的社会后果[M].丁振寰,欧阳武,译.长春:长春出版社,2005.

[12] 弗兰克·费希尔.公共政策评估[M].吴爱明,李平,等译.北京:中国人民大学出版社,2003.

[13] 弗兰克·帕特诺伊.慢决策[M].欧阳明亮,译.北京:北京联合出版公司,2016.

[14] 赫伯特·马尔库塞.单向度的人:发达工业社会意识形态研究[M].刘继,译.上海:上海译文出版社,2006.

[15] 卡尔·维克.组织社会心理学[M].贾宁瑞,高隽,译.北京:中国人民大学出版社,2009.

[16] 卡斯特,罗森茨韦克.组织与管理:系统方法与权变方法[M].4版.傅严,李柱流,等译.北京:中国社会科学出版社,2000.

[17] 科林·凯莫勒.行为博弈——对策略互动的实验研究[M].贺京同,那艺,冀嘉蓬,等译.北京:中国人民大学出版社,2006.

[18] 马克斯·韦伯.社会科学论[M].杨富斌,译.北京:华夏出版社,1999.

[19] 乔·萨托利.民主新论[M].冯克利,阎克文,译.北京:东方出版社,1998.

[20] 斯塔弗尔比姆,科恩.评估理论、模型和应用[M].2版.杨保平,杨昱,姬祥,等译.北京:国防工业出版社,2019.

[21] 托马斯·库恩.科学革命的结构:第4版[M].2版.金吾伦,胡新和,译.北京:北京大学出版社,2012.

[22] 威廉·N.邓恩.公共政策分析导论[M].4版.谢明,伏燕,朱雪宁,译.北京:中国人民大学出版社,2011.

[23] 约翰·S.布鲁贝克.高等教育哲学[M].王承绪,郑继伟,张维平,等译.杭州:浙江教育出版社,2001.

[24] 詹姆斯·Q.威尔逊.美国官僚体制:政府机构的行为及其动因[M].李国庆,译.北京:社会科学文献出版社,2019.

[25] 安东尼·吉登斯.社会的构成:结构化理论纲要[M].李康,李猛,译.北京:中国人民大学出版社,2016.

[26] 边沁.政府片论[M].沈叔平,等译.北京:商务印书馆,2009.

[27] 卡尔·波普尔.客观知识:一个进化论的研究[M].舒炜光,卓如飞,周柏乔,等译.上海:上海译文出版社,2015.

[28] 陈媛,郑云霞,李心红.药理作用和临床应用[M].长春:吉林科学技术出版社,2019.

[29] 辞海编辑委员会.辞海[M].上海:上海辞书出版社,1979.

[30] 费孝通.乡土中国[M].北京:生活·读书·新知三联书店,1985.

[31] 冯平.评价论[M].北京:东方出版社,1997.

[32] 林毅夫.再论制度、技术与中国农业发展[M].北京:北京大学出版社,2000.

[33] 金观涛.系统的哲学[M].北京:新星出版社,2005.

[34] 刘应明.模糊性:精确性的另一半[M].北京:清华大学出版社,2000.

[35] 沈壮海.思想政治教育有效性研究[M].武汉:武汉大学出版社,2002.

[36] 陶西平.教育评价辞典[M].北京:北京师范大学出版社,1998.

[37] 田志友,韩彦芳.认证有效性:从感知到提升[M].上海:上海交通大学出版社,2016.

[38] 王向红.中国高等教育评估质量保证研究——元评价的视角[M].北京:中央编译出版社,2016.

[39] 王新平.企业质量管理体系认证有效性的实证[M].北京:知识产权出版社,2010.

[40] 王英杰.认证体系与认证有效性量化评价[M].北京:中国质检出版社,2017.

[41] 荀振芳.大学教学评价的价值反思[M].青岛:中国海洋大学出版社,2006.

[42] 严芳.教育元评估的理论与实践[M].上海:华东师范大学出版社,2013.

[43] 谢明.公共政策导论[M].5版.北京:中国人民大学出版社,2020.

[44] 张楚廷.教育哲学[M].北京:教育科学出版社,2006.

[45] 张红伟.中国高等教育评估管理机制研究[M].北京:北京师范大学出版社,2014.

[46] 张会杰.教育评估公信力研究[M].上海:上海三联书店,2016.

[47] 张远增.公共政策执行评估学[M].北京:中国社会科学出版社,2018.

[48] 中国大百科全书编纂委员会.中国大百科全书[M].2版.上海:中国大百科全书出版社,2009.

[49] 周光礼.中国高等教育质量保障体系有效性研究[M].长沙:湖南人民出版社,2012.

[50] 周国雄.博弈:公共政策执行力与利益主体[M].上海:华东师范大学出版社,2008.

[51] 周钧.美国教师教育认可标准的变革与发展——全美教师教育认可委员会案例研究[M].北京:北京师范大学出版社,2009.

[52] 白玫.从NCATE到CAEP:美国职前教师教育认证的价值反思[J].外国教育研究,2018(4):30-42.

[53] 别敦荣.治理体系和治理能力现代化与高等教育现代化的关系[J].中国高教研究,2015(01):29-33.

[54] 常珊珊,曹阳.专业认证背景下我国师范类专业发展机制研究:国际经验与本土建构[J].高教探索,2020(02):41-47.

[55] 车芳.NCATE和TEAC比较分析[J].改革与开放,2012(01):166-167.

[56] 董翠香,韩改玲,朱春山,等.师范类专业认证背景下体育教育专业课程思政教学实践探索[J].天津体育学院学报,2022(01):32-37.

[57] 范爱华.专业认证与专业评估之辨析[J].黑龙江教育(高教研究与评估版),2007(11):90-92.

[58] 冯平.走出价值判断的悖谬[J].哲学研究,1995(10):41-48.

[59] 高晓文,于伟.教师行动中的"责任分散"问题研究[J].教育研究,2016(02):57-62.

[60] 洪成文.美国教育学院认证标准及其特点研究[J].教师教育研究,2004(03):73-74.

[61] 胡万山.师范类专业认证背景下教师教育改革的意义与路径[J].黑龙江高教研究,2018(07):25-28.

[62] 胡永红,吴邵兰,艾安丽.我国体育教育专业认证工作存在的问题与优化路径[J].体育学刊,2021(02):72-79.

[63] 霍国强.我国教育元评价的实践缺失及对策思考[J].教育发展研究,2012(Z2):21-25.

[64] 李宁,杨颖秀.基于历史制度理论的我国高校师范专业认证制度研究[J].现代教育管理,2019(04):96-100.

[65] 李森,刘梅珍,崔友兴.专业认证背景下高校师范类专业建设理路[J].重庆高教研究,2019(06):12-24.

[66] 李志义.对我国工程教育专业认证十年的回顾与反思之二:我们应该防止和摒弃什么[J].中国大学教学,2017(01):8-14.

[67] 梁福成.专业认证背景下师范生培养模式研究[J].天津师范大学学报(社会科学

版),2019(04):64-68.

[68] 刘莉莉,陆超.高校师范类专业认证的历史必然与制度优化[J].教师教育研究,2019(05):40-45.

[69] 刘倩.思想政治教育评估过程有效性问题探究[J].思想教育研究,2014(03):108-111.

[70] 刘雪飞.NCATE与美国教师教育机构评估及其启示[J].教育探索,2007(05):121-122.

[71] 刘志军.教育评价的反思和建构[J].教育研究,2004(02):59-64.

[72] 路书红,黎芳媛.专业认证视角下的师范专业发展探析[J].教育发展研究,2017(22):65-69.

[73] 马晓春,周海瑛.认证标准视阈:师范专业质量保障体系构建新路向[J].现代教育管理,2021(01):76-84.

[74] 梅雪,曹如军.高校师范专业认证省思[J].高教探索,2019(12):36-41.

[75] 孟繁华.新时代师范大学改革发展之道[J].教育研究,2021(02):17-21.

[76] 潘杰宁.教育评价指标体系的可靠性和有效性研究——基于元评价的视角[J].教育探索,2013(03):72-73.

[77] 潘懋元.高等教育大众化的教育质量观[J].清华大学教育研究,2000(01):11-15.

[78] 潘懋元.教育外部关系规律辨析[J].厦门大学学报(哲学社会科学版),1990(02):2-3.

[79] 戚万学.新时代师范大学的发展向度[J].教育研究,2021(02):13-17.

[80] 瞿振元.本科教学工作审核评估的常态化建设[J].重庆高教研究,2020(03):5-10.

[81] 田腾飞,刘任露.元评估——教育评估专业化发展之必需[J].外国教育研究,2014(06):111-119.

[82] 王定华.关于实施教师教育振兴行动计划的政策与思考[J].国家教育行政学院学报,2018(06):3-9.

[83] 王定华.我国高校师范类专业认证的缘起与方略[J].中国高等教育,2019(18):20-22.

[84] 王红,罗小丹."目的适切性":师范类专业认证何以促进教师教育课程质量观的转变[J].华南师范大学学报(社会科学版),2022(01):31-40.

[85] 王松丽,李琼.师范类专业认证的循证评估:基于学习结果的视角[J].教师教育研究,2020(06):8-13.

[86] 王勇.专业认证背景下师范院校内部质量保障体系构建研究[J].中国高等教育,2019(07):39-40.

[87] 魏饴.师范类专业认证视域下新师范建设七评[J].湖南社会科学,2019(05):141-145.

[88] 吴能表,石定芳.专业认证核心理念在人才培养方案中的贯彻[J].湖南第一师范学院学报,2019(01):1-5.

[89] 向福,王锋,项俊.师范类专业认证背景下课程目标达成度评价及持续改进策略[J].中国大学教学,2021(07):74-79.

[90] 辛治洋.师范类专业认证的线性思维及实践超越[J].教育发展研究,2021(21):63-68.

[91] 徐祖胜,杨兆山.我国高校师范类专业认证的实践反思[J].教师教育研究,2021(06):72-77.

[92] 阎光才.关于高校"去行政化"议题的省思[J].清华大学教育研究,2011(01):13-19.

[93] 杨跃.师范专业认证制度改革的现实困境与治理对策——基于新制度主义理论视角的分析[J].现代教育管理,2018(02):71-76.

[94] 易鹏.台湾公立大学法人化制度的变迁逻辑——基于历史制度主义的分析[J].高教探索,2017(03):60.

[95] 于开莲,宋鹏雁,张慧,等.循证师范专业认证视域下学前教育专业本科教育实习评价标准构建研究[J].教师教育研究,2022(01):40-48.

[96] 张慧洁,薛震.我国第一轮本科教育评估反馈的有效性分析[J].高教探索,2009(02):47-53.

[97] 张松祥.我国师范专业认证需要关注的若干问题及其对策研究[J].教育发展研究,2017(Z2):38-44.

[98] 张怡红,刘国艳.专业认证视阈下的高校师范专业建设[J].高教探索,2018(08):25-29.

[99] 张应强.教育内外部关系规律及其在高等教育研究中的运用[J].复旦教育论坛,2020(05):5-11.

[100] 赵强,王丽丽,张炜.师范类专业认证推进理路:沿革、误区与转向[J].华南师范大学学报(社会科学版),2022(01):53-60.

[101] 赵强.试析新一轮高校本科教学评估的转变[J].太原城市职业技术学院学报,2015(03):76-77.

[102] 赵悦,吴红斌,谢阿娜,等.国际医学专业认证有效性研究的现状与思考[J].中华医学教育杂志,2021(07):656-660.

[103] 周光礼.高等教育质量评估体系的有效性:中国的问题与对策[J].复旦教育论坛,2012(02):10-14.

[104] 周钧.美国教师教育认证标准的发展历程及对我国的启示[J].比较教育研究,2007(02):86-90.

[105] 周湘林.本科教学评估制度有效性分析——基于模糊综合评价原理[J].高等工程教育研究,2011(02):87-93.

[106] 周晓静,何菁菁.我国师范类专业认证:从理念到实践[J].江苏高教,2020(02):72-77.

[107] 周作宇.元评价问题:评价的循环与价值原点[J].大学与学科,2020(01):47-57.

[108] 朱宗顺,刘双全.师范类专业认证及其影响——以浙江师范大学学前教育专业

示范性认证为例[J].幼儿教育,2020(30):3-8.

[109]　曹玉珠.工程教育专业认证与师范教育专业认证比较研究[D].绵阳:西南科技大学,2020.

[110]　李亚东.我国高等教育外部质量保障组织体系顶层设计[D].上海:华东师范大学,2013.

[111]　潘建华.我国职业教育校企合作的有效性研究[D].上海:上海师范大学,2017.

[112]　王会芝.中国战略环境评价的有效性研究[D].天津:南开大学,2013.

[113]　王丽宁.我国高校师范类专业认证政策研究[D].沈阳:沈阳师范大学,2019.

[114]　王芸.我国师范类专业认证实践研究[D].南宁:广西师范学院,2017.

[115]　袁尚会.中国高校辅导员制度的反思与重构[D].武汉:华中师范大学,2014.

[116]　赵立莹.美国博士生教育质量评估体系发展研究[D].武汉:华中科技大学,2009.

[117]　周湘林.中国高校问责制度重构[D].武汉:华中科技大学,2010.

[118]　Alexander R J. Charge in Teacher Education[J]. Rinehart and Winston,1990 (06):88-92.

[119]　Kirchner A,Norman A D. Evaluation of Electronic Assessment Systems within the USA and Their Ability to Meet the National Council for Accreditation of Teacher Education（NCATE） Standard 2 ［J］. Education Assessment Evaluation & Accountability,2014(26):393-407.

[120]　Wise A E. Establishing Teaching as a Profession:The Essential Role of Professional Accreditation[J]. Journal of teacher education,2005(04):48-52.

[121]　Bender D. Internship Assessment in Professional Program Accreditation: A 10-Year Study[J]. Education & Training,2021(06):61-63.

[122]　Bhatnagar R,Tanguay C,Sullivan C. Observation of Field Practice Rubric: Establishing Content Validity and Reliability[J]. Georgia Educational Researcher, 2021(02):18-32.

[123]　Bourdieu P. Outline of a Theory of Practice ［M］. Cambridge:Cambridge University Press,1977.

[124]　Breault R. The Public Face of PDS Partnerships[C]//2018 Annual Meeting of the MidWest Educational Research Association,2021.

[125]　Loder C. Quality Assurance and Accountability in Higher Education ［J］. Kogan Page,1990(02):63-68.

[126]　Jones C G. A Delphi Evaluation of Agreement between Organizations［EB/OL］. http://www. Is. njit. edu/pubs/delphi-book/ch3b4. html1,2005-03-19.

[127]　Lucas C J. Teacher Education in America:Reform Agendas for the Twenty-First Century[M]. New York:St. Martin's Press,1991.

[128]　Cook T D. Metaevaluation Research[J]. Evaluation Review,1978(02):49-51.

[129]　Cummings M. The Impact of the ACGME/AOA Single Accreditation System on Osteopathic Surgical Specialties,Residents,and Do Students[J]. Journal of

Surgical Education,2021(09):115-121.

[130] Stufflebeam D L,Madaus G R,Kellaghan T. Evaluation Models:Reivpoints on Educational and Human Services Evaluation[M]. 2nd ed. Boston:Kluwer Academic Publishers,2000.

[131] Darling-Hammond L. Powerful Teacher Education:Lessons from Exemplary Programs[M]. San Francisco:Jossey-Bass,2005.

[132] Dds P. Gender Issues and Oral and Maxillofacial Surgery Advanced Education Program Accreditation[J]. Oral and Maxillofacial Surgery Clinics of North America,2021(23):95-106.

[133] Yarbrough D B,Shulha L M,Hopson R K,et al. Mittee on Standards for Educational Evaluation.—The Program Evaluation Standards:A Guide for Evaluators and Evaluation Users[M]. 3rd ed. Los Angeles:SAGE Publications Inc,2011.

[134] Mohamed M G S. Accreditation Models in Teacher Education:The Cases of United Station,Australia and India[J]. International Journal of Education and Research,2014(04):1-12.

[135] Schuster D. Creating More Seamless Connections Between University-Based Coursework and School-Based Mentoring[J]. Kappa Delta Pi Record,2014(04):15-22.

[136] Earle R. AECT and NCATE:A Partnership for Quality Teaching Through Accreditation[J]. TechTrends,2000(03):53-57.

[137] EL-Khawas E. Accreditation of Teacher Education in the US:An Audit Approach to Subject Assessment[EB/OL]. http://www. unc. edu. ppaq/docs/TEAC/TEAC. html,2015-03-20.

[138] Cramer E D. Demystifying the Data-Based Decision-Making Process[J]. Action in Teacher Education,2014(36):389-400.

[139] Murray F B. On Building a Unified System of Accreditation in Teacher Education[J]. Journal of Teacher Education,2005(04):56-62.

[140] Griffin G A. The Education of Teachers:Ninety-eighth Yearbook of the National Society for the Study of Education[M]. Chicago:The University of Chicago Press,1999.

[141] Galluzzo G R,James R G. Evaluation of Preservice Teacher Evaluation Programs,in Handbook of Research on Teacher Education[M]. New York:Macmillan Publishing Company,1990.

[142] Burrell G,Garetha M. Sociological Paradigms and Organizational Analysis[M]. London:Ashgate Pub Co,2007.

[143] Schwarz G E. CAEP Advanced Standards and the Future of Graduate Programs:The False Sense of Techne[J]. Teacher Education Quarterly,2015(03):105-117.

[144] Schwarz G E. CAEP and the Decline of Curriculum and Teaching In an Age of "Techne":I Have Seen the Enemy and He Is Us[J]. Curriculum and Teaching Dialogue,2016(18):41-54.

[145] Heafner T,Mclntyre E,Spooner M. The CAEP Standards and Research on Educator Preparation Programs: Linking Clinical Partnerships with Program Impact[J]. Peabody Journal of Education,2014(04):516-532.

[146] Cibulka J G. Foreword:Systemic Strategies to Create Clinically Rich Teacher Preparation[J]. Peabody Journal of Education,2014(04):419-422.

[147] Jbasbabyrani S. Integrating Design Thinking in Higher Education[C]//NAAC Accreditation in New Paradigm: A key to Quality Enhancement in Higher Education,2021.

[148] Ayers J B,Mary F B. A Practical Guide to Teacher Education Evaluation[M]. Norwell:Kluwer Academic Publishers,1989.

[149] Johnston J T,Wagner J M. News Brief:Lactation Education Accreditation and Approval Committee News, International Education for International Board Certified Lactation Consultants[J]. Journal of Human Lactation,2021(03):34-42.

[150] Kraft N P. Standards in Teacher Education:A Critical Analysis of NCATE, INTASC, and NBPTS(A Conceptual Paper/Review of the Research)[J]. Academic Standards,2001(03):156-158.

[151] Tummers L. Explaining the Willingness of Public Professionals to Imple-ment New Policies:A Policy Alienation Framework[J]. International Review of Administrative Sciences,2011(03):77-85.

[152] Lasagabaster D. Teacher Preparedness for English-medium Instruction[J]. Journal of English-Medium Instruction,2022(01):48-64.

[153] Lattuca L R,Terenzini P T,Volkwein J F. Engineering Change:A Study of the Impact of EC2000[EB/OL]. [2000-04-23]. http://www. abet. org.

[154] Liu J,Wang X. Problems and Suggestions of Cultivation Goals of English Teacher Majors Against the Background of Teacher Education Accreditation [J]. Education Study,2021(02):174-181.

[155] Lopatenko G. Evaluation of the Quality of Education Programs in Sports (Based on the Results of Accreditation of Study Programmes)[J]. International Scientific Journal of Universities and Leadership,2021(11):189-192.

[156] Goodson L. Karen Symms Gallagher:CAEP Chair Shares Insight into Teacher Preparation[J]. Educational Considerations,2018(44):1-8.

[157] Todeschini M. European Journal of Teacher Education[J]. Editorial, 1996 (05):35-45.

[158] Bustelo M. Metaevaluation as a Tool for the Improvement and Development of the Evaluation Function in Public Administrations Presentation to the 2002 European Evaluation Society Conference[EB/OL]. [2002-03-16]. http://

www. evaluationcanada. ca/txt/newsletter200409. pdf.

[159] Mulkay M. The Mediating Role of the Scientific Elite[J]. Social Studies of Sciences,1976(34):445-470.

[160] NCATE. National Council for Accreditation of Teacher Education[EB/OL]. [2021-12-01]. http://www. nacte. org/standards.

[161] Norris N. Understanding Educational Evaluation[M]. London:Kogan Page,2016.

[162] Nworie J,Charles C B. Quality Standards and Accreditation of Distance Education Programs in a Pandemic[J]. University of West Georgia Distance and Distributed Education Center,2021(03):223-231.

[163] Orzhel O,Tryma K. Analysis of Students' Views About the Quality of Higher Education(Based on the Survey Results)[J]. International Scientific Journal of Universities and Leadership,2021(02):70-86.

[164] Scriven M. Evaluation Thesaurus[M]. 4th ed. California:Sage Publications Inc,1991.

[165] Scriven M. An Introduction to Meta-Evaluation[R]. Educational Products Report,1969.

[166] Sims S. Making Good on the ITT Market Review[J]. CEPEO Working Paper Series,2021(06):254-260.

[167] Smith J,Shackloek G. Remaking Teaching:Ideology,Policy and Practice[M]. London:Routledge,1998.

[168] Stake R E. Evaluation Roots:A Wider Perspective of Theorists' Views and Influences[M]. California:Sage Publications Inc,2013.

[169] Stufflebeam D L. The Metaevaluation Imperative[J]. American Journal of Evaluation,2001(02):183-209.

[170] Husen T. The International Encyclopedia of Education[J]. Pergamum Press,1995(09):36-40.

[171] TEAC. Teacher Education Accreditation Council[EB/OL]. [2018-06-22]. http://files. eric. ed. gov/fulltext/ED516753. pdf.

[172] Robert W. The British Accreditation Council far Independent Further and Higher Education[J]. Accreditrxtian Handbook,2008(06):87-90.

[173] Robert W. Houston and Martin Haberman and John Sikula Handbook of Research,1990 on Teacher Education[M]. New York:Macmillan Publishing Company,1990.

[174] Wolff J R,Kay T S,Biaggio M. Division 44 Public Comments to the APA Commission on Accreditation:Promoting Equity,Accountability,and Transparency in Doctoral Psychology Training[J]. Psychology of sexual orientation and gender diversity,2021(05):4-8.

[175] Yang X,Qin K,Zhang Y. The Design and Implementation of Code Reading and Code Quality Practice Discussion Course[C]//SIGCSE'21:The 52nd ACM

Technical Symposium on Computer Science Education. ACM,2021.

[176] Yarbrough D B,Shulha L M,Hopson R K,et al. The Program Evaluation Standards: A Guide for Evaluators and Evaluation Users[EB/OL]. [2011-02-01]. https://www. eval. org/About/Competencies-Standards/Program-Evaluation-Standards.

[177] Zturk C,Kafadar T. The First Attempt to Establish an Accreditation System in Turkish Teacher Training History[J]. International Journal of Psychology and Educational Studies,2021(01):132-140.

[178] Zulema N. Accreditation and Certification as Key Factors of Quality in Higher Education in Engineering Schools[J]. Higher Education Research,2021(01): 11-19.

后记

　　《师范类专业认证有效性研究》一书是在我的博士论文基础上修改完成的,凝聚着我从事师范类专业认证研究多年来的理论研究成果和实践心得。我国现阶段推行的师范类专业认证制度是极具中国特色的教师教育质量保障体系的重要组成部分。在党和国家全面加强新时代教师队伍建设和教师教育振兴的关键时期,对刚刚全面铺开的师范类专业认证进行有效性研究与反馈改进,不但能够推进师范类专业认证制度本身更加专业化,也能以此为着力点更好地促进新时代教师队伍建设和教师教育振兴。

　　本书通过梳理国内外师范类专业认证的历史沿革,运用历史制度主义理论,在师范类专业认证的历史轨迹中探寻其运行规律及发展方向。在此基础上,梳理总结我国师范类专业认证制度的设计逻辑,为深入分析其有效性打好基础。总体来讲,本书对于师范类专业认证相关研究得出了以下结论:构建合理的分析框架有助于研究师范类专业认证有效性;实证调查分析显示利益相关者对师范类专业认证有效性总体持肯定态度;通过二次挖掘访谈材料,发现现阶段我国师范类专业认证有其独特价值所在;现阶段存在三个方面的主要问题,影响着师范类专业认证有效性的发挥;应从体系设计、实施过程、结果运用三个方面提升师范类专业认证有效性。

　　本书可能的创新点及贡献主要体现在以下几个方面:从研究选题来看,目前将研究对象聚焦在师范类专业认证本身的有效性领域在国内还是首例,研究选题具有创新性。师范类专业认证有效性研究,使学界对师范类专业认证的研究从派生性研究聚焦到对认证本身质量的本质性探讨与价值分析上。尤其是以有效性为切入点的元评价研究,开辟了师范类专业认证元评价研究的新领域。并且对比以往对师范类专业认证等教育评估的研究往往从事实评价视角出发,主要聚焦于通过问卷调查的方式分析评估的实际结果。本书借鉴了弗兰克·费希尔提出的超越传统公共事务评价狭隘的"事实—价值"两分法而进行的"实证辩论"评价范式,尝试在第一顺序认证有效性评价(事实验证)基础上着重对第二顺序认证有效性评价(价值论证)进行理念建构与实践突破,提出了将二维顺序结合的"事实基础上的综合价值评价"研究视角。最后在定量分析中,引入企业认证有效性研究领域普遍采取的模糊综合评价法对教育领域中的师范类专业认证有效性进行分析。在定性分析中,采取了公共政策分析领域的"情景确认"与"社会论证"方法,对现阶段师范类专业认证的有效性价值进行了深入分析和研究。

　　但是本书也存在如下不足:第一,受到研究条件与能力的限制,没有对中国目前所有接受认证的专业进行全面调查。所选取的数据与案例虽然具有一定代表性,可以分析全国师范类专业认证的整体现象,但却不一定能够反映全国师范类专业认证有效性方方面面的特点，也没有反映出不同区域、不同主体的认证有效性特点。第二，师范类专业认证是一项每年都会进行并且不断更新的中国新兴评价制度，从资料搜集上应做到时时更新、多多益善，但在研究过程中需要对获取的资料进行深入分析和凝练升华，不可能时时补充最新数据，因此，尽管研究具有一定前瞻性，但在数据收集上却具有一定滞后性。第三，由于各类利益相关群体对师范类专业认证的了解和认识不同，本研究着重调查了对认证全过程比较熟悉的管理者、专家、教师等群体，而对于认证有效性有最直接体现的师范生群体只进行了访谈，并未进行大面积的问卷调查，还有进一步追踪研究的空间。因此，在后续研究中可以从以下几个方面进行优化。

首先，面对不同阶段、不同情境、不同批次、不同群体的师范类专业认证，其有效性内涵和评价标准可能不一样。本着形成性元评价的理念，应在后续的研究中对认证的最新数据加强收集更新，进行持续性分析。对于师范类专业认证的有效性研究，应随着师范类专业认证本身的发展而不断更新。

其次，师范类专业认证的直接目的是促进师范类专业人才培养质量的提升。师范生的全面达标及增值是师范类专业认证有效性的最终落脚点。因此，在后续的研究中，可以尝试设计专门针对师范生群体质量达标或增值的调查问卷，并进行一定规模的实证调查。虽然师范生对认证并不十分了解，但是却可以通过对这一主体的调查分析，反思和追寻轰轰烈烈的师范类专业认证之后，我国师范教育的产出质量究竟是否得到有效提升。从师范生主体角度进行循证分析，并反思如何提升我国师范类专业认证的有效性，这将是一个值得深入的方向。

再次，不同区域的师范类专业布局、认证推行节奏、师范教育改革需求及认证有效性都不相同。部分区域的师范类专业认证极具地方特色，并产生了一定先进的经验，但同时也存在另一些区域的认证因某种原因迟迟未动，步调缓慢，有效性甚低。后续深入挖掘师范类专业认证有效性时，可以对某类具有代表性的区域中的认证有效性进行更加深入的分析，从纵深的角度深入挖掘这些具有代表性的区域认证有效性特点及机理。以点带面，进而阐释具有普遍意义的认证有效性规律，以此反向思考我国师范类专业认证有效性提升的可行之路。

最后，师范类专业认证自实施以来，截至2024年1月，已有1972个专业接受了师范类专业认证进校考查，1344个专业公布认证结论。这1972个专业的任务已经从认证进校考查的"前半场"转为认证专家离校后状态保持的"后半场"。在认证专家离校后，如何使专业认证带来的教师教育改革能够继续深入地开展下去，避免"涛声依旧"或是"走回头路"，师范类专业认证状态保持研究已成为认证现阶段要提上议程的重要事项。后续可以对认证的状态保持的"后半场"进行系统研究，以此改进师范类专业认证的"后半场"走向，保证师范类专业认证行业信誉和健康发展。

掩卷之余，慨然喟叹，本书的出版着实得益于很多老师、学友、同事、编辑、亲朋和家人发自内心深处的关爱和鼓励、指导和帮助，千言万语也难以表达我对他们的感激之情。蒙导师柯佑祥教授不弃，忝列门墙。博士读书期间，柯老师对我呵护有加，耐心教我研究学问，悉心教导我为人处世，毕业之后更加对我关怀备至，欣然为本书作序。张妍教授从心理学专业视角为我提出的改进建议往往使我茅塞顿开，尤其是在问卷构建和数据分析方面的指导和建议，使我在最大程度上补充了量化分析的短板。感谢湖北省教育厅教师管理处和湖北省教育科学研究院的各位领导，他们不但多次接受我的访谈并提供了诸多研究资料，而且在工作和生活上都给了我莫大的帮助。感谢同门张炜、刘永亮、卢卓、王中宽、王亮、刘黎明、杨会燕、段梦涵、沈思、王彦雷、王磊、曾亮、李保忠、李媛媛、易仕兰、庞珍、冯卫；感谢学友黄光生、王霞、王文渊，难忘的博士学习生涯幸有你们相伴。感谢湖北科技学院那些一直默默关注和坚定支持我成长的领导和朋友们，感谢你们为我的学习提供了便利和鼓励。感谢家人在我读书和完成书稿期间的期待与支持，让我不敢懈怠、奋勇向前，也强化着我拼搏奋斗的勇气。感谢华中科技大学出版社的汪粲编辑，感谢您为本书的编辑工作付出的大量心血。同时，本书出版受到了"全国教育科学规划教育部青年课题（EIA220530）师范类专业认证有效性元评价研究""湖北省教育科学规划重点课题（2024GA184）师范类专业认证状态保持难点与优化研究""湖北省高校人文社会科学重点研究基地农村教育与文化发展研究中心重点课题（24NJZD01）师范类专业认证对地方高校专业发展的影响研究""湖北科技学院博士启动基金项目（BK202428）湖北省师范类专业认证实施效能循证研究"等课题资助。最后，还要感谢诸多学界前辈和同仁。尤其是在论文和书稿撰写过程参与问卷调查和访谈的诸位同仁。该感谢的人还有很多很多，恕不能一一列举，只能在此一并表示深深的谢意！

赵强

2024 年 8 月于湖北科技学院揽月湖畔